重庆科技创新指数报告

(2023)

重庆生产力促进中心
重庆工商大学 编著
重庆市科学技术情报学会

西南财经大学出版社

中国·成都

图书在版编目（CIP）数据

重庆科技创新指数报告.2023/重庆生产力促进中心，
重庆工商大学，重庆市科学技术情报学会编著.
成都：西南财经大学出版社，2024.9. --ISBN 978-7-5504-6409-4
Ⅰ.F124.3
中国国家版本馆 CIP 数据核字第 2024T6Y035 号

重庆科技创新指数报告（2023）
CHONGQING KEJI CHUANGXIN ZHISHU BAOGAO（2023）

重庆生产力促进中心
重庆工商大学　　　　　编著
重庆市科学技术情报学会

策划编辑：王　琴
责任编辑：李建蓉
责任校对：王甜甜
封面设计：墨创文化
责任印制：朱曼丽

出版发行	西南财经大学出版社（四川省成都市光华村街 55 号）
网　　址	http://cbs.swufe.edu.cn
电子邮件	bookcj@swufe.edu.cn
邮政编码	610074
电　　话	028-87353785
照　　排	四川胜翔数码印务设计有限公司
印　　刷	四川五洲彩印有限责任公司
成品尺寸	210 mm×285 mm
印　　张	15.5
字　　数	408 千字
版　　次	2024 年 9 月第 1 版
印　　次	2024 年 9 月第 1 次印刷
书　　号	ISBN 978-7-5504-6409-4
定　　价	108.00 元

《重庆科技创新指数报告（2023）》编委会

党的二十大报告提出，坚持创新在我国现代化建设全局中的核心地位，加快实现高水平科技自立自强，加快建设科技强国。重庆市科技创新和人才工作大会提出，坚持创新制胜，强化人才引领，全面实施科技创新和人才强市首位战略，系统重塑市域科技创新体系，加快建设具有全国影响力的科技创新中心，加快形成西部人才中心和创新高地，为建设现代化新重庆提供有力的科技和人才支撑。加强区域创新能力监测和评价是《国家创新调查制度实施办法》确定的一项重要任务，《重庆科技创新指数报告（2023）》（以下简称《创新指数报告》）基于政府统计调查，系统发布能够客观反映全市区县创新活动特征的数据，致力于为各级政府部门、研究机构和社会大众打造来源可靠、分析科学、使用便捷的数据平台，进而为区域创新政策制定、创新工作开展、创新能力监测和评价等提供有力的支撑。

报告包括科技创新环境、科技创新投入、科技创新产出、高新技术产业化和科技促进经济发展 5 个一级指标，基础条件、科技意识等 10 个二级指标和万人 R&D 人员数、科学研究和技术服务业法人单位数等 34 个三级指标。《重庆科技创新指数报告（2023）》中的"2023"指的是报告发布年份，报告所使用的数据均为 2022 年统计数据，并将其与 2021 年数据进行了比较。各监测指标数据均来自相关市级部门的法定统计数据，其来源公开，编制规范，质量可靠，持续稳定，可确保评价结果的可信性。

在《创新指数报告》的编制过程中，编委会在指标体系设计、评价结果评估等环节广泛征求了相关部门领导和专家的意见。在数据采集加工环节，编委会得到了重庆市科学技术局、统计局、教育委员会、知识产权局等市级部门统计工作人员的大力支持。在此，编委会向各位参与报告研究和编制的领导、专家及工作人员致以衷心的感谢！同时，欢迎广大读者对《创新指数报告》中的不当之处进行指正！

《重庆科技创新指数报告（2023)》编委会

2024 年 8 月

目录

第一章 全市及区县科技创新指数评价

一、全市科技创新指数评价

《重庆科技创新指数报告（2023）》是通过科技创新环境、科技创新投入、科技创新产出、高新技术产业化、科技促进经济发展5个一级指标，基础条件、科技意识等10个二级指标和万人R&D人员数、科学研究和技术服务业法人单位数等34个三级指标对重庆市及38个区县的科技创新水平进行分析比较，是客观反映全市科技创新发展水平和动态、科学引导区县科技创新发展的重要参考。2022年，全市综合科技创新指数达到70.70%，比上年提高3.38个百分点，27个区县科技创新指数有不同幅度的提高，17个区县位次有不同幅度的提升。

从《中国区域科技创新评价报告2023》来看，重庆市综合科技创新水平指数继续保持全国第7位。从世界知识产权组织发布的《2023年全球创新指数》报告来看，重庆市自2019年首次入围城市创新集群百强榜，五年来，排名上升44位，位列第44位。

重庆市科技创新统计监测指标总量值和监测值如表1-1、表1-2所示，呈现出以下特征。

（一）科技创新环境持续优化

2022年全市科技创新环境持续优化，科技创新环境指数为68.16%，比上年提高5.51个百分点。全市R&D人员全时当量达到128 878人年，比上年提高4.40个百分点；全市科学研究和技术服务业法人单位数达33 057家，比上年增加3 638家；研发平台数达3 434家，比上年增加577家；R&D人员研发仪器和设备支出为46.03亿元，比上年提高22.36个百分点；累计孵化企业数为3 816家，比上年增加536家。

（二）科技创新投入略有下降

2022年全市科技创新投入水平略有下降，科技创新投入指数为62.21%，比上年下降1.69个百分点。全市R&D研究人员全时当量为58 065人年，比上年增加4 273人年；规模以上工业企业R&D研究人员全时当量为26 895人年，比上年增加1 673人年；全市R&D经费支出为686.65亿元，比上年提高13.71个百分点。R&D经费支出与GDP比值为2.36%，比上年提高0.20个百分点；地方财政科技支出占财政一般预算支出的比重为2.02%，比上年提高0.10个百分点；规模以上工业企业R&D经费支出占主营业务收入比重为1.81%，比上年提高0.23个百分点。

（三）科技创新产出大幅增加

2022年全市科技创新产出大幅增加，科技创新产出指数为76.27%，比上年提高9.07个百分点。

全市 R&D 人员发表科技论文数为 50 392 篇，比上年增加 2 773 篇；有效发明专利拥有量为 51 863 件，比上年增加 9 514 件。技术合同成交额与 GDP 比值为 1.92%，比上年提高 1.26 个百分点；规模以上工业企业战略性新兴产业增加值占 GDP 比重为 7.30%，比上年提高 0.82 个百分点。

（四）高新技术产业化持续推进

2022 年全市高新技术产业化水平稳步上升，高新技术产业化指数为 74.95%，比上年提高 0.79 个百分点。全市高新技术企业数达 6 400 家，比上年增加 1 292 家；高新技术企业年末从业人员数达 923 112 人，比上年增加 64 062 人。高新技术企业营业收入占工业主营业务收入比重为 54.22%，比上年提高 4.89 个百分点；高新技术产品销售收入占主营业务收入比重为 73.52%，比上年提高 2.49 个百分点。

（五）科技促进经济发展势头良好

2022 年全市科技促进经济发展的作用持续增强，科技促进经济发展指数为 72.63%，比上年提高 2.17 个百分点。全市人均 GDP 由 8.69 万元/人提高到 9.07 万元/人；工业企业全员劳动生产率为 457 817.25 元/人年，比上年提高 38 991.25 元/人年；万元地区生产总值用水量为 23.60 立方米，比上年下降 2.26 立方米；万元主营业务收入能耗为 0.18 吨标准煤，比上年上升 0.01 吨标准煤；环境空气质量指数为 59.32%，比上年上升 1.38 个百分点。

从科技创新指数一级指标指数值的增长来看，科技创新产出指标增长最快，其次为科技创新环境指标和科技促进经济发展指标，最后为高新技术产业化指标；科技创新投入指标有一定下降。因此，重庆市科技创新发展不够均衡，科技创新投入和产业结构优化调整的力度还需要加大。具体而言，重庆市科技创新发展仍存在以下问题：

一是科技创新投入水平还须进一步提高。研发投入总量和强度仍偏低，全市 R&D 经费支出为 686.65 亿元，仅占全国研发经费投入的 2.23%；全市 R&D 经费支出与 GDP 比值为 2.36%，与全国 2.54% 的水平相比仍有一定差距；全市地方财政科技支出为 98.89 亿元，仅占全国地方财政科技支出的 1.35%；全市地方财政科技支出占财政一般预算支出的比重为 2.02%，与全国 3.85% 的水平相比有较大差距。

二是科技创新产出和高新技术产业化水平不足。全市经济社会高质量发展需求未被充分满足，发明专利产出不多，科技创新成果水平有待提高。2022 年全市万人高价值发明专利拥有量为 5.47 件，低于全国水平（9.40 件）；技术合同成交额为 559.47 万元，仅占全国技术合同成交额的 1.17%；全市高新技术企业数为 6 400 家，仅占全国总数的 2.33%。

三是各区县之间科技创新水平仍然存在较大差距。从各区县最大和最小指数值比较来看，科技创新环境指数差距为 67.12%，科技创新投入指数差距为 78.88%，科技创新产出指数差距为 89.41%，高新技术产业化指数差距为 73.62%，科技促进经济发展指数差距为 41.36%，综合科技创新水平指数差距为 58.46%。其中，各区县科技创新产出指数和科技创新投入指数差距相对较大，其次差距较大的是高新技术产业化指数。

表 1-1 重庆市科技创新统计监测指标总量值

序号	指标名称	单位	2022 年监测值	2021 年监测值
1	R&D 人员全时当量	人年	128 878	123 446
2	科学研究和技术服务业法人单位数	家	33 057	29 419
3	研发平台数	家	3 434	2 857
4	R&D 人员研发仪器和设备支出	亿元	46.03	37.62
5	科技型企业知识价值信用贷款规模	亿元	43.24	50.37
6	科技型企业知识价值信用贷款支持企业数量	家	2 403	2 776
7	累计孵化企业数	家	3 816	3 280
8	有 R&D 活动的企业	家	3 208	3 361
9	R&D 研究人员全时当量	人年	58 065	53 792
10	规模以上工业企业 R&D 研究人员全时当量	人年	26 895	25 222
11	R&D 经费支出	亿元	686.65	603.84
12	地方财政科技支出	亿元	98.89	92.64
13	规模以上工业企业创新费用支出	亿元	801.30	711.81
14	规模以上工业企业 R&D 经费支出	亿元	479.33	424.53
15	企业技术获取和技术改造经费支出	亿元	85.19	88.78
16	R&D 人员发表科技论文数	篇	50 392	47 619
17	有效发明专利拥有量	件	51 863	42 349
18	规模以上工业企业新产品销售收入	亿元	6 795.72	6 995.18
19	技术合同成交额	亿元	559.47	184.50
20	规模以上工业企业战略性新兴产业增加值	亿元	2 126.15	1 807.53
21	数字经济核心产业增加值	亿元	2 240.54	2 262.2
22	高新技术企业数	家	6 400	5 108
23	高新技术企业年末从业人员数	人	923 112	859 050
24	高新技术企业营业收入	亿元	14 322.86	13 434.06
25	高新技术产品出口额	亿元	698.52	750.18
26	高新技术产品销售收入	亿元	10 286.90	9 365.32
27	高新技术企业利润总额	亿元	718.72	764.34
28	GDP	亿元	29 129.03	27 893.99
29	规模以上工业能源消费总量	万吨标准煤	4 650.78	4 492.87
30	用水量	亿立方米	68.74	72.12
31	空气质量优良天数	天	332	326

注:1. 表 1-1 中的指标解释、计算公式、数据来源见附录 3;

2. 表 1-1 中的 2022 年、2021 年监测值均为当年实际统计值。

表 1-2　重庆市科技创新统计监测指标监测值（全市平均值）

序号	指标名称	单位	2022 年监测值	2021 年监测值
1	万人 R&D 人员数	人年	40.11	38.51
2	科学研究和技术服务业法人单位数	家	870.00	774.18
3	研发平台数	家	90.00	75.18
4	每名 R&D 人员研发仪器和设备支出	万元	2.26	1.86
5	知识价值信用贷款每家企业贷款规模	万元	179.94	181.45
6	万人累计孵化企业数	家	1.19	1.02
7	开展创新活动的企业占比	%	42.04	45.61
8	有 R&D 活动的企业占比	%	42.18	45.98
9	万人 R&D 研究人员数	人年	18.07	16.78
10	规模以上工业企业 R&D 研究人员占比	%	46.32	46.89
11	R&D 经费支出与 GDP 比值	%	2.36	2.16
12	地方财政科技支出占财政一般预算支出的比重	%	2.02	1.92
13	规模以上工业企业创新费用支出占主营业务收入比重	%	3.04	1.83
14	规模以上工业企业 R&D 经费支出占主营业务收入比重	%	1.81	1.58
15	企业技术获取和技术改造经费支出占主营业务收入比重	%	0.32	0.33
16	万名 R&D 人员发表科技论文数	篇	2 476.07	2 351.96
17	万人有效发明专利拥有量	件	16.14	13.21
18	万人高价值发明专利拥有量	件	5.47	4.35
19	规模以上工业企业新产品销售收入占主营业务收入比重	%	25.72	26.07
20	技术合同成交额与 GDP 比值	%	1.92	0.66
21	规模以上工业企业战略性新兴产业增加值占 GDP 比重	%	7.30	6.48
22	数字经济核心产业增加值占 GDP 比重	%	7.69	8.11
23	每万家企业法人中高新技术企业数	家	90.77	76.99
24	万人高新技术企业从业人员数	人	287.27	268
25	高新技术企业营业收入占工业主营业务收入比重	%	54.22	49.33
26	高新技术产品出口额占商品出口额比重	%	58.16	62.28
27	高新技术产品销售收入占主营业务收入比重	%	73.52	71.03
28	高新技术企业劳动生产率	万元/人	156.09	157.89
29	高新技术企业利润率	%	5.02	5.69
30	人均 GDP	万元	9.07	8.69
31	工业企业全员劳动生产率	元/人年	457 817.25	418 826.00

表1-2（续）

序号	指标名称	单位	2022年监测值	2021年监测值
32	万元主营业务收入能耗	吨标准煤	0.18	0.17
33	万元地区生产总值用水量	立方米	23.60	25.86
34	环境空气质量指数	%	59.32	57.94

注：1. 表1-2中的指标解释、计算公式、数据来源见附录3；

2. 表1-2中的2022年、2021年监测值均为当年实际统计值；

3. 基于数据可获取性原则，本书对2023年的指标9进行了修订。

二、区县科技创新指数评价

2022年，全市科技创新综合实力再上新台阶，全市综合科技创新指数达到70.70%，比上年提高3.38个百分点，27个区县科技创新指数有不同幅度的提高，17个区县位次有不同幅度的提升。

各区县科技创新水平指数排序、指数提高百分点排序、指数排名情况变化如图1-1、图1-2、图1-3所示。

根据全市综合科技创新指数排名，38个区县科技创新发展水平可分为三个梯队：

第一梯队：科技创新指数高于全市平均水平70.70%的区县，共有北碚区、渝北区、九龙坡区、江北区、南岸区、大渡口区、璧山区、巴南区、荣昌区、沙坪坝区10个。

第二梯队：科技创新指数位于30%～70.70%的区县，共有长寿区、涪陵区、渝中区、永川区、铜梁区、江津区、秀山土家族苗族自治县（以下简称"秀山县"）、石柱土家族自治县（以下简称"石柱县"）等21个。

第三梯队：科技创新指数低于30%的区县，共有云阳县、武隆区、城口县、彭水苗族土家族自治县（以下简称"彭水县"）、酉阳土家族苗族自治县（以下简称"酉阳县"）等7个。

与上年相比，北碚区、九龙坡区、渝北区、江北区、南岸区、巴南区、沙坪坝区、璧山区8个区县创新水平仍位列第一梯队。大渡口区和荣昌区上升至第一梯队，位次分别上升7位、3位。大渡口区位次提升的主要原因在于科技创新环境指数、科技创新投入指数和高新技术产业化指数排名上升。荣昌区位次提升的主要原因在于科技创新投入指数和高新技术产业化指数排名上升。涪陵区、永川区、奉节县等5个区县位次均下降3位。涪陵区下降至第二梯队，位次比上年下降3位，现为第12位，主要原因在于其科技创新投入指数、科技创新产出指数和高新技术产业化指数排名下降。巫溪县由第三梯队跃升至第二梯队，主要原因在于其科技创新投入指数和高新技术产业化指数排名上升。在第二梯队区县中，合川区比上年下降3位，现为第24位，主要原因在于其科技创新投入指数、科技创新产出指数排名下降；永川区比上年下降3位，现为第14位，主要原因在于其科技创新投入指数排名大幅下降。在第三梯队区县中，巫山县、武隆区均比去年下降2位。巫山县排名下降的主要原因是其科技创新环境指数和高新技术产业化指数排名大幅下降，而武隆区排名下降的原因是其高新技术产业化指数排名大幅下降。

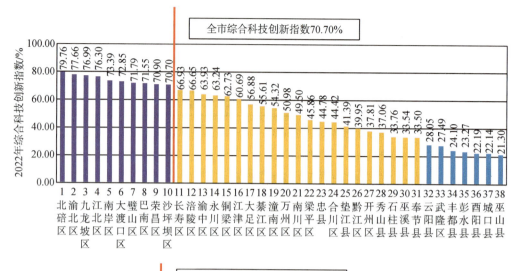

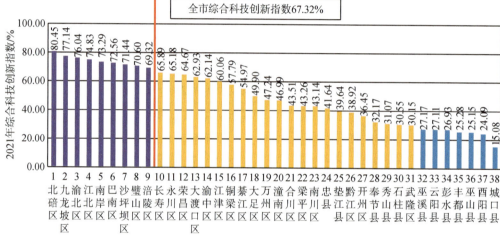

图 1-1　各区县 2021 年、2022 年科技创新水平指数排序

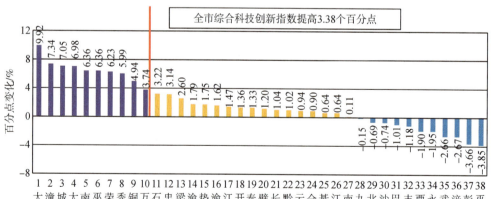

图 1-2　各区县科技创新水平指数提高百分点排序

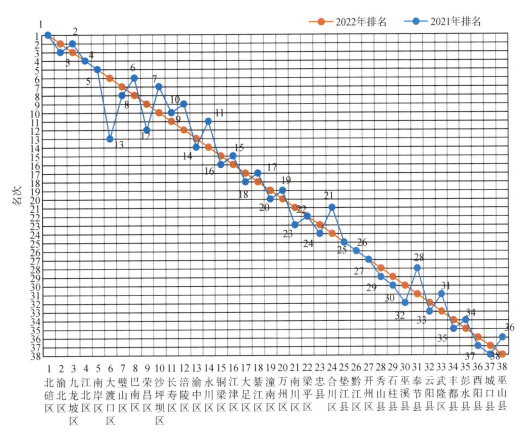

图 1-3　各区县科技创新水平指数排名情况变化

第二章　区县科技创新指标评价

一、一级指标评价

（一）科技创新环境

2022 年，全市科技创新环境指数为 68.16%，比上年提高 5.51 个百分点，22 个区县科技创新环境指数有不同幅度的提高，12 个区县位次有不同幅度的提升（见图 2-1、图 2-2、图 2-3）。

根据全市科技创新环境指数排名，38 个区县科技创新环境水平可分为三个梯队：

第一梯队：科技创新环境指数高于全市平均水平 68.16% 的区县，共有渝北区、九龙坡区、北碚区、涪陵区 4 个。

第二梯队：科技创新环境指数位于 30%~68.16% 的区县，共有荣昌区、璧山区、沙坪坝区、南岸区、巴南区、渝中区、江北区、大渡口区、江津区等 23 个。

第三梯队：科技创新环境指数低于 30% 的区县，共有垫江县、石柱县、城口县、忠县等 11 个。

与上年相比，渝北区、九龙坡区、北碚区、涪陵区高于全市平均水平，仍位列第一梯队，排在前 4 位。沙坪坝区、南岸区、荣昌区、渝中区下降至第二梯队。南岸区、渝中区与上年相比均下降 2 位。合川区、开州区、巫溪县由第三梯队上升至第二梯队。在第二梯队区县中，万州区、大渡口区、南川区等位次提升较多。綦江区排名下降 6 位，下降的主要原因在于二级指标基础条件维度中其万人 R&D 人员数、研发平台数、万人累计孵化企业数下降较多。垫江县排名下降 3 位，下降的主要原因在于二级指标基础条件维度中其万人 R&D 人员数、万人累计孵化企业数下降较多，以及科技意识维度中其有 R&D 活动的企业占比有所下降。在第三梯队区县中，秀山县排名下降 4 位，下降的主要原因在于二级指标基础条件维度中其每名 R&D 人员研发仪器和设备支出水平、万人累计孵化企业数大幅下降。城口县位次上升最多，上升 8 位，其主要原因是二级指标基础条件维度中其万人累计孵化企业数、每名 R&D 人员研发仪器和设备支出的提升。

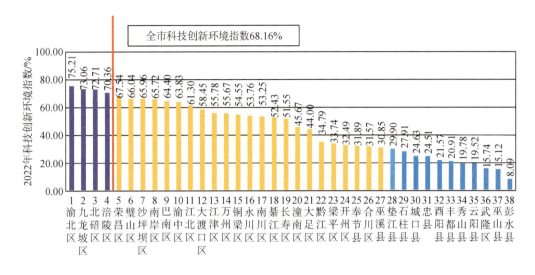

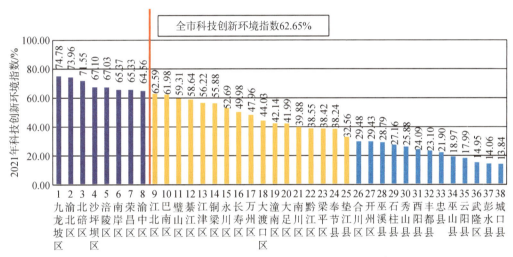

图 2-1 各区县 2021 年、2022 年科技创新环境指数排序

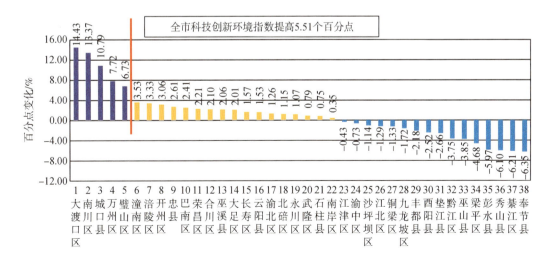

图 2-2 各区县科技创新环境指数提高百分点排序

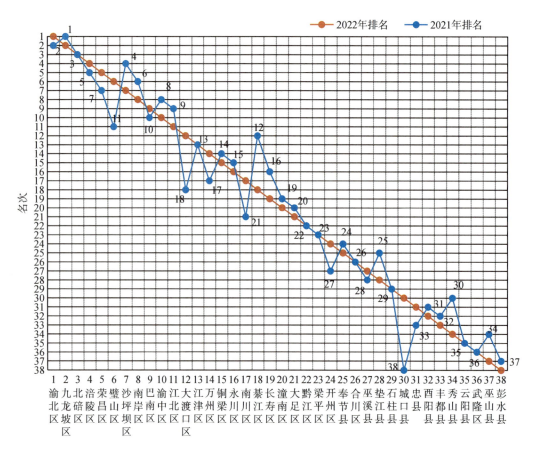

图 2-3　各区县科技创新环境指数排名情况变化

（二）科技创新投入

2022 年，全市科技创新投入水平略有下降，科技创新投入指数为 62.21%，比上年下降 1.69 个百分点，24 个区县科技创新投入指数有不同幅度的提高，15 个区县位次有不同幅度的提升（见图 2-4、图 2-5、图 2-6）。

根据全市科技创新投入指数排名，38 个区县科技创新投入水平可分为三个梯队：

第一梯队：科技创新投入指数高于全市平均水平 62.21% 的区县，共有江北区、大渡口区、璧山区、巴南区、九龙坡区、长寿区、渝北区、北碚区、荣昌区、大足区、铜梁区 11 个。

第二梯队：科技创新投入指数位于 30% ~ 62.21% 的区县，共有潼南区、綦江区、南岸区、涪陵区、江津区、沙坪坝区、南川区等 20 个。

第三梯队：科技创新投入指数低于 30% 的区县，共有武隆区、云阳县、丰都县、巫山县、黔江区、酉阳县、城口县 7 个。

与上年相比，江北区、大渡口区、璧山区、巴南区、九龙坡区、长寿区、渝北区、北碚区 8 个区科技创新投入水平仍位列第一梯队。荣昌区、大足区、铜梁区 3 个区由第二梯队上升至第一梯队。涪陵区和永川区由第一梯队下降至第二梯队。巫溪县、秀山县、石柱县、彭水县由第三梯队上升至第二梯队。在第二梯队区县中，潼南区位次上升最多，上升 9 位，现为第 12 位，主要原因是二级指标人力投入维度中其规模以上工业企业 R&D 研究人员占比大幅提升，以及财力投入维度中其规模以上工业企业创新费用支出占主营业务收入比重、规模以上工业企业 R&D 经费支出占主营业务收入比重大幅提升。涪陵区下降 6 位，永川区下降 10 位。涪陵区下降的主要原因是二级指标人力投入维度中其万人 R&D 研究人员数、财力投入维度中其规模以上工业企业创新费用支出占主营业务收入比重均有所下降。永川区下降的主要原因是二级指标人力投入维度中其万人 R&D 研究人员大幅下降，财力投入维度中其 R&D 经费支出与 GDP 比值、地方财政科技支出占财政一般预算支出比重、规模以上工业企业创新费用支出占主营业务收入比重、规模以上工业企业 R&D 经费支出占主营业务收入比重降幅较大。在第三梯队区县中，云阳县排名上升 2 位，上升的主要原因在于人力投入维度中其规模以上工业企业 R&D 研究人员占比和 R&D 经费支出与 GDP 比值大幅上升。

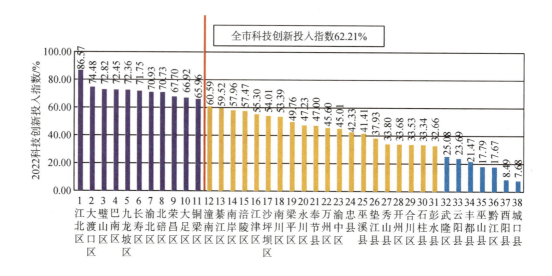

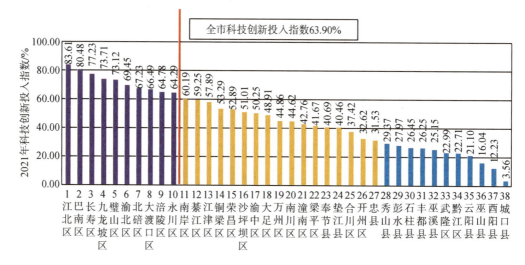

图 2-4　各区县 2021 年、2022 年科技创新投入指数排序

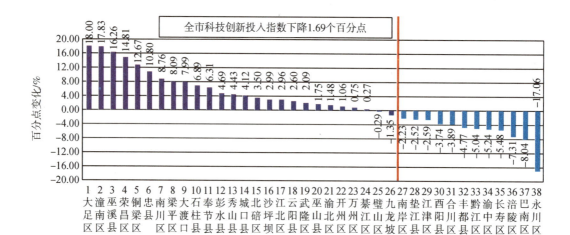

图 2-5　各区县科技创新投入指数提高百分点排序

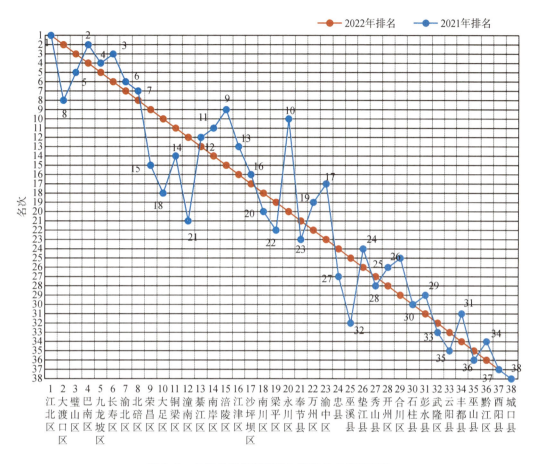

图 2-6　各区县科技创新投入指数排名情况变化

（三）科技创新产出

2022 年，全市科技创新产出大幅增加，科技创新产出指数为 76.27%，比上年提高 9.07 个百分点，29 个区县科技创新产出指数有不同幅度的提高，18 个区县位次有不同幅度的提升（见图 2-7、图 2-8、图 2-9）。

根据全市科技创新产出指数排名，38 个区县科技创新产出水平可分为三个梯队：

第一梯队：科技创新产出指数高于全市平均水平 76.27% 的区县，共有沙坪坝区、北碚区、南岸区、渝北区、九龙坡区、江北区 6 个。

第二梯队：科技创新产出指数位于 30%~67.20% 的区县，共有大渡口区、巴南区、璧山区、渝中区、永川区、长寿区、荣昌区等 14 个。

第三梯队：科技创新产出指数低于 30% 的区县，共有大足区、南川区、石柱县、忠县、梁平区、黔江区等 18 个。

与上年相比，沙坪坝区、北碚区、南岸区、渝北区、九龙坡区、江北区 6 个区科技创新产出水平仍位列第一梯队。潼南区由第三梯队上升至第二梯队，主要原因在于效益产出维度中其规模以上工业企业新产品销售收入占主营业务收入比重和技术合同成交额与 GDP 比值上升较多。在第二梯队区县中，长寿区、合川区位次均下降 3 位。长寿区下降的主要原因是二级指标效益产出维度中其数字经济核心产业增加值占 GDP 比重下降较多。合川区下降的主要原因是二级指标效益产出维度中其规模以上工业企业新产品销售收入占主营业务收入比重、规模以上工业战略性新兴产业增加值占 GDP 比重和数字经济核心产业增加值占 GDP 比重均有一定下降。在第三梯队区县中，秀山县上升 5 位，现为第 30 位。秀山县位次上升的主要原因是二级指标知识产出维度中其万名 R&D 人员发表科技论文数大幅提升，效益产出维度中其规模以上工业战略性新兴产业增加值占 GDP 比重和数字经济核心产业增加值占 GDP 比重均提升较大。酉阳县下降 7 位，现为第 36 位，主要原因是二级指标知识产出维度中其万名 R&D 人员发表科技论文数大幅下降，效益产出维度中其数字经济核心产业增加值占 GDP 比重也大幅下降。

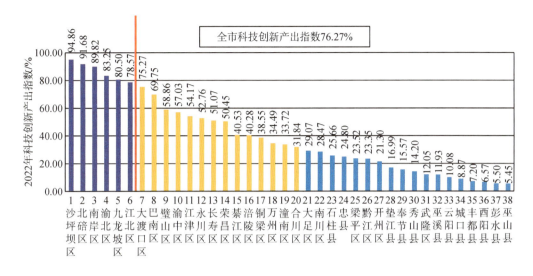

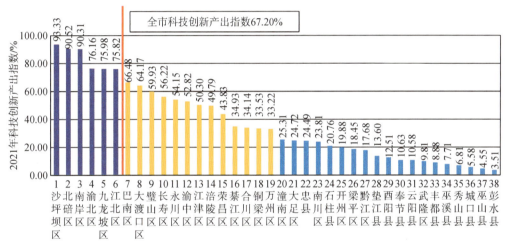

图 2-7　各区县 2021 年、2022 年科技创新产出指数排序

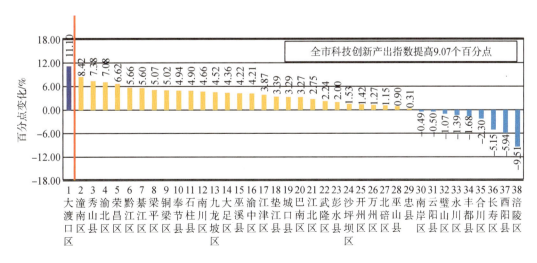

图 2-8　各区县科技创新产出指数提高百分点排序

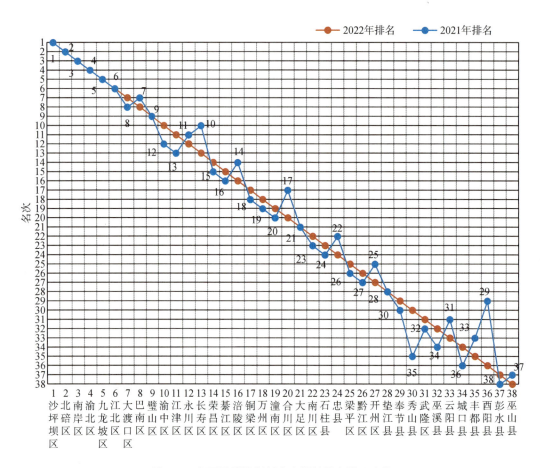

图 2-9 各区县科技创新产出指数排名情况变化

（四）高新技术产业化

2022 年，全市高新技术产业化水平稳步上升，高新技术产业化指数为 74.95%，比上年提高 0.79 个百分点，27 个区县高新技术产业化指数有不同幅度的提高，16 个区县位次有不同幅度的提升（见图 2-10、图 2-11、图 2-12）。

根据全市高新技术产业化指数排名，38 个区县高新技术产业化水平可分为三个梯队：

第一梯队：高新技术产业化指数高于全市平均水平 74.95% 的区县，共有荣昌区、长寿区、北碚区、永川区、涪陵区、璧山区、大渡口区、铜梁区、渝北区、江津区、南岸区、巴南区、九龙坡区 13 个。

第二梯队：高新技术产业化指数位于 30%~74.95% 的区县，共有大足区、渝中区、合川区、忠县、江北区、潼南区、綦江区、秀山县、沙坪坝区等 18 个。

第三梯队：高新技术产业化指数低于 30% 的区县，共有武隆区、云阳县、奉节县、丰都县、城口县、彭水县、巫山县 7 个。

与上年相比，荣昌区、长寿区、北碚区、永川区、涪陵区、璧山区、大渡口区、铜梁区、渝北区、江津区、南岸区、巴南区、九龙坡区 13 个区高新技术产业化指数仍位列第一梯队。大渡口区上升 6 位，现为第 7 位，主要原因在于产业化水平维度中其高新技术产品出口额占商品出口额比重增加，且每万家企业法人中高新技术企业数大幅提升，产业化效益维度中其高新技术企业利润率提升较快。在第二梯队区县中，大足区上升 4 位，现为第 14 位，主要原因在于产业化水平维度中其每万家企业法人中高新技术企业数和高新技术企业营业收入占工业主营业务收入比重提升。万州区下降 3 位，现为第 25 位，主要原因在于产业化水平维度中其高新技术企业营业收入占工业主营业务收入比重、高新技术产品销售收入占主营业务收入比重均下降，产业化效益维度中其高新技术企业劳动生产率也下降。彭水县和武隆县由第二梯队下降至第三梯队。秀山县上升 8 位，现为第 21 位，主要原因是二级指标产业化水平维度中其高新技术产品出口额占商品出口额比重大幅提升，产业化效益维度中其高新技术企业利润率和高新技术企业劳动生产率大幅提升。在第三梯队区县中，巫山县和彭水县位次均下降 7 位。巫山县下降的主要原因是二级指标产业化效益维度中其高新技术企业利润率和高新技术企业劳动生产率下降明显。彭水县下降的主要原因是二级指标产业化水平维度中其高新技术产品销售收入占主营业务收入比重大幅下降，产业化效益维度中其高新技术企业劳动生产率和高新技术企业利润率明显下降。

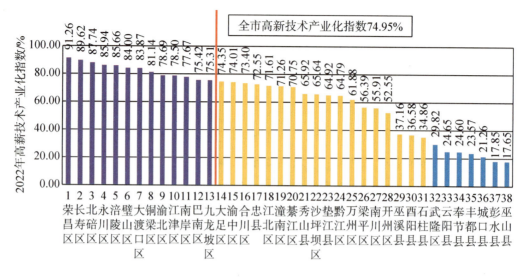

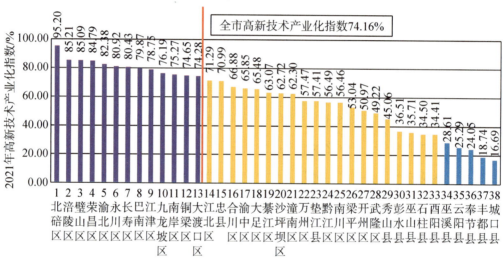

图 2-10 各区县 2021 年、2022 年高新技术产业化指数排序

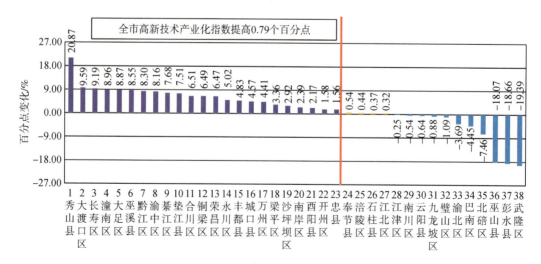

图 2-11 各区县高新技术产业化指数提高百分点排序

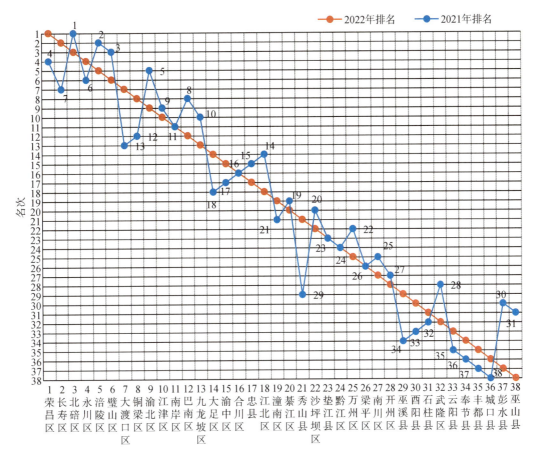

图 2-12　各区县高新技术产业化指数排名情况变化

（五）科技促进经济发展

2022年，全市科技促进经济发展指数为72.63%，比上年提高2.18个百分点，26个区县科技促进经济发展指数有不同幅度的提高，19个区县位次有不同幅度的提高（见图2-13、图2-14、图2-15）。

根据全市科技促进经济发展指数排名，38个区县科技促进经济发展水平可分为三个梯队：

第一梯队：科技促进经济发展指数高于全市平均水平72.63%的区县，共有涪陵区、江北区、渝中区、九龙坡区、永川区、荣昌区、铜梁区、璧山区、渝北区等17个。

第二梯队：科技促进经济发展指数位于30%~72.63%的区县，共有忠县、沙坪坝区、黔江区、垫江县、武隆区、潼南区、彭水县、巫山县、秀山县、江津区等21个。

第三梯队：暂无科技促进经济发展指数低于30%的区县。

与上年相比，涪陵区、江北区、渝中区、九龙坡区、永川区、荣昌区、铜梁区、璧山区、渝北区等15个区县科技促进经济发展水平仍位列第一梯队。长寿区和大渡口区由第二梯队上升至第一梯队。长寿区上升7位，现为第14位，主要原因是发展方式转变维度中其人均GDP水平大幅上升。大渡口区上升3位，现为第17位，主要原因在于环境改善维度中其万元主营业务收入能耗下降。沙坪坝区、忠县、潼南区、黔江区由第一梯队下降至第二梯队。在第二梯队区县中，潼南区和丰都县位次均下降5位，綦江区下降7位，沙坪坝区下降16位。潼南区下降的主要原因是二级指标发展方式转变维度中其万元主营业务收入能耗有所提升。丰都县下降的主要原因是二级指标发展方式转变维度中其工业企业全员劳动生产率大幅下降。綦江区下降的主要原因是二级指标发展方式转变维度中其工业企业全员劳动生产率降幅明显，以及环境改善维度中其万元地区生产总值用水量上升。沙坪坝区下降的主要原因是二级指标发展方式转变维度中其工业企业全员劳动生产率大幅下降。

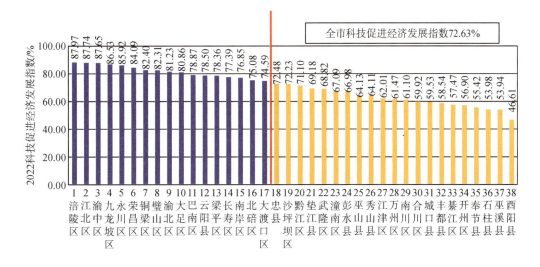

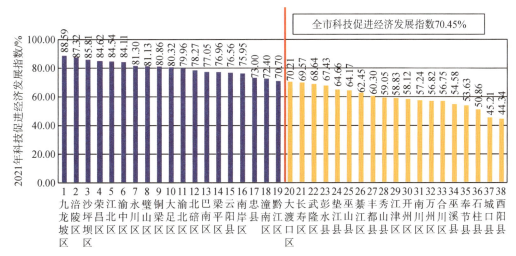

图 2-13　各区县 2021 年、2022 年科技促进经济发展指数排序

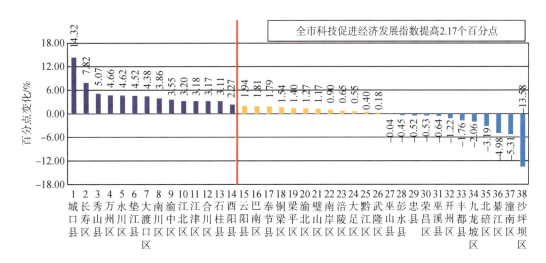

图 2-14　各区县科技促进经济发展指数提高百分点排序

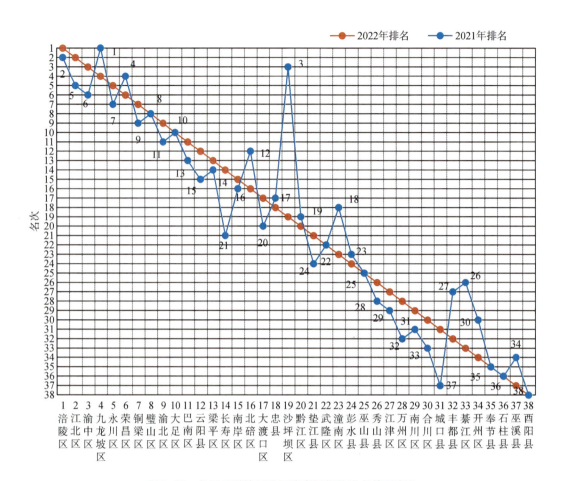

图 2-15　各区县科技促进经济发展指数排名情况变化

二、二级指标评价

（一）基础条件

2022 年，全市基础条件指数为 79.73%，比上年提高 9.59 个百分点，28 个区县基础条件指数有不同幅度的提高，15 个区县位次有不同幅度的提升（见图 2-16、图 2-17、图 2-18）。

根据全市基础条件指数排名，38 个区县基础条件水平可分为三个梯队：

第一梯队：基础条件指数高于全市平均水平 79.73% 的区县，共有渝北区、北碚区、九龙坡区、沙坪坝区、涪陵区 5 个。

第二梯队：基础条件指数位于 30%～79.73% 的区县，共有荣昌区、巴南区、南岸区、渝中区、璧山区、江北区、大渡口区、万州区、江津区、永川区、铜梁区等 19 个。

第三梯队：基础条件指数低于 30% 的区县，共有合川区、奉节县、巫溪县、城口县、石柱县、垫江县等 14 个。

与上年相比，渝北区、北碚区、九龙坡区、沙坪坝区、涪陵区 5 个区基础条件水平仍位列第一梯队。渝中区、荣昌区、南岸区、江北区由第一梯队下降至第二梯队，其中渝中区下降 2 位，江北区下降 5 位。渝中区排名下降的主要原因在于其研发平台数和每名 R&D 人员研发仪器和设备支出排名下降。江北区排名下降的主要原因在于其研发平台数和知识价值信用贷款每家企业贷款规模排名不同程度下降。与上年相比，在第二梯队区县中，大渡口区位次提升较多，上升 6 位，现为第 12 位，主要原因在于其万人累计孵化企业数和研发平台数排名上升。在第三梯队区县中，城口县位次上升较多，上升 7 位，现为第 28 位，主要原因在于其每名 R&D 人员研发仪器和设备支出排名上升。与上年相比，秀山县下降 7 位，现为第 35 位，主要原因在于其每名 R&D 人员研发仪器和设备支出排名大幅下降。

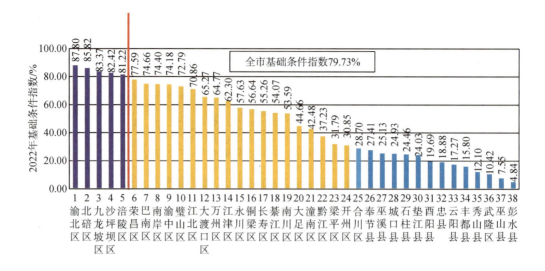

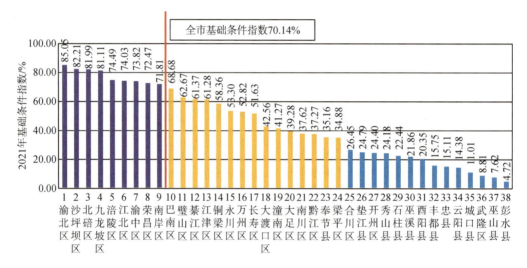

图 2-16　各区县 2021 年、2022 年基础条件指数排序

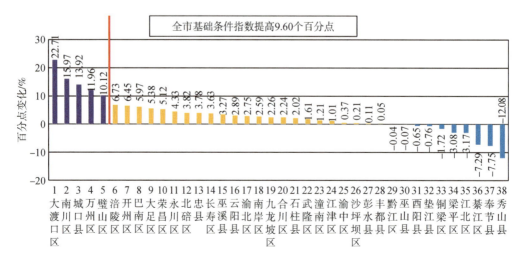

图 2-17　各区县基础条件指数提高百分点排序

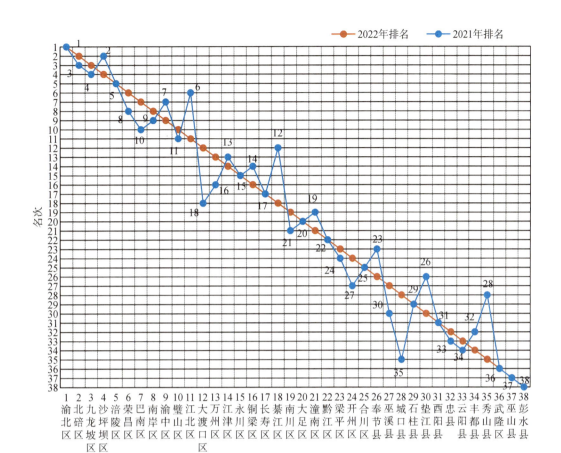

图 2-18　各区县基础条件指数排名情况变化

（二）科技意识

2022 年，全市科技意识指数为 42.11%，比上年下降 3.68 个百分点，6 个区县科技意识指数有不同幅度的提升，14 个区县位次有不同幅度的提升（见图 2-19、图 2-20、图 2-21）。

根据全市科技意识指数排名，38 个区县科技意识水平可分为三个梯队：

第一梯队：科技意识指数高于全市平均水平 42.11% 的区县，共有潼南区、南川区、璧山区、九龙坡区、铜梁区等 17 个。

第二梯队：科技意识指数位于 30%~42.11% 的区县，共有奉节县、巴南区、江津区、渝中区、江北区、梁平区等 14 个。

第三梯队：科技意识指数低于 30% 的区县，共有黔江区、沙坪坝区、武隆区、酉阳县、云阳县、城口县、彭水县 7 个。

与上年相比，潼南区、南川区、巫溪县由第二梯队跃升至第一梯队，位次分别上升 21 位、16 位、9 位。其中，潼南区由第 22 位上升至第 1 位，主要原因在于其有 R&D 活动的企业占比排名大幅上升。巴南区、梁平区由第一梯队下降至第二梯队，主要原因均在于其有 R&D 活动的企业占比排名大幅下降。在第一梯队区县中，大足区比上年下降 6 位，现为第 17 位，主要原因在于其开展创新活动的企业占比排名下降。黔江区、沙坪坝区和彭水县由第二梯队下降至第三梯队。在第二梯队区县中，秀山县比上年上升 9 位，现为第 26 位；江北区上升 8 位，现为第 22 位，主要原因均在于其有 R&D 活动的企业占比排名大幅上升。在第三梯队区县中，彭水县位次下降较多，下降 6 位，现为第 38 位，主要原因在于其有 R&D 活动的企业占比排名下降较大。

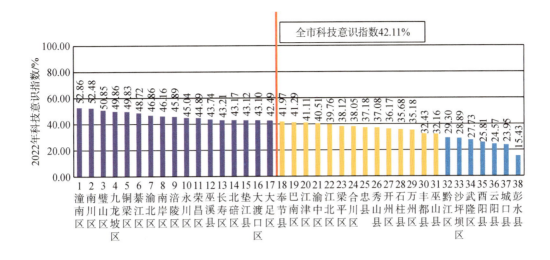

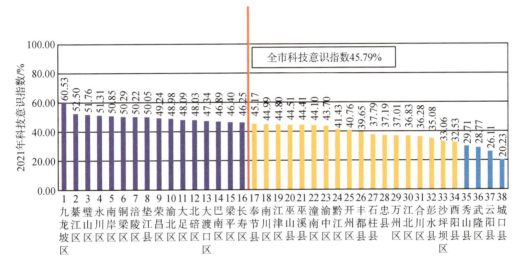

图 2-19 各区县 2021 年、2022 年科技意识指数排序

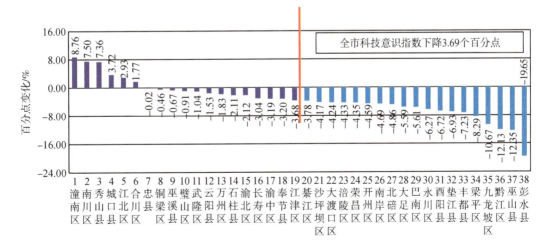

图 2-20 各区县科技意识指数提高百分点排序

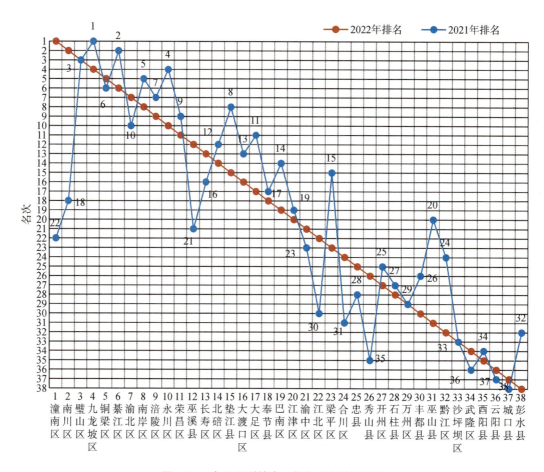

图 2-21　各区县科技意识指数排名情况变化

（三）人力投入

2022 年，全市人力投入指数为 55.26%，比上年下降 23.64 个百分点，15 个区县人力投入指数有不同幅度的提高，19 个区县位次有不同幅度的提升（见图 2-22、图 2-23、图 2-24）。

根据全市人力投入指数排名，38 个区县人力投入水平可分为三个梯队：

第一梯队：人力投入指数高于全市平均水平 55.26% 的区县，共有江北区、长寿区、大渡口区、璧山区、北碚区、渝北区、巴南区等 16 个。

第二梯队：人力投入指数位于 30%~55.26% 的区县，共有綦江区、梁平区、垫江县、南川区、开州区、忠县、秀山县等 14 个。

第三梯队：人力投入指数低于 30% 的区县，共有万州区、武隆区、丰都县、黔江区、云阳县、巫山县、城口县、酉阳县 8 个。

与上年相比，江北区、渝北区、巴南区、长寿区、涪陵区 5 个区人力投入水平仍位列第一梯队。潼南区、北碚区、大渡口区、璧山区等由第二梯队上升至第一梯队。其中，大渡口区位次提升最多，上升 14 位，现为第 3 位，主要原因在于其万人 R&D 研究人员数排名大幅上升。永川区由第一梯队下降至第二梯队。在第二梯队区县中，忠县位次上升较多，上升 6 位，现为第 22 位，主要原因在于其规模以上工业企业 R&D 研究人员占比排名上升。潼南区位次上升 13 位，现为第 16 位，主要原因在于其规模以上工业企业 R&D 研究人员占比排名大幅上升。永川区、渝中区、合川区、綦江区分别下降 20 位、12 位、10 位、6 位，主要原因均在于其万人 R&D 研究人员数排名下降较多。黔江区、丰都县、万州区由第二梯队下降至第三梯队。在第三梯队区县中，万州区下降 8 位，现为第 31 位，主要原因在于其万人 R&D 研究人员数和规模以上工业企业 R&D 经费支出占主营业务收入比重排名位次不变。黔江区下降 2 位，现为第 34 位，主要原因是其规模以上工业企业 R&D 研究人员占比排名下降较多。

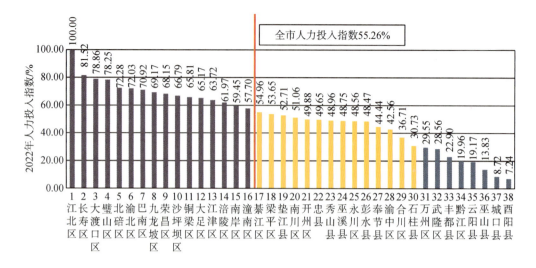

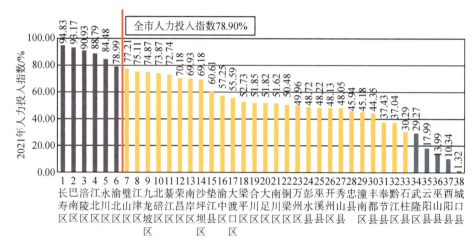

图 2-22　各区县 2021 年、2022 年人力投入指数排序

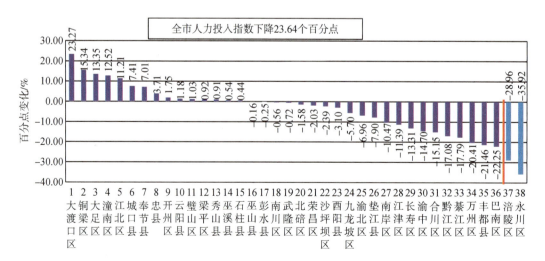

图 2-23　各区县人力投入指数提高百分点排序

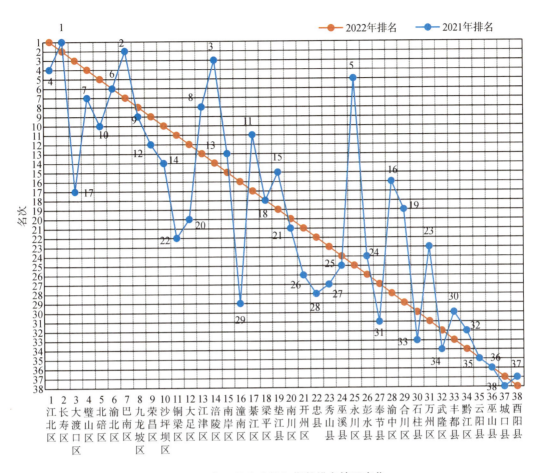

图 2-24 各区县人力投入指数排名情况变化

（四）财力投入

2022 年，全市财力投入指数为 65.86%，比上年提高 9.86 个百分点，30 个区县财力投入指数有不同幅度的提高，14 个区县位次有不同幅度的提升（见图 2-25、图 2-26、图 2-27）。

根据全市财力投入指数排名，38 个区县财力投入水平可分为三个梯队：

第一梯队：财力投入指数高于全市平均水平 65.86% 的区县，共有江北区、九龙坡区、巴南区、大渡口区、渝北区、璧山区、北碚区、大足区、荣昌区、长寿区、铜梁区 11 个。

第二梯队：财力投入指数位于 30%~65.86% 的区县，共有潼南区、綦江区、南岸区、涪陵区、南川区、万州区等 17 个。

第三梯队：财力投入指数低于 30% 的区县，共有云阳县、秀山县、开州区、彭水县、武隆区等 10 个。

与上年相比，大渡口区、江北区、九龙坡区、北碚区、渝北区、巴南区、长寿区和璧山区 8 个区财力投入水平仍位列第一梯队。大足区、荣昌区和铜梁区由第二梯队上升至第一梯队，大足区和荣昌区分别上升 7 位、8 位，主要原因均在于其规模以上工业企业创新费用支出占主营业务收入比重、规模以上工业企业 R&D 经费支出占主营业务收入比重的排名都大幅上升。忠县、石柱县、合川区、垫江县和巫溪县由第三梯队上升到第二梯队。在第二梯队区县中，潼南区比上年上升 8 位，现为第 12 位，主要原因是其规模以上工业企业创新费用支出占主营业务收入比重、规模以上工业企业 R&D 经费支出占主营业务收入比重的排名都大幅上升。巫溪县上升 12 位，现为第 25 位，主要原因是其规模以上工业企业创新费用支出占主营业务收入比重排名大幅上升。永川区下降 11 位，现为第 22 位，主要原因是其规模以上工业企业创新费用支出占主营业务收入比重排名大幅下降。在第三梯队区县中，开州区排名降幅最大，下降 5 位，现为第 31 位，主要原因是其 R&D 经费支出与 GDP 比值排名下降较多。

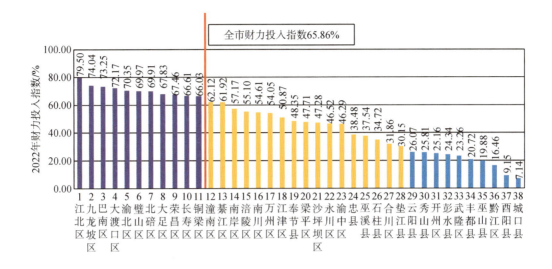

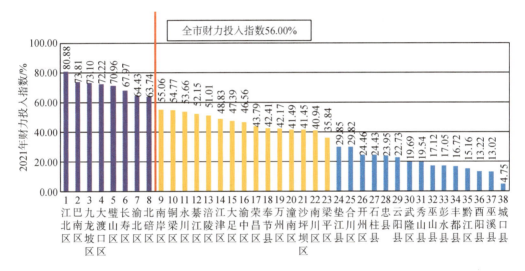

图 2-25 各区县 2021 年、2022 年财力投入指数排序

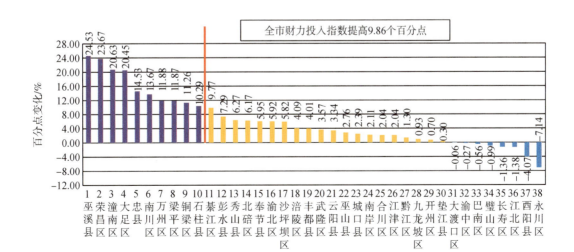

图 2-26 各区县财力投入指数提高百分点排序

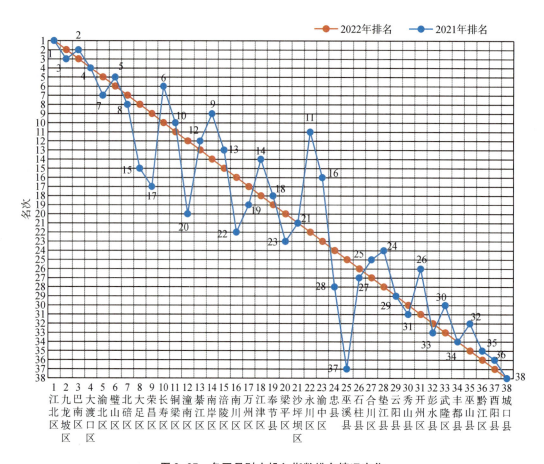

图 2-27　各区县财力投入指数排名情况变化

（五）知识产出

2022 年，全市知识产出指数达到 72.25%，比上年提高 8.65 个百分点，30 个区县知识产出指数有不同幅度的提高，17 个区县位次有不同幅度的提升（见图 2-28、图 2-29、图 2-30）。

根据全市知识产出指数排名，38 个区县知识产出水平可分为三个梯队：

第一梯队：知识产出指数高于全市平均水平 72.25% 的区县，共有沙坪坝区、南岸区、北碚区、渝中区、渝北区、江北区、九龙坡区 7 个。

第二梯队：知识产出指数位于 30%～72.25% 的区县，共有江津区、巴南区、大渡口区、长寿区、璧山区、永川区、合川区、万州区、荣昌区 9 个。

第三梯队：知识产出指数低于 30% 的区县，共有涪陵区、铜梁区、黔江区、潼南区、石柱县、大足区、奉节县、南川区等 22 个。

与上年相比，沙坪坝区、南岸区、北碚区、渝中区、渝北区、江北区和九龙坡区 7 个区知识产出水平仍位列第一梯队。涪陵区由第二梯队下降至第三梯队。在第二梯队区县中，大渡口区比上年下降 2 位，现为第 10 位，主要原因在于其万名 R&D 人员发表科技论文数排名下降。在第三梯队区县中，忠县位次上升较多，上升 4 位，现为第 30 位，主要原因在于其万名 R&D 人员发表科技论文数、万人有效发明专利拥有量和万人高价值发明专利拥有量排名均有所上升。酉阳县、云阳县与上年相比分别下降 14 位、6 位，排名第 34 位、38 位，主要原因均在于其万名 R&D 人员发表科技论文数排名大幅下降。

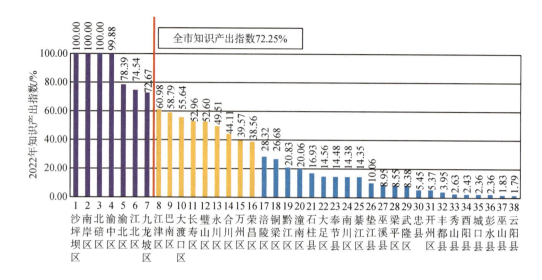

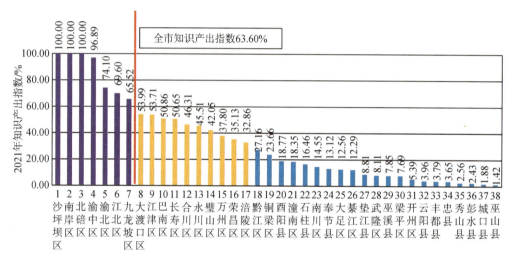

图 2-28　各区县 2021 年、2022 年知识产出指数排序

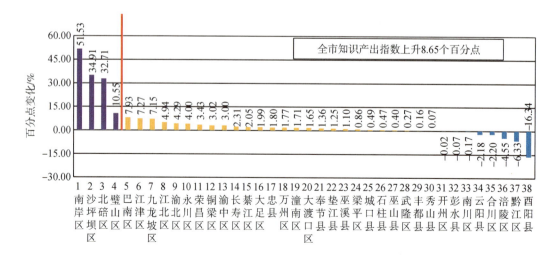

图 2-29　各区县知识产出指数提高百分点排序

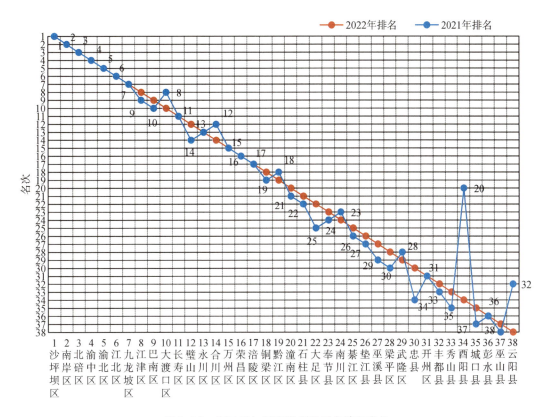

图 2-30 各区县知识产出指数排名情况变化

（六）效益产出

2022 年，全市效益产出指数达到 79.89%，比上年提高 9.44 个百分点，29 个区县效益产出指数有不同幅度的提高，13 个区县位次有不同幅度的提升（见图 2-31、图 2-32、图 2-33）。

根据全市效益产出指数排名，38 个区县效益产出水平可分为三个梯队：

第一梯队：效益产出指数高于全市平均水平 79.89% 的区县，共有大渡口区、沙坪坝区、渝北区、九龙坡区、北碚区、江北区、南岸区 7 个。

第二梯队：效益产出指数位于 30%~79.89% 的区县，共有巴南区、璧山区、綦江区、荣昌区、永川区、涪陵区等 16 个。

第三梯队：效益产出指数低于 30% 的区县，共有万州区、黔江区、秀山县、垫江县、合川区、渝中区等 15 个。

与上年相比，大渡口区、沙坪坝区、渝北区、九龙坡区、北碚区、江北区、南岸区 7 个区效益产出水平仍位列第一梯队。巴南区、璧山区由第一梯队下降至第二梯队。巴南区比上年下降 2 位，现为第 8 位，主要原因在于其技术合同成交额与 GDP 比值排名下降较多。璧山区比上年下降 1 位，现为第 9 位，主要原因在于其规模以上工业企业新产品销售收入占主营业务收入比重排名大幅下降。梁平区、石柱县由第三梯队跃升至第二梯队。在第二梯队区县中，潼南区位次上升较多，上升 4 位，现为第 17 位，主要原因是其规模以上工业企业新产品销售收入占主营业务收入比重排名上升较多。在第三梯队区县中，丰都县比上年下降 8 位，现为第 36 位，主要原因在于其数字经济核心产业增加值占 GDP 比重排名大幅下降。黔江区比上年上升 7 位，现为第 25 位，主要原因在于其数字经济核心产业增加值占 GDP 比重排名大幅上升。

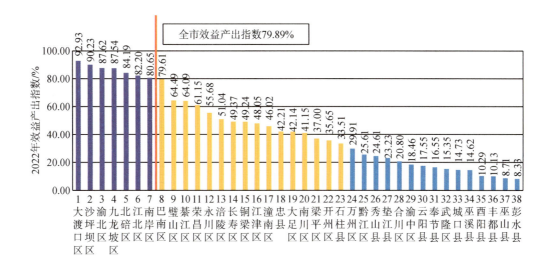

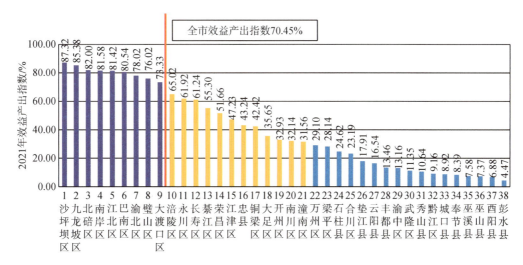

图 2-31　各区县 2021 年、2022 年效益产出指数排序

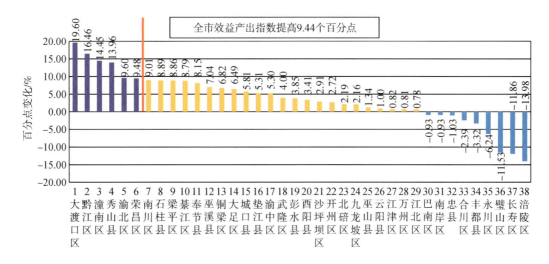

图 2-32　各区县效益产出指数提高百分点排序

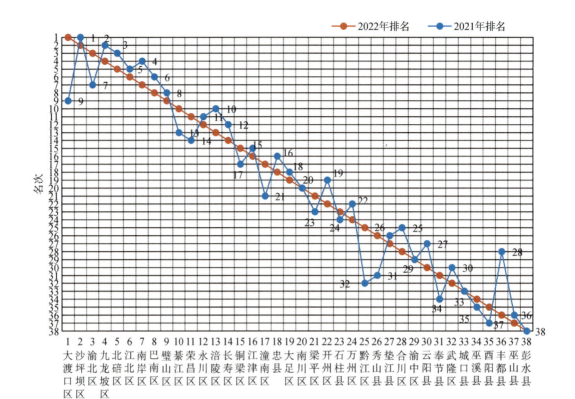

图 2-33　各区县效益产出指数排名情况变化

（七）产业化水平

2022 年，全市产业化水平指数为 78.40%，比上年提高 2.50 个百分点，32 个区县产业化水平指数有不同幅度的提高，17 个区县位次有不同幅度的提升（见图 2-34、图 2-35、图 2-36）。

根据全市产业化水平指数排名，38 个区县产业化水平可分为三个梯队：

第一梯队：产业化水平指数高于全市平均水平 78.40% 的区县，共有铜梁区、荣昌区、璧山区、长寿区、北碚区、渝北区、永川区、巴南区、涪陵区、江津区、合川区、渝中区、大足区、南岸区、綦江区、九龙坡区、大渡口区 17 个。

第二梯队：产业化水平指数位于 30%～78.40% 的区县，共有江北区、潼南区、黔江区、梁平区、万州区等 12 个。

第三梯队：产业化水平指数低于 30% 的区县，共有巫溪县、石柱县、武隆区、奉节县、城口县等 9 个。

与上年相比，璧山区、北碚区、渝北区、铜梁区、荣昌区、永川区等 12 个区产业化水平排名仍位列第一梯队。江北区由第一梯队下降至第二梯队，渝中区、大足区、綦江区、大渡口区、合川区由第二梯队上升至第一梯队。武隆区由第二梯队下降至第三梯队。在第二梯队区县中，江北区下降 7 位，现为第 18 位，主要原因在于其每万家企业法人中高新技术企业数排名下降较多。在第三梯队区县中，城口县上升 4 位，现为第 34 位，主要原因是其高新技术产品销售收入占主营业务收入比重排名上升幅度较大。武隆区下降 7 位，现为第 32 位，主要原因是其高新技术产品出口额占商品出口额比重排名大幅下降。

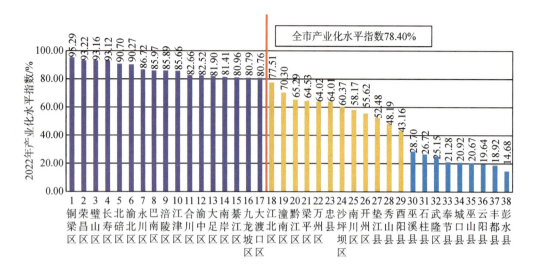

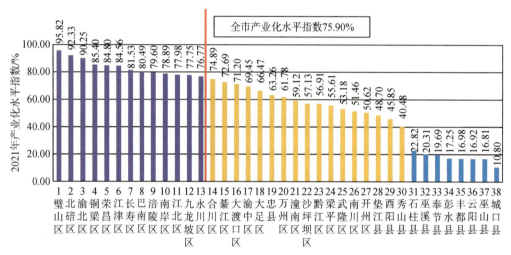

图 2-34 各区县 2021 年、2022 年产业化水平指数排序

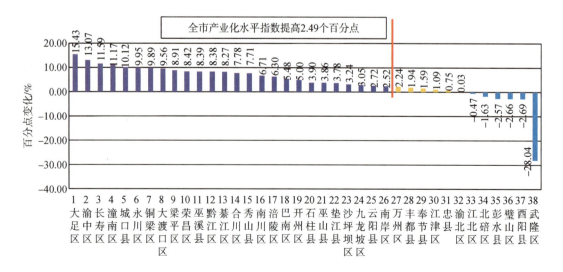

图 2-35 各区县产业化水平指数提高百分点排序

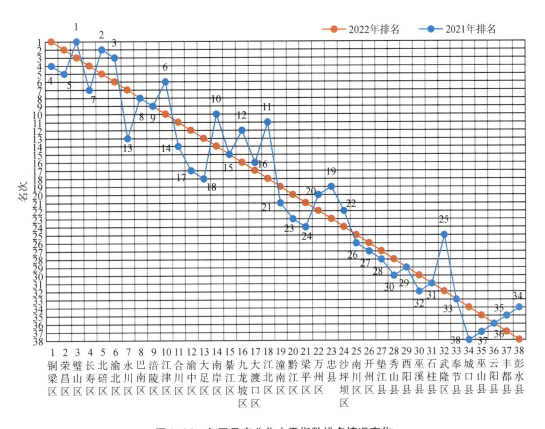

图 2-36　各区县产业化水平指数排名情况变化

（八）产业化效益

2022年，全市产业化效益指数为69.18%，与上年相比下降2.07个百分点，19个区县产业化效益指数有不同幅度的提高，21个区县位次有不同幅度的提升（见图2-37、图2-38、图2-39）。

根据全市产业化效益指数排名，38个区县产业化效益水平可分为三个梯队：

第一梯队：产业化效益指数高于全市平均水平69.18%的区县，共有秀山县、大渡口区、荣昌区、忠县、垫江县、涪陵区、永川区、长寿区、北碚区、沙坪坝区、潼南区、南岸区12个。

第二梯队：产业化效益指数位于30%~69.18%的区县，共有璧山区、江津区、九龙坡区、黔江区、江北区、大足区、渝中区、渝北区、万州区、合川区、巴南区、铜梁区等22个。

第三梯队：产业化效益指数低于30%的区县，共有酉阳县、彭水县、城口县、巫山县4个。

与上年相比，北碚区、涪陵区、永川区、荣昌区、忠县、大渡口区、长寿区、沙坪坝区、垫江县9个区县产业化效益水平仍位列第一梯队。秀山县、潼南区、南岸区由第二梯队上升至第一梯队。秀山县上升26位，现为第1位，主要原因在于其高新技术企业劳动生产率和高新技术企业利润率排名大幅提升。丰都县由第三梯队上升至第二梯队。彭水县和巫山县由第二梯队下降至第三梯队。在第二梯队区县中，万州区上升8位，现为第21位，主要原因在于其高新技术企业利润率排名大幅上升。黔江区上升8位，现为第16位，主要原因在于其高新技术企业劳动生产率排名大幅上升。巴南区下降16位，现为第23位，主要原因在于其高新技术企业利润率排名大幅下降。在第三梯队区县中，彭水县和巫山县均下降21位，分别排名第36位、38位，主要原因均在于其高新技术企业利润率排名下降较多。

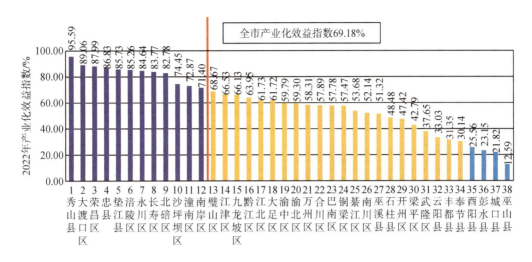

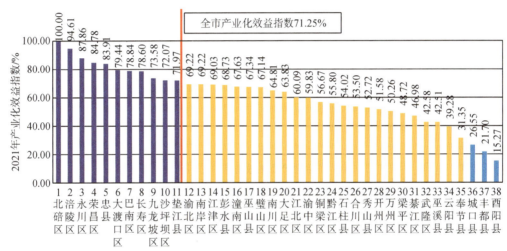

图 2-37 各区县 2021 年、2022 年产业化效益指数排序

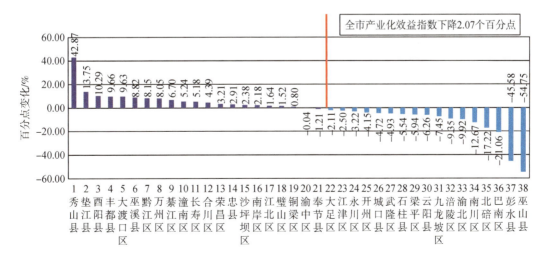

图 2-38 各区县产业化效益指数提高百分点排序

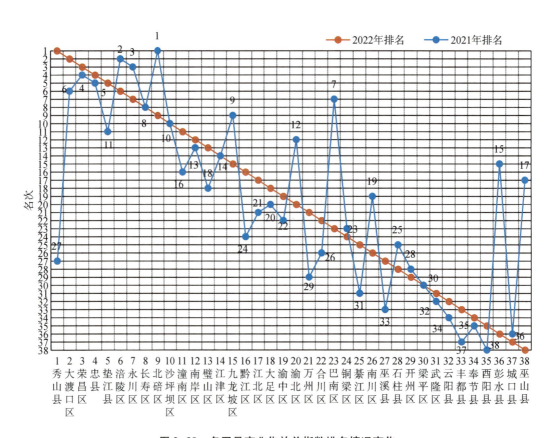

图 2-39　各区县产业化效益指数排名情况变化

（九）发展方式转变

2022 年，全市发展方式转变指数为 61.84%，比上年提高 3.50 个百分点，30 个区县发展方式转变指数有不同幅度的提高，21 个区县位次有不同幅度的提升（见图 2-40、图 2-41、图 2-42）。

根据全市发展方式转变指数排名，38 个区县发展方式转变水平可分为三个梯队：

第一梯队：发展方式转变指数高于全市平均水平 61.84% 的区县，共有涪陵区、长寿区、渝中区、江北区、九龙坡区、荣昌区、黔江区、梁平区、永川区、忠县、璧山区等 15 个。

第二梯队：发展方式转变指数位于 30%~61.84% 的区县，共有武隆区、大足区、垫江县、巴南区、彭水县、南川区、北碚区等 22 个。

第三梯队：发展方式转变指数低于 30% 的区县，仅有巫溪县 1 个。

与上年相比，涪陵区、九龙坡区、渝中区、长寿区、荣昌区、忠县、江北区、黔江区、永川区、璧山区、梁平区和江津区等 14 个区县发展方式转变水平仍位列第一梯队。潼南区由第二梯队跃升至第一梯队。武隆区、大足区、丰都县、沙坪坝区、綦江区由第一梯队下降至第二梯队。潼南区上升 7 位，现为第 14 位，主要原因在于其工业企业全员劳动生产率排名大幅上升。在第二梯队区县中，南川区、垫江县分别上升 6 位、7 位，分别排名第 21 位、18 位，主要原因均在于其工业企业全员劳动生产率排名大幅上升。沙坪坝区下降 27 位，现为第 32 位，綦江区下降 15 位，现为第 27 位，主要原因均在于其工业企业全员劳动生产率排名下降较多。

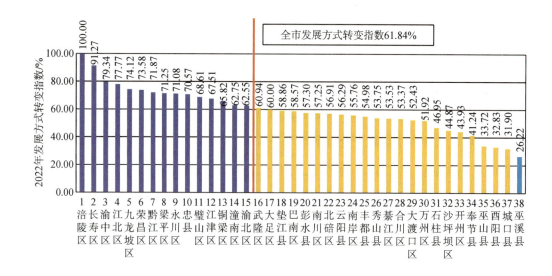

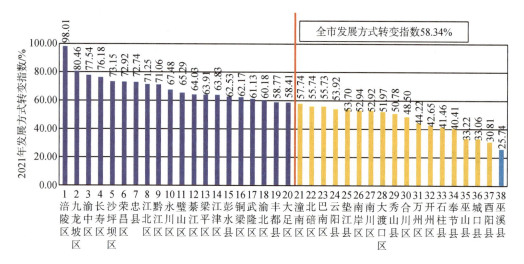

图 2-40　各区县 2021 年、2022 年发展方式转变指数排序

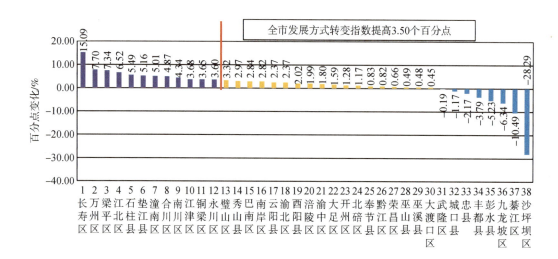

图 2-41　各区县发展方式转变指数提高百分点排序

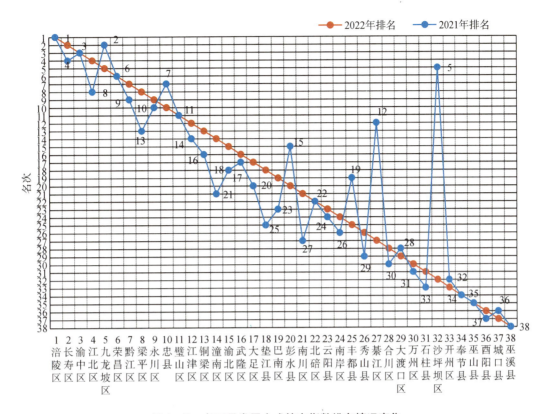

图 2-42　各区县发展方式转变指数排名情况变化

（十）环境改善

2022 年，全市环境改善指数达到 82.32%，比上年提高 0.99 个百分点，24 个区县环境改善指数有不同幅度的提高，10 个区县位次有不同幅度的提升（见图 2-43、图 2-44、图 2-45）。

根据全市环境改善指数排名，38 个区县环境改善水平可分为三个梯队：

第一梯队：环境改善指数高于全市平均水平 82.32% 的区县，共有大足区、永川区、云阳县、渝北区、九龙坡区、铜梁区、巴南区、沙坪坝区等 18 个。

第二梯队：环境改善指数位于 30%~82.32% 的区县，共有巫溪县、垫江县、涪陵区、武隆区、彭水县、忠县、秀山县等 20 个。

第三梯队：暂无环境改善指数低于 30% 的区县。

与上年相比，大足区、永川区、云阳县、渝北区、九龙坡区、铜梁区、巴南区、沙坪坝区、江北区、南岸区等 17 个区县环境改善水平仍位列第一梯队。城口县由第二梯队跃升至第一梯队。潼南区由第一梯队下降至第二梯队。在第一梯队区县中，城口县位次上升较多，上升 19 位，现为第 18 位，主要原因在于其万元主营业务收入能耗排名大幅上升。北碚区下降 14 位，现为第 16 位，主要原因在于其万元主营业务收入能耗和环境空气质量指数排名下降较多。在第二梯队区县中，秀山县上升 3 位，现为第 25 位，主要原因在于其万元主营业务收入能耗排名上升。潼南区和开州区与上年相比，分别下降 8 位和 5 位，分别排名第 26 位、29 位，主要原因均在于其万元主营业务收入能耗排名下降。

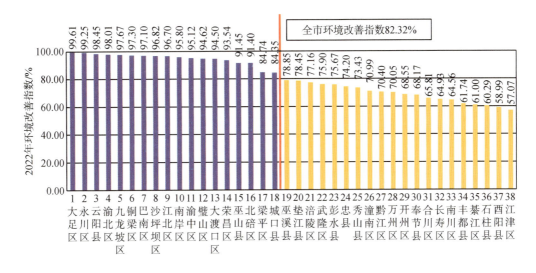

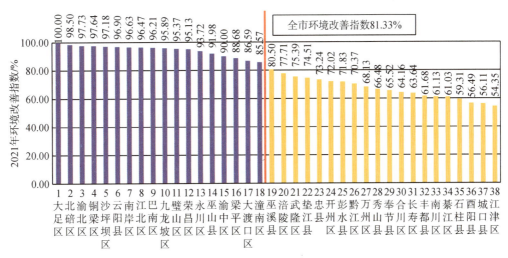

图 2-43　各区县 2021 年、2022 年环境改善指数排序

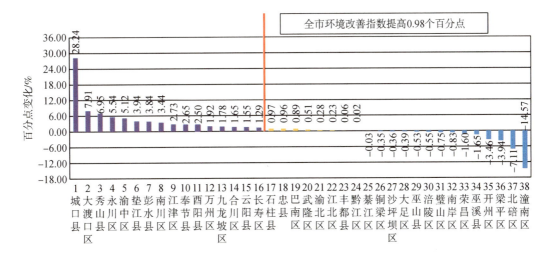

图 2-44　各区县环境改善指数提高百分点排序

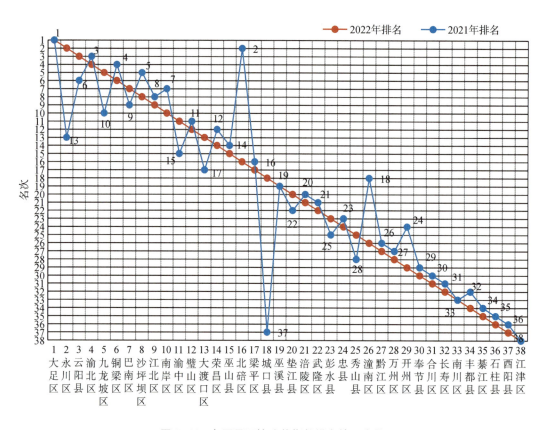

图 2-45 各区县环境改善指数排名情况变化

三、三级指标评价

三级指标评价见图 2-46 至图 2-79。

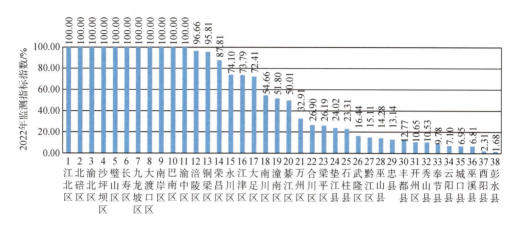

2022 年监测指标指数值（监测值/标准值×100%）

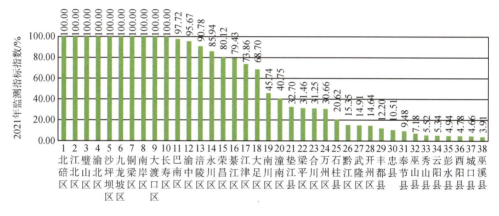

2021 年监测指标指数值（监测值/标准值×100%）

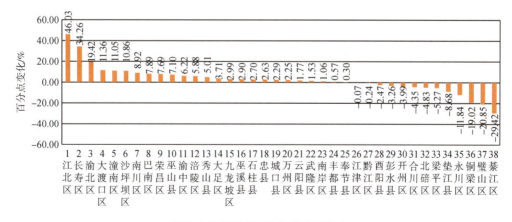

2022 年监测指标指数值提高百分点

图 2-46　万人 R&D 人员数

注："监测指标指数值"为标准化处理后值，大于等于 100 时，取 100 为上限值；"监测指标指数值提高百分点"为指标值与标准值比较后的实际提高值（下同）。

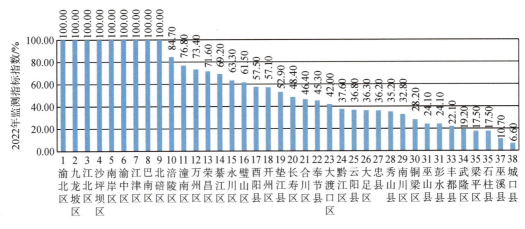

2022 年监测指标指数值（监测值/标准值×100%）

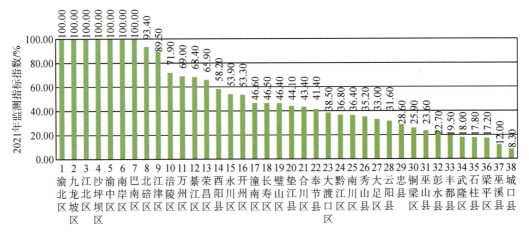

2021 年监测指标指数值（监测值/标准值×100%）

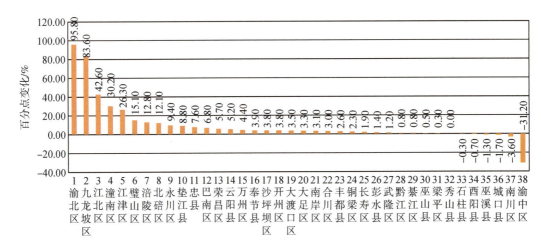

2022 年监测指标指数值提高百分点

图 2-47 科学研究和技术服务业法人单位数

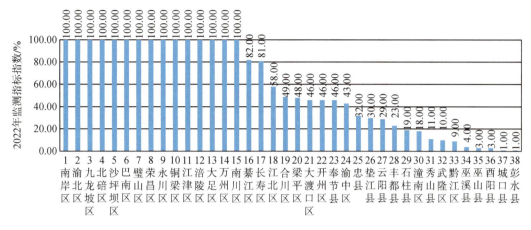

2022 年监测指标指数值（监测值/标准值×100%）

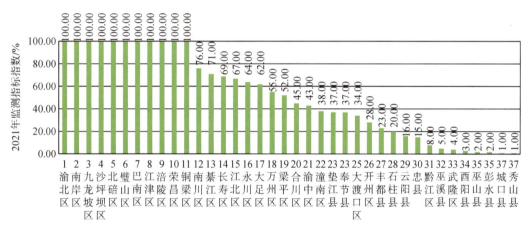

2021 年监测指标指数值（监测值/标准值×100%）

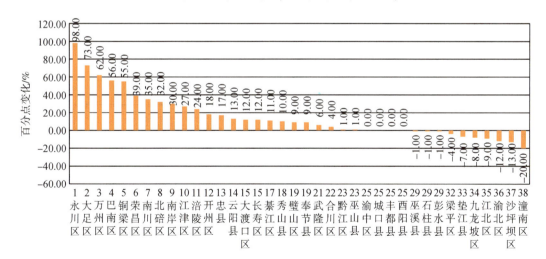

2022 年监测指标指数值提高百分点

图 2-48　研发平台数

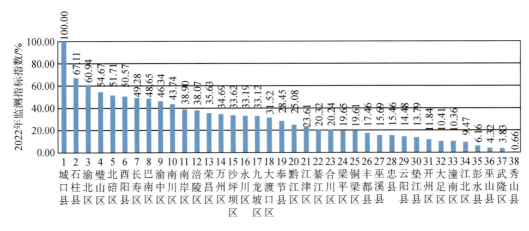

2022 年监测指标指数值（监测值／标准值×100%）

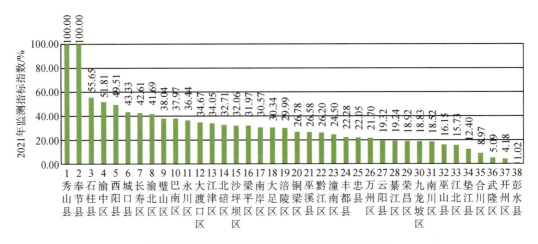

2021 年监测指标指数值（监测值／标准值×100%）

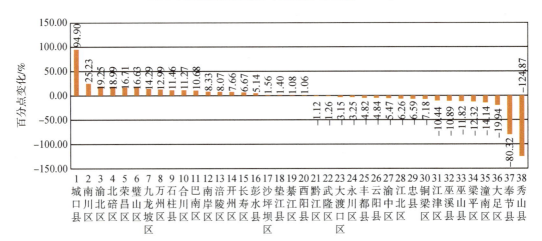

2022 年监测指标指数值提高百分点

图 2-49　每名 R&D 人员研发仪器和设备支出

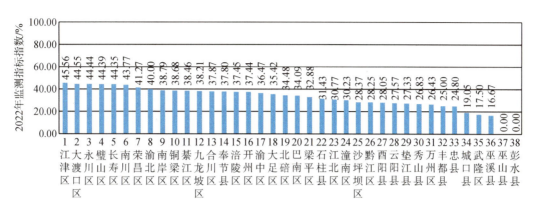

2022 年监测指标指数值（监测值/标准值×100%）

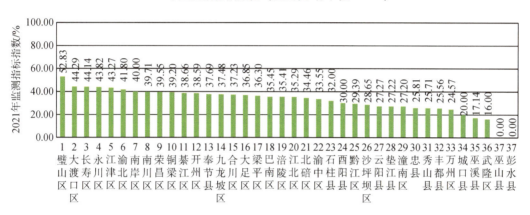

2021 年监测指标指数值（监测值/标准值×100%）

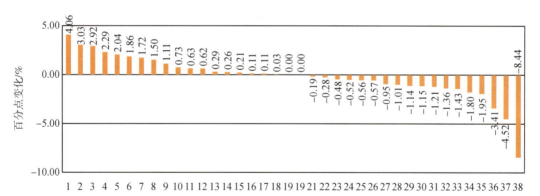

2022 年监测指标指数值提高百分点

图 2-50　知识价值信用贷款每家企业贷款规模

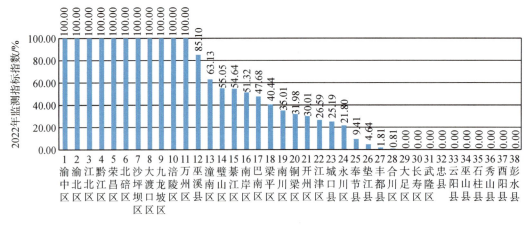

2022 年监测指标指数值（监测值/标准值×100%）

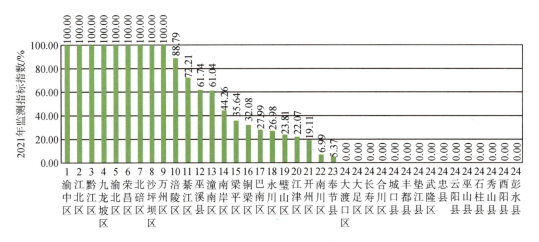

2021 年监测指标指数值（监测值/标准值×100%）

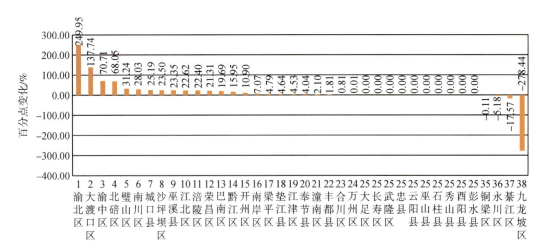

2022 年监测指标指数值提高百分点

图 2-51　万人累计孵化企业数

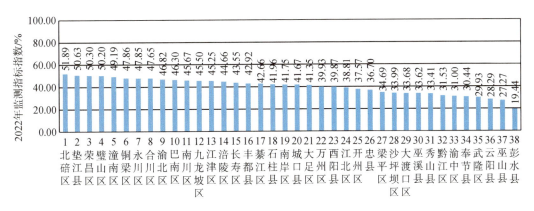

2022 年监测指标指数值（监测值/标准值×100%）

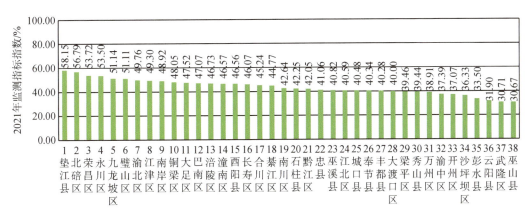

2021 年监测指标指数值（监测值/标准值×100%）

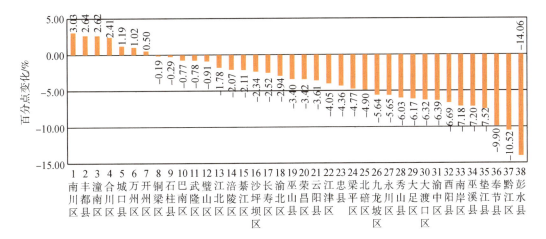

2022 年监测指标指数值提高百分点

图 2-52　开展创新活动的企业占比

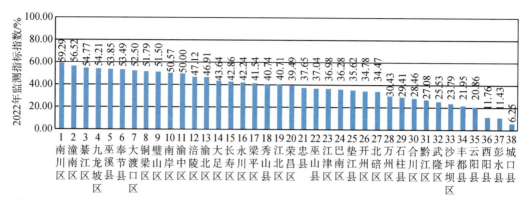

2022 年监测指标指数值（监测值/标准值×100%）

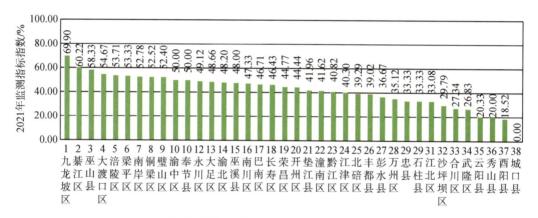

2021 年监测指标指数值（监测值/标准值×100%）

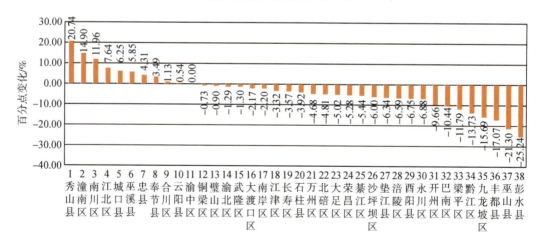

2022 年监测指标指数值提高百分点

图 2-53　有 R&D 活动的企业占比

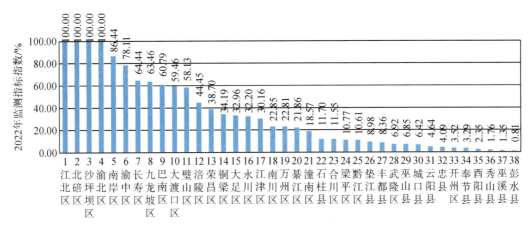

2022 年监测指标指数值（监测值/标准值×100%）

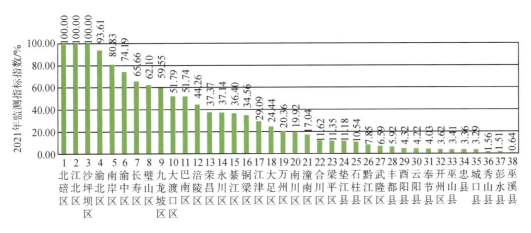

2021 年监测指标指数值（监测值/标准值×100%）

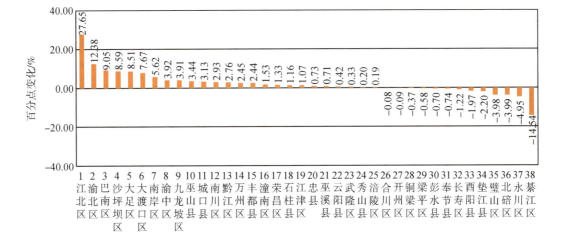

2022 年监测指标指数值提高百分点

图 2-54 万人 R&D 研究人员数

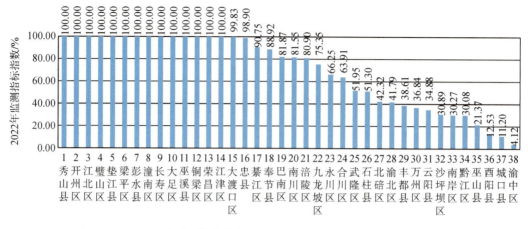

2022 年监测指标指数值（监测值/标准值×100%）

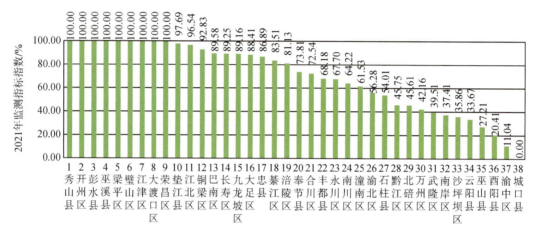

2021 年监测指标指数值（监测值/标准值×100%）

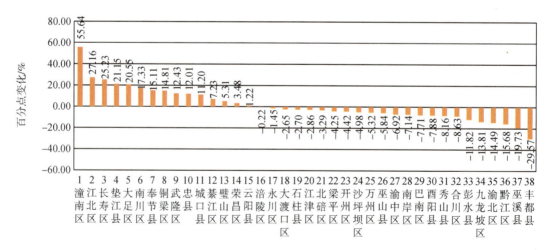

2022 年监测指标指数值提高百分点

图 2-55　规模以上工业企业 R&D 研究人员占比

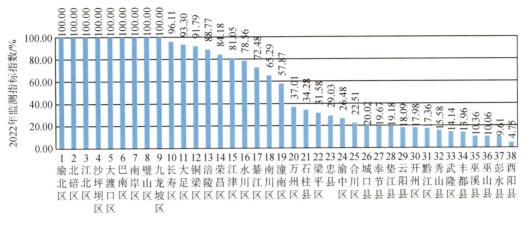

2022 年监测指标指数值（监测值/标准值×100%）

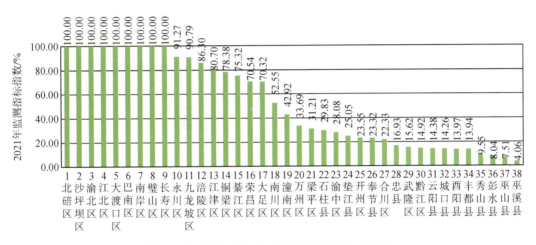

2021 年监测指标指数值（监测值/标准值×100%）

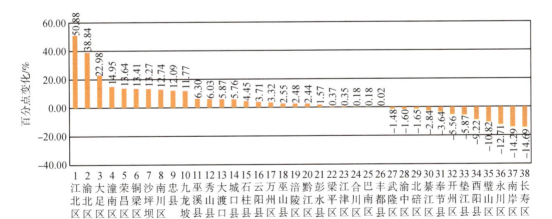

2022 年监测指标指数值提高百分点

图 2-56　R&D 经费支出与 GDP 比值

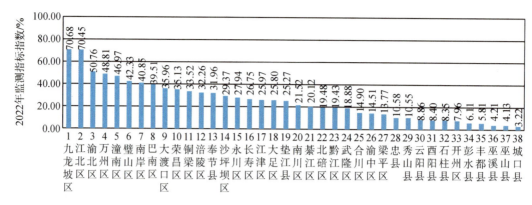

2022 年监测指标指数值（监测值/标准值×100%）

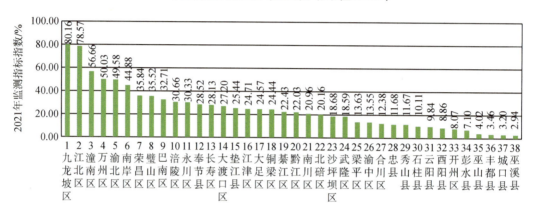

2021 年监测指标指数值（监测值/标准值×100%）

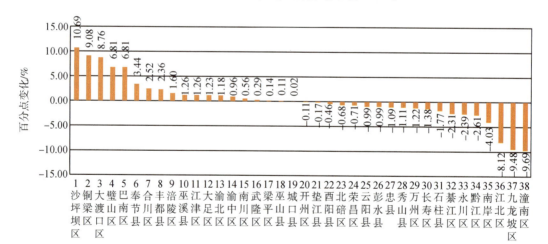

2022 年监测指标指数值提高百分点

图 2-57　地方财政科技支出占财政一般预算支出的比重

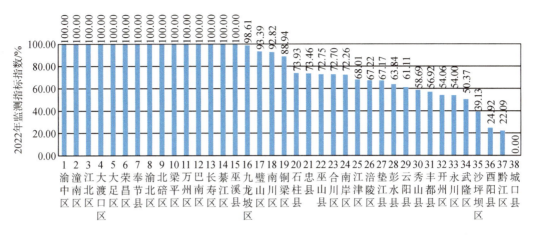

2022 年监测指标指数值（监测值/标准值×100%）

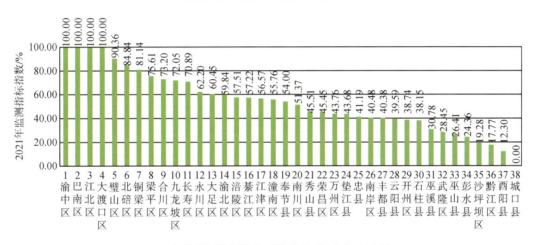

2021 年监测指标指数值（监测值/标准值×100%）

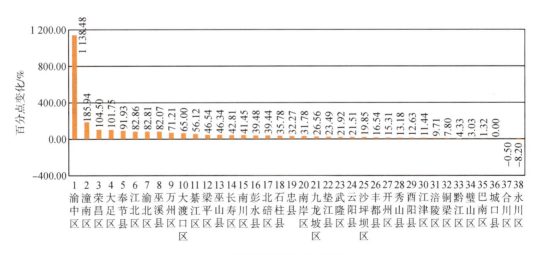

2022 年监测指标指数值提高百分点

图 2-58 规模以上工业企业创新费用支出占主营业务收入比重

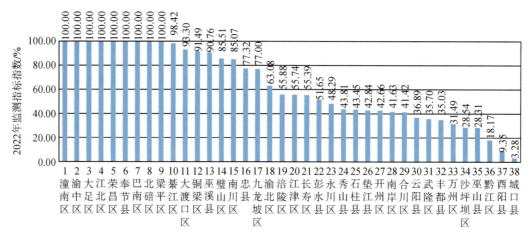

2022 年监测指标指数值（监测值/标准值×100%）

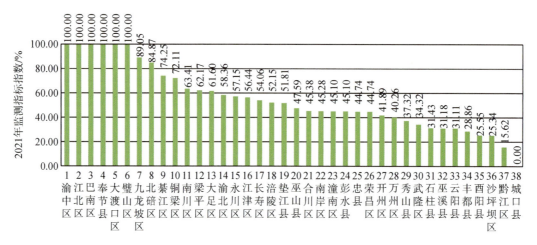

2021 年监测指标指数值（监测值/标准值×100%）

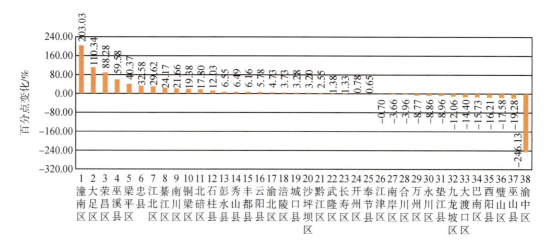

2022 年监测指标指数值提高百分点

图 2-59　规模以上工业企业 R&D 经费支出占主营业务收入比重

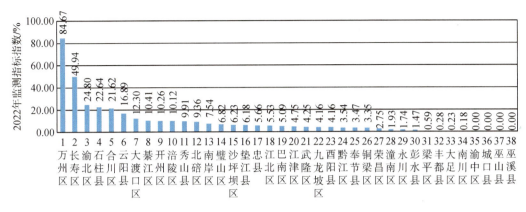

2022 年监测指标指数值（监测值/标准值×100%）

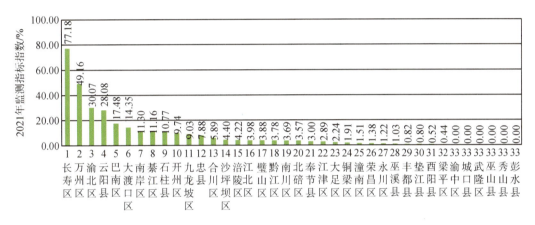

2021 年监测指标指数值（监测值/标准值×100%）

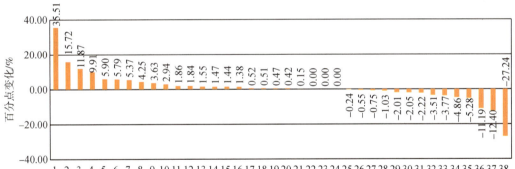

2022 年监测指标指数值提高百分点

图 2-60　企业技术获取和技术改造经费支出占主营业务收入比重

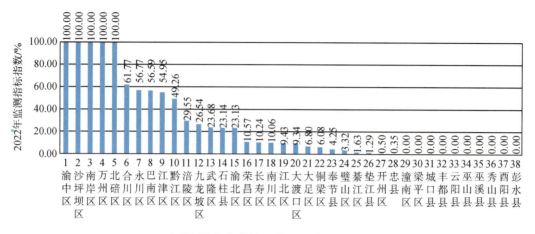

2022 年监测指标指数值（监测值/标准值×100%）

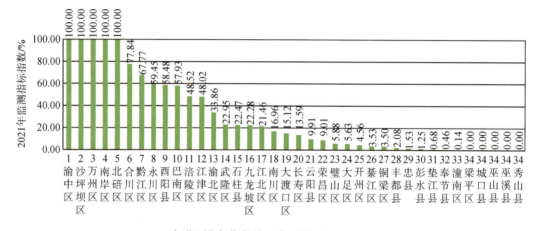

2021 年监测指标指数值（监测值/标准值×100%）

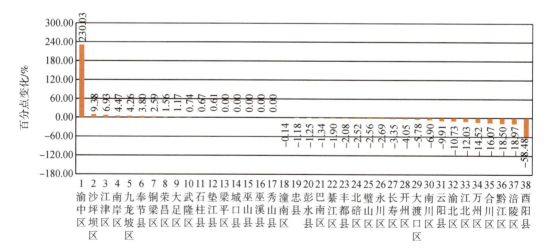

2022 年监测指标指数值提高百分点

图 2-61　万名 R&D 人员发表科技论文数

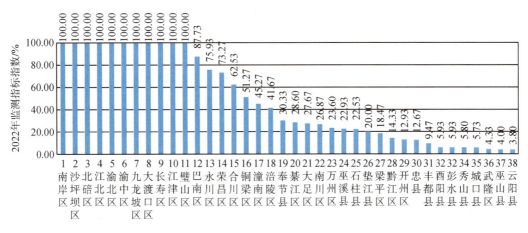

2022 年监测指标指数值（监测值／标准值×100%）

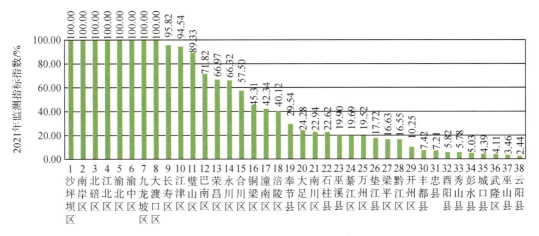

2021 年监测指标指数值（监测值／标准值×100%）

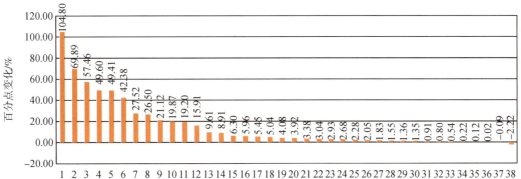

2022 年监测指标指数值提高百分点

图 2-62　万人有效发明专利拥有量

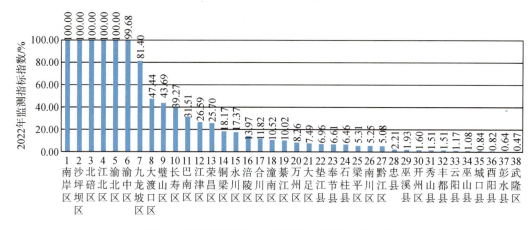

2022 年监测指标指数值（监测值/标准值×100%）

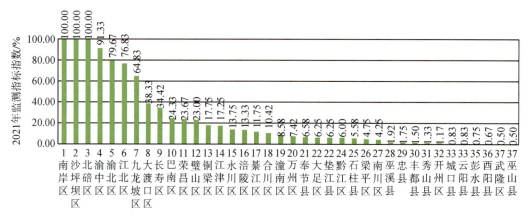

2021 年监测指标指数值（监测值/标准值×100%）

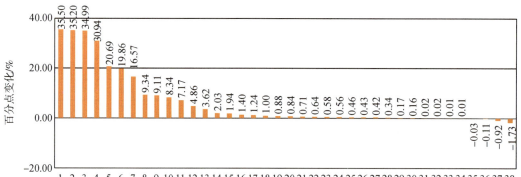

2022 年监测指标指数值提高百分点

图 2-63　万人高价值发明专利拥有量

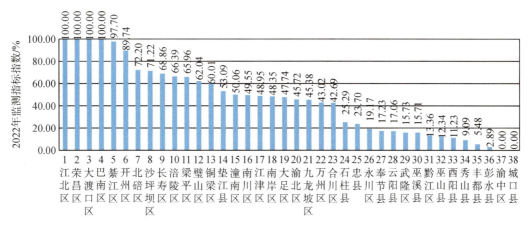

2022 年监测指标指数值（监测值/标准值×100%）

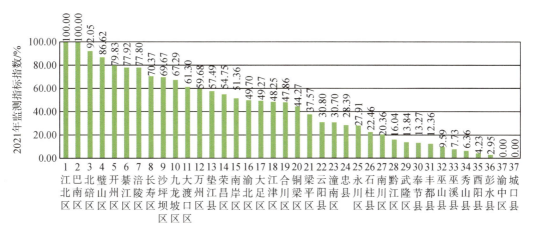

2021 年监测指标指数值（监测值/标准值×100%）

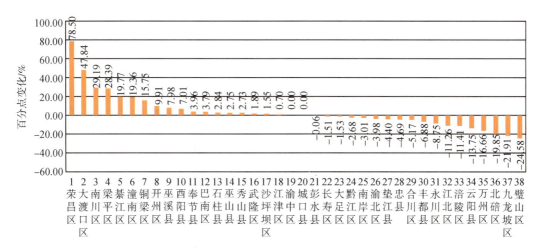

2022 年监测指标指数值提高百分点

图 2-64　规模以上工业企业新产品销售收入占主营业务收入比重

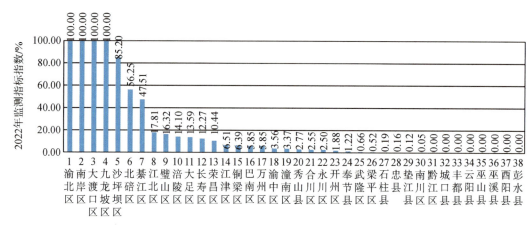

2022 年监测指标指数值（监测值/标准值×100%）

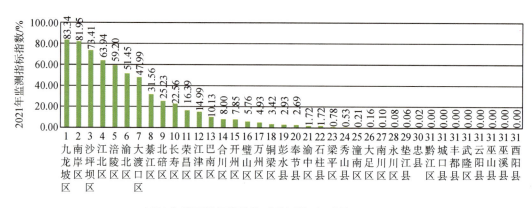

2021 年监测指标指数值（监测值/标准值×100%）

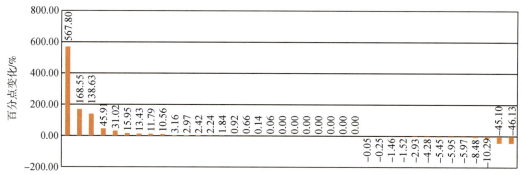

2022 年监测指标指数值提高百分点

图 2-65　技术合同成交额与 GDP 比值

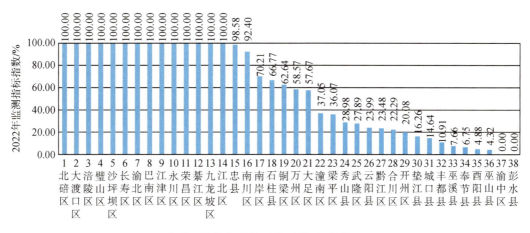

2022 年监测指标指数值（监测值/标准值×100%）

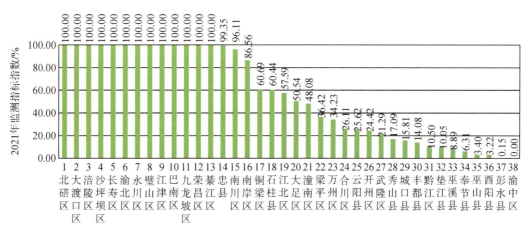

2021 年监测指标指数值（监测值/标准值×100%）

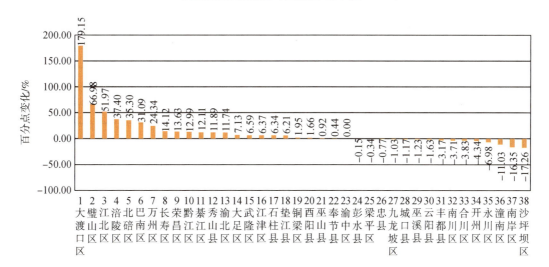

2022 年监测指标指数值提高百分点

图 2-66 规模以上工业企业战略性新兴产业增加值占 GDP 比重

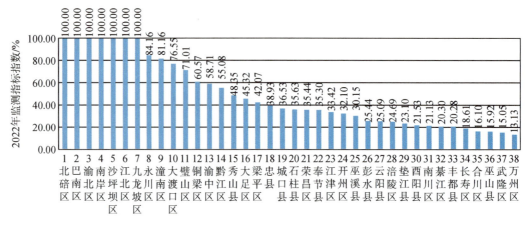

2022 年监测指标指数值（监测值/标准值×100%）

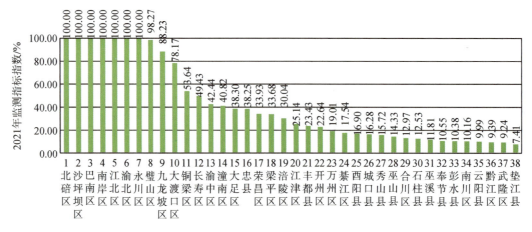

2021 年监测指标指数值（监测值/标准值×100%）

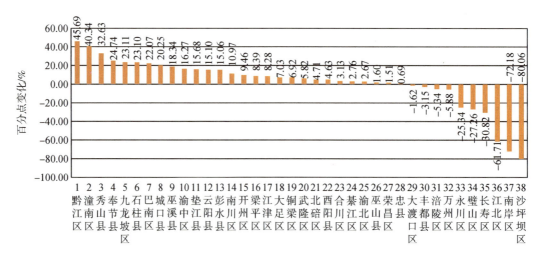

2022 年监测指标指数值提高百分点

图 2-67　数字经济核心产业增加值占 GDP 比重

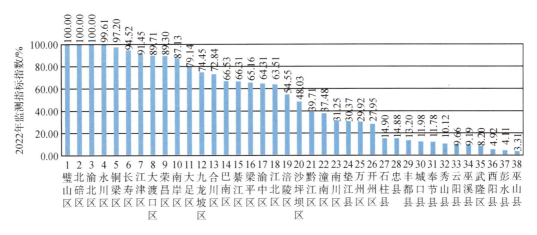

2022 年监测指标指数值（监测值／标准值×100%）

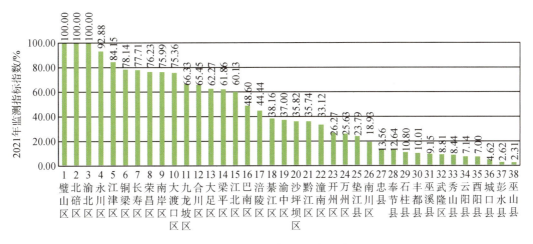

2021 年监测指标指数值（监测值／标准值×100%）

2022 年监测指标指数值提高百分点

图 2-68　每万家企业法人中高新技术企业数

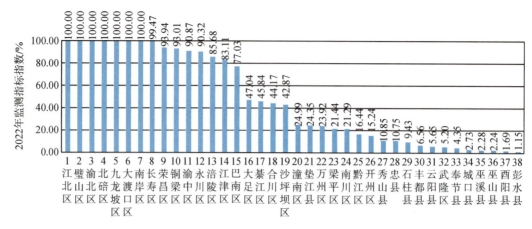

2022 年监测指标指数值（监测值/标准值×100%）

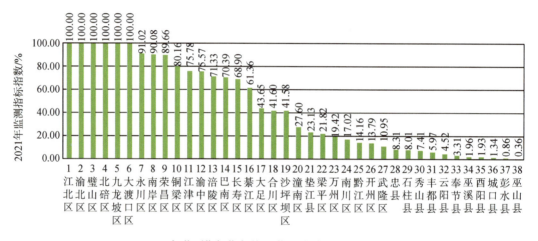

2021 年监测指标指数值（监测值/标准值×100%）

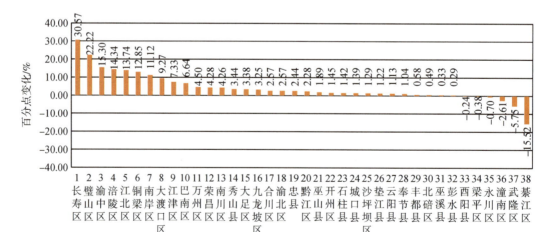

2022 年监测指标指数值提高百分点

图 2-69　万人高新技术企业从业人员数

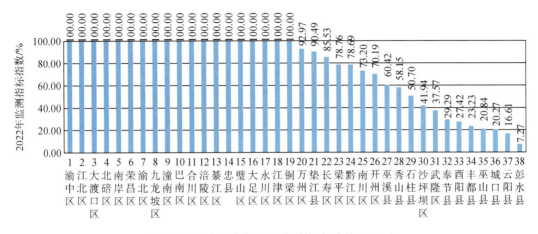

2022 年监测指标指数值（监测值/标准值×100%）

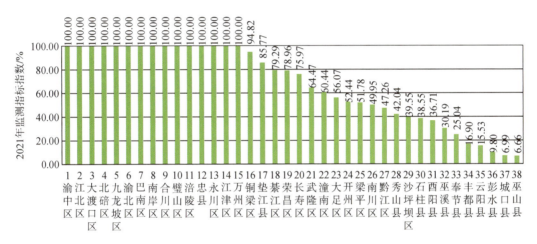

2021 年监测指标指数值（监测值/标准值×100%）

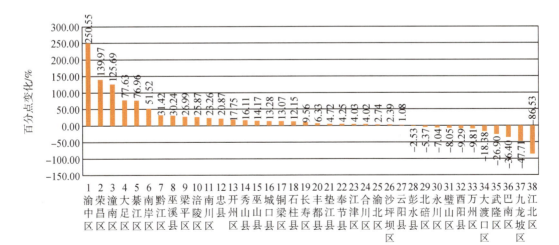

2022 年监测指标指数值提高百分点

图 2-70　高新技术企业营业收入占工业主营业务收入比重

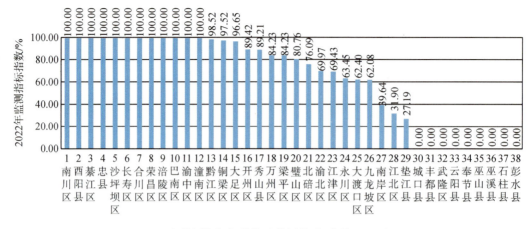

2022 年监测指标指数值（监测值/标准值×100%）

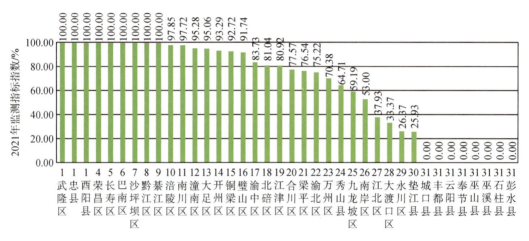

2021 年监测指标指数值（监测值/标准值×100%）

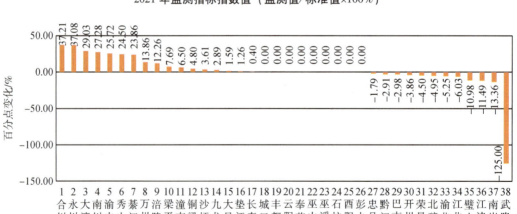

2022 年监测指标指数值提高百分点

图 2-71　高新技术产品出口额占商品出口额比重

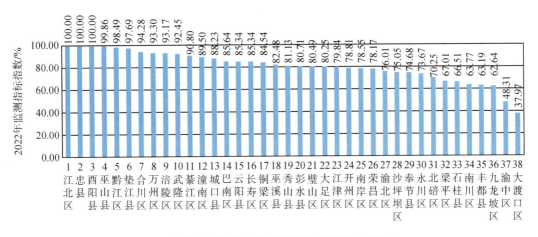

2022 年监测指标指数值（监测值/标准值×100%）

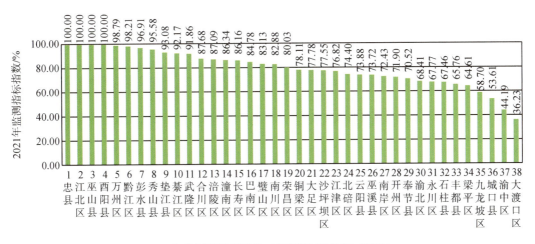

2021 年监测指标指数值（监测值/标准值×100%）

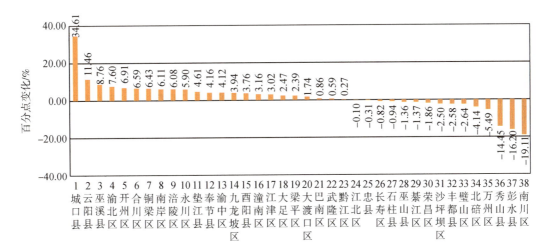

2022 年监测指标指数值提高百分点

图 2-72　高新技术产品销售收入占主营业务收入比重

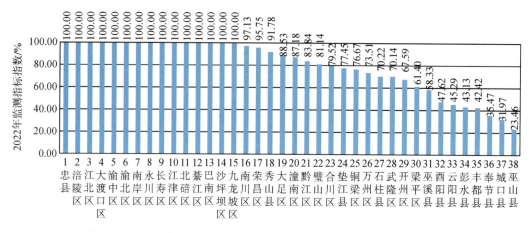

2022 年监测指标指数值（监测值／标准值×100%）

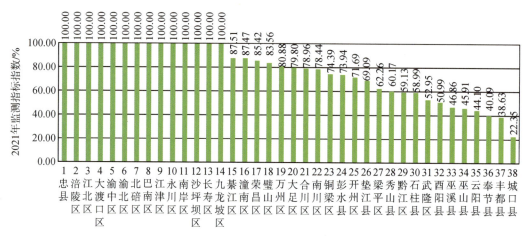

2021 年监测指标指数值（监测值／标准值×100%）

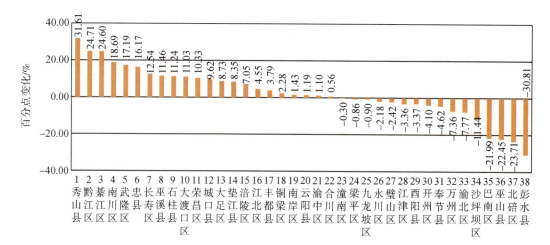

2022 年监测指标指数值提高百分点

图 2-73　高新技术企业劳动生产率

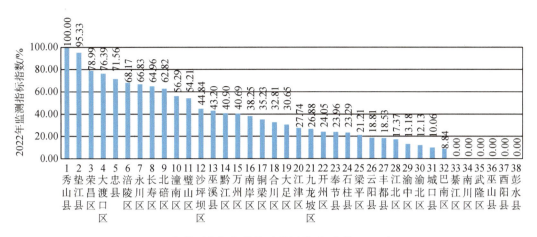

2022 年监测指标指数值（监测值/标准值×100%）

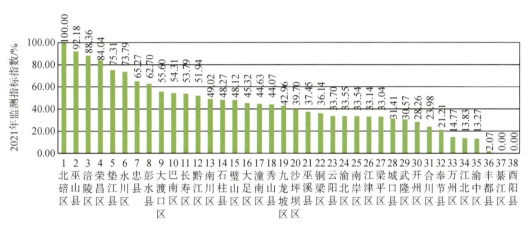

2021 年监测指标指数值（监测值/标准值×100%）

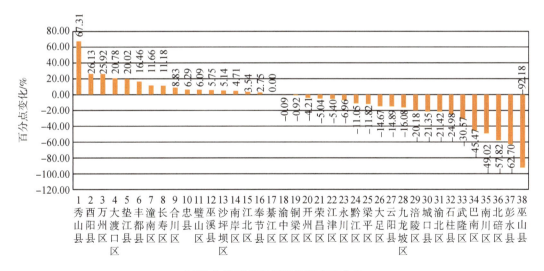

2022 年监测指标指数值提高百分点

图 2-74 高新技术企业利润率

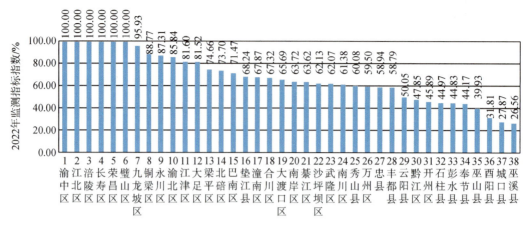

2022 年监测指标指数值（监测值/标准值×100%）

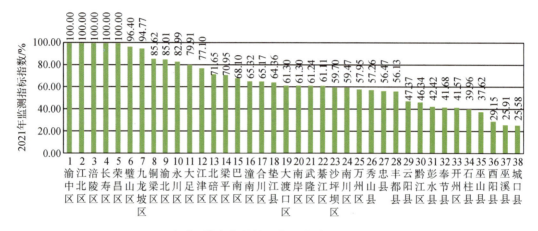

2021 年监测指标指数值（监测值/标准值×100%）

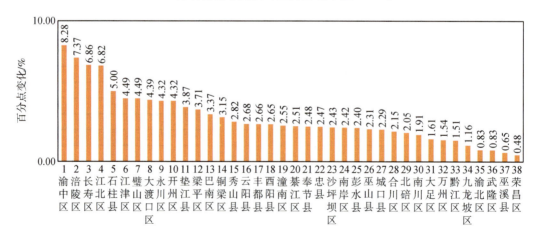

2022 年监测指标指数值提高百分点

图 2-75 人均 GDP

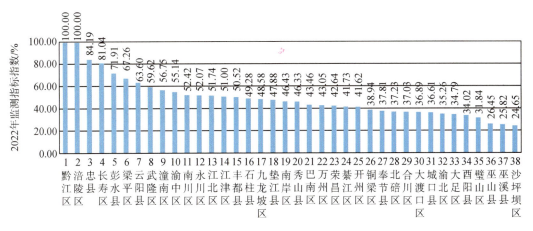

2022 年监测指标指数值（监测值/标准值×100%）

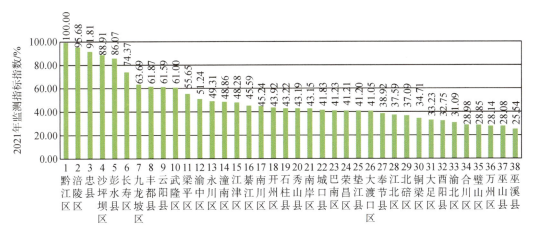

2021 年监测指标指数值（监测值/标准值×100%）

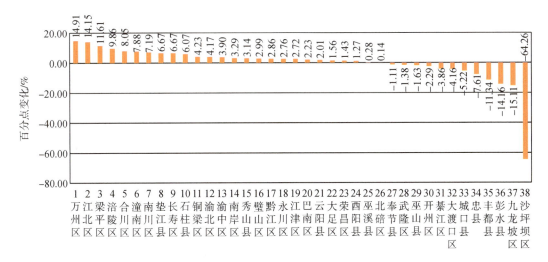

2022 年监测指标指数值提高百分点

图 2-76　工业企业全员劳动生产率

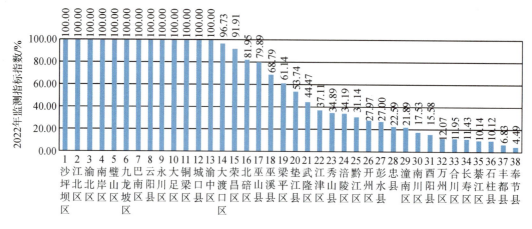

2022 年监测指标指数值（监测值／标准值×100%）

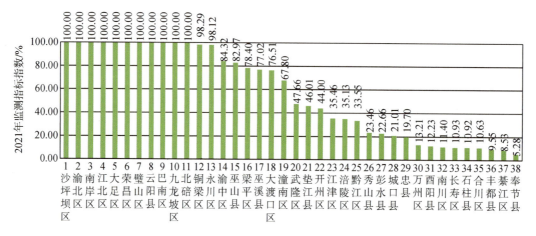

2021 年监测指标指数值（监测值／标准值×100%）

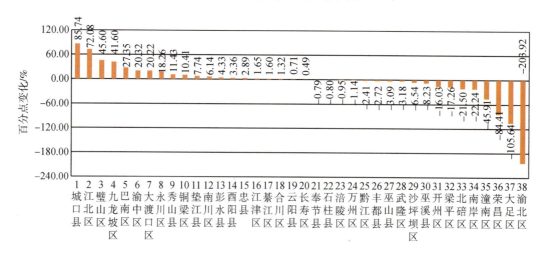

2022 年监测指标指数值提高百分点

图 2-77　万元主营业务收入能耗

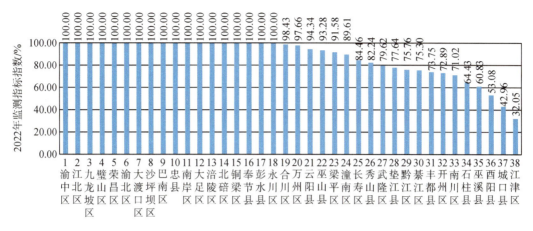

2022 年监测指标指数值（监测值/标准值×100%）

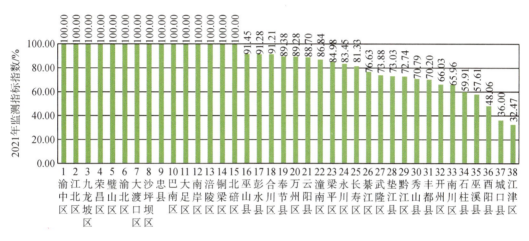

2021 年监测指标指数值（监测值/标准值×100%）

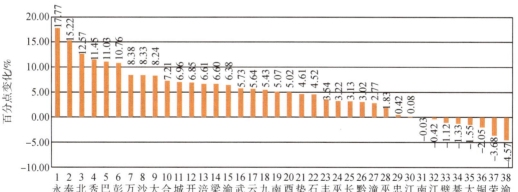

2022 年监测指标指数值提高百分点

图 2-78　万元地区生产总值用水量

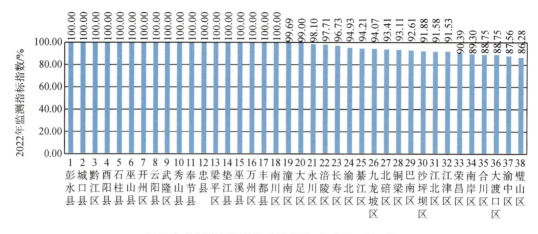

2022 年监测指标指数值（监测值/标准值×100%）

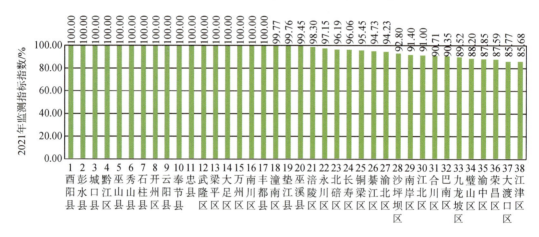

2021 年监测指标指数值（监测值/标准值×100%）

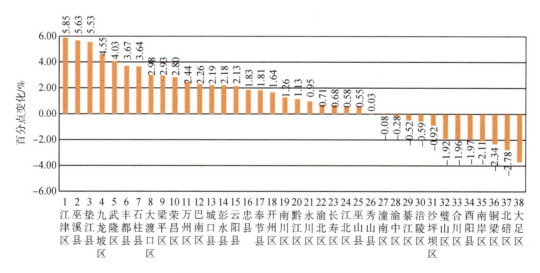

2022 年监测指标指数值提高百分点

图 2-79 环境空气质量指数

第三章 区县科技创新指标分析

万州区

万州区科技创新水平指数为50.98%，在全市排名第20位，与上年相比位次下降1位。

万州区科技创新环境指数为55.67%，排在全市第14位，与上年相比位次上升3位。其中，基础条件指数为64.77%，排在全市第13位，与上年相比位次上升3位。科技意识指数为35.18%，排在全市第29位，与上年相比位次不变。三级指标中，表现较为突出的指标为研发平台数，其为117家，排在全市第1位，与上年相比位次上升17位。万人累计孵化企业数为1.01家，排在全市第1位，与上年相比位次保持不变。存在不足的指标为有R&D活动的企业占比，其为30.43%，排在全市第28位，与上年相比位次保持不变。

万州区科技创新投入指数为45.60%，排在全市第22位，与上年相比位次下降3位。其中，人力投入指数为29.55%，排在全市第31位，与上年相比位次下降8位。财力投入指数为54.05%，排在全市第17位，与上年相比位次上升2位。三级指标中，表现较为突出的指标为规模工业企业创新费用支出占主营业务收入比重，其为3.45%，排在全市第1位，与上年相比位次上升22位。企业技术获取和技术改造经费支出占主营业务收入比重为2.12%，排在全市第1位，与上年相比位次上升1位。存在不足的指标为规模以上工业企业R&D经费支出占主营业务收入比重，其为0.79%，排在全市第33位，与上年相比位次下降5位。

万州区科技创新产出指数为34.49%，排在全市第18位，与上年相比位次上升1位。其中，知识产出指数为39.57%，排在全市第15位，与上年相比位次不变。效益产出指数为29.91%，排在全市第24位，与上年相比位次下降2位。三级指标中，表现较为突出的指标为规模以上工业企业战略性新兴产业增加值占GDP比重，其为3.69%，排在全市第20位，与上年相比位次上升3位。万名R&D人员发表科技论文数为4 210.88篇，排在全市第1位，与上年相比位次保持不变。存在不足的指标为规模以上工业企业新产品销售收入占主营业务收入比重，其为17.21%，排在全市第22位，与上年相比位次下降10位。数字经济核心产业增加值占GDP比重为1.31%，排在全市第38位，与上年相比位次下降15位。

万州区高新技术产业化指数为61.88%，排在全市第25位，与上年相比位次下降3位。其中，产业化水平指数为 64.02%，排在全市第 22 位，与上年相比位次下降 2 位。产业化效益指数为 58.31%，排在全市第 21 位，与上年相比位次上升 8 位。三级指标中，表现较为突出的指标为高新技术产品出口额占商品出口额比重，其为 67.39%，排在全市第 18 位，与上年相比位次上升 5 位。存在不足的指标为高新技术企业营业收入占工业主营业务收入比重，其为 27.89%，排在全市第 20 位，与上年相比位次下降 19 位。

万州区科技促进经济发展指数为 61.47%，排在全市第 28 位，与上年相比位次上升 4 位。其中，发展方式转变指数为 51.92%，排在全市第 30 位，与上年相比位次上升 1 位。环境改善指数为 70.05%，排在全市第 28 位，与上年相比位次下降 1 位。三级指标中，表现较为突出的指标为环境空气质量指数，其为 62.33%，排在全市第 1 位，与上年位次持平。工业企业全员劳动生产率为 430 468.36 元/人年，排在全市第 22 位，与上年相比位次上升 14 位。存在不足的指标为万元主营业务收入能耗，其为 0.70 吨标准煤，排在全市第 32 位，与上年相比位次下降 2 位。

具体情况如表 3-1、图 3-1、图 3-2、图 3-3 所示。

表 3-1　万州区各级指标监测值、指数值和位次与上年比较情况

序号	指标名称	单位	监测值		指数值/%		位次	
			2022 年	2021 年	2022 年	2021 年	2022年	2021年
	科技创新环境				55.67	47.96	14	17
	基础条件				64.77	52.82	13	16
1	万人 R&D 人员数	人年	16.45	15.33	32.91	30.66	21	24
2	科学研究和技术服务业法人单位数	家	734	690	73.40	69.00	12	11
3	研发平台数	家	117	55	100.00	55.00	1	18
4	每名 R&D 人员研发仪器和设备支出	万元	2.08	1.30	34.69	21.70	14	26
5	知识价值信用贷款每家企业贷款规模	万元	132.14	122.86	26.43	24.57	31	33
6	万人累计孵化企业数	家	1.01	1.01	100.00	100.00	1	1
	科技意识				35.18	37.01	29	29
7	开展创新活动的企业占比	%	39.93	38.91	39.93	38.91	22	31
8	有 R&D 活动的企业占比	%	30.43	35.12	30.43	35.12	28	28
	科技创新投入				45.60	44.86	22	19
	人力投入				29.55	49.96	31	23
9	万人 R&D 研究人员数	人年	9.12	8.14	22.81	20.36	19	19
10	规模以上工业企业 R&D 研究人员占比	%	25.79	29.51	36.84	42.16	30	30
	财力投入				54.05	42.17	17	19
11	R&D 经费支出与 GDP 比值	%	0.96	0.88	37.01	33.69	20	20
12	地方财政科技支出占财政一般预算支出的比重	%	2.44	2.50	48.81	50.03	4	4
13	规模工业企业创新费用支出占主营业务收入比重	%	3.45	1.31	100.00	43.76	1	23
14	规模以上工业企业 R&D 经费支出占主营业务收入比重	%	0.79	1.01	31.49	40.26	33	28
15	企业技术获取和技术改造经费支出占主营业务收入比重	%	2.12	1.23	84.67	49.16	1	2

表3-1(续)

序号	指标名称	单位	监测值		指数值/%		位次	
			2022 年	2021 年	2022 年	2021 年	2022年	2021年
	科技创新产出				**34.49**	**33.22**	**18**	**19**
	知识产出				39.57	37.80	15	15
16	万名 R&D 人员发表科技论文数	篇	4 210.88	4 719.03	100.00	100.00	1	1
17	万人有效发明专利拥有量	件	3.54	2.93	23.60	19.52	23	25
18	万人高价值发明专利拥有量	件	0.99	0.89	8.26	7.42	20	20
	效益产出				29.91	29.10	24	22
19	规模以上工业企业新产品销售收入占主营业务收入比重	%	17.21	23.87	43.02	59.68	22	12
20	技术合同成交额与 GDP 比值	%	0.15	0.12	5.85	4.93	17	17
21	规模以上工业企业战略性新兴产业增加值占 GDP 比重	%	3.69	2.16	58.57	34.23	20	23
22	数字经济核心产业增加值占 GDP 比重	%	1.31	1.90	13.13	19.01	38	23
	高新技术产业化				**61.88**	**57.47**	**25**	**22**
	产业化水平				64.02	61.78	22	20
23	每万家企业法人中高新技术企业数	家	41.88	35.88	29.92	25.63	25	24
24	万人高新技术企业从业人员数	人	95.68	77.67	23.92	19.42	22	23
25	高新技术企业营业收入占工业主营业务收入比重	%	27.89	30.83	92.97	100.00	20	1
26	高新技术产品出口额占商品出口额比重	%	67.39	56.30	84.23	70.38	18	23
27	高新技术产品销售收入占主营业务收入比重	%	83.97	88.91	93.30	98.79	8	5
	产业化效益				58.31	50.26	21	29
28	高新技术企业劳动生产率	万元/人	88.22	97.05	73.51	80.88	26	19
29	高新技术企业利润率	%	6.10	2.22	40.69	14.77	15	33
	科技促进经济发展				**61.47**	**56.82**	**28**	**32**
	发展方式转变				51.92	44.22	30	31
30	人均 GDP	万元	7.14	6.95	59.50	57.95	26	25
31	工业企业全员劳动生产率	元/人年	430 468.36	281 352.51	43.05	28.14	22	36
	环境改善				70.05	68.13	28	27
32	万元主营业务收入能耗	吨标准煤	0.70	0.64	12.07	13.21	32	30
33	万元地区生产总值用水量	立方米	25.60	28.00	97.66	89.28	20	20
34	环境空气质量指数	%	62.33	60.86	100.00	100.00	1	1
	综合指数				**50.98**	**47.24**	**20**	**19**

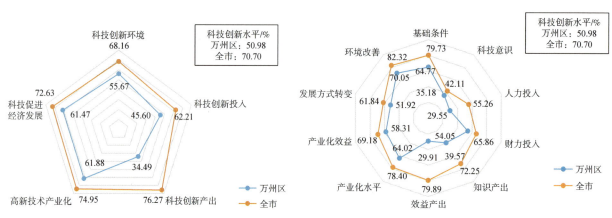

图 3-1　万州区一级指标雷达图　　　　　图 3-2　万州区二级指标雷达图

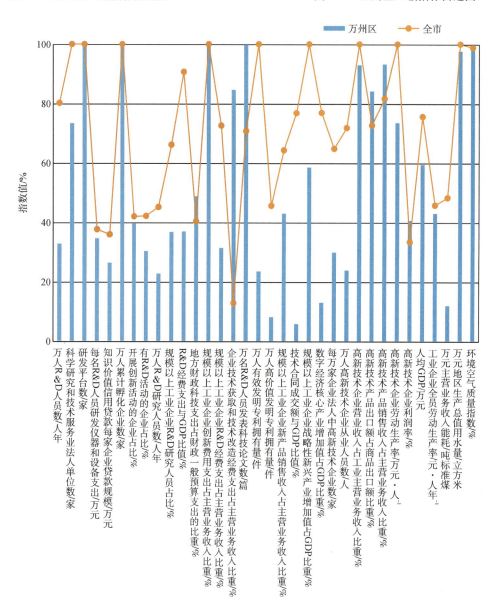

图 3-3　万州区三级指标指数值（监测值/标准值×100%）线柱图

涪陵区

涪陵区科技创新水平指数为66.65%，在全市排名第12位，与上年相比位次下降3位。

涪陵区科技创新环境指数为70.36%，排在全市第4位，与上年相比位次上升1位。其中，基础条件指数为81.22%，排在全市第5位，与上年相比位次保持不变。科技意识指数为45.89%，排在全市第9位，与上年相比位次下降2位。三级指标中，表现较为突出的指标为每名R&D人员研发仪器和设备支出，其为2.28万元，排在全市第12位，与上年相比位次上升7位。万人累计孵化企业数为1.11家，排在全市第1位，与上年相比位次上升9位。研发平台数为157家，排在全市第1位，与上年相比位次保持不变。存在不足的指标为有R&D活动的企业占比，其为47.12%，排在全市第12位，与上年相比位次下降7位。

涪陵区科技创新投入指数为57.47%，排在全市第15位，与上年相比位次下降6位。其中，人力投入指数为61.97%，排在全市第14位，与上年相比位次下降11位。财力投入指数为55.10%，排在全市第15位，与上年相比位次下降2位。三级指标中，表现较为突出的指标为企业技术获取和技术改造经费支出占主营业务收入比重，其为0.25%，排在全市第10位，与上年相比位次上升5位。存在不足的指标为规模以上工业企业创新费用支出占主营业务收入比重，其为2.02%，排在全市第26位，与上年相比位次下降11位。

涪陵区科技创新产出指数为40.28%，排在全市第16位，与上年相比位次下降2位。其中，知识产出指数为28.32%，排在全市第17位，与上年相比位次不变。效益产出指数为51.04%，排在全市第13位，与上年相比位次下降3位。三级指标中，表现较为突出的指标为规模以上工业企业战略性新兴产业增加值占GDP比重，其为16.93%，排在全市第1位，与上年相比位次保持不变。存在不足的指标为技术合同成交额与GDP比值，其为0.35%，排在全市第10位，与上年相比位次下降5位。数字经济核心产业增加值占GDP比重为2.47%，排在全市第28位，与上年相比位次下降9位。

涪陵区高新技术产业化指数为85.66%，排在全市第5位，与上年相比下降3位。其中，产业化水平指数为85.89%，排在全市第9位，与上年位次持平。产业化效益指数为85.26%，排在全市第6位，与上年相比位次下降4位。三级指标中，表现较为突出的指标为高新技术产品出口额占商品出口额比重，其为88.09%，排在全市第1位，与上年相比位次上升9位。高新技术产品销售收入占主营业务收入比重83.86%，排在全市第9位，与上年相比位次上升4位。高新技术企业营业收入占工业主营业务收入比重为47.69%，高新技术企业劳动生产率为275.12万元/人，以上指标均排在全市第1位，与上年相比位次保持不变。存在不足的指标为高新技术企业利润率，其为10.23%，排在全市第6位，与上年相比位次下降3位。

　　涪陵区科技促进经济发展指数为 87.97%，排在全市第 1 位，与上年相比位次上升 1 位。其中，发展方式转变指数为 100.00%，排在全市第 1 位，与上年相比位次保持不变。环境改善指数为 77.16%，排在全市第 21 位，与上年相比位次下降 1 位。三级指标中，表现较为突出的指标为人均 GDP，其为 13.47 万元，万元地区生产总值用水量为 19.20 立方米，以上指标均排在全市第 1 位，与上年位次持平。工业企业全员劳动生产率为 1 055 424.42 元/人年，排在全市第 1 位，与上年相比位次上升 1 位。存在不足的指标为环境空气质量指数，其为 58.62%，排在全市第 22 位，与上年相比位次下降 1 位。

　　具体情况如表 3-2、图 3-4、图 3-5、图 3-6 所示。

表 3-2　涪陵区各级指标监测值、指数值和位次与上年比较情况

序号	指标名称	单位	监测值		指数值/%		位次	
			2022 年	2021 年	2022 年	2021 年	2022年	2021年
	科技创新环境				70.36	67.03	4	5
	基础条件				81.22	74.49	5	5
1	万人 R&D 人员数	人年	48.33	45.39	96.66	90.78	12	13
2	科学研究和技术服务业法人单位数	家	847	719	84.70	71.90	10	10
3	研发平台数	家	157	133	100.00	100.00	1	1
4	每名 R&D 人员研发仪器和设备支出	万元	2.28	1.80	38.07	29.99	12	19
5	知识价值信用贷款每家企业贷款规模	万元	187.27	177.05	37.45	35.41	15	19
6	万人累计孵化企业数	家	1.11	0.89	100.00	88.79	1	10
	科技意识				45.89	50.22	9	7
7	开展创新活动的企业占比	%	44.66	46.73	44.66	46.73	14	13
8	有 R&D 活动的企业占比	%	47.12	53.71	47.12	53.71	12	5
	科技创新投入				57.47	64.78	15	9
	人力投入				61.97	90.93	14	3
9	万人 R&D 研究人员数	人年	17.78	17.70	44.45	44.26	12	12
10	规模以上工业企业 R&D 研究人员占比	%	56.63	56.79	80.90	81.13	21	19
	财力投入				55.10	51.01	15	13
11	R&D 经费支出与 GDP 比值	%	2.31	2.24	88.77	86.30	13	12
12	地方财政科技支出占财政一般预算支出的比重	%	1.61	1.53	32.26	30.66	12	10
13	规模以上工业企业创新费用支出占主营业务收入比重	%	2.02	1.73	67.22	57.51	26	15
14	规模以上工业企业 R&D 经费支出占主营业务收入比重	%	1.40	1.30	55.88	52.15	19	18
15	企业技术获取和技术改造经费支出占主营业务收入比重	%	0.25	0.11	10.12	4.22	10	15
	科技创新产出				40.28	49.79	16	14
	知识产出				28.32	32.86	17	17
16	万名 R&D 人员发表科技论文数	篇	1 034.19	1 698.21	29.55	48.52	11	11
17	万人有效发明专利拥有量	件	6.25	6.02	41.67	40.12	18	18
18	万人高价值发明专利拥有量	件	1.68	1.60	13.97	13.33	16	16

表3-2（续）

序号	指标名称	单位	监测值		指数值/%		位次	
			2022年	2021年	2022年	2021年	2022年	2021年
	效益产出				51.04	65.02	13	10
19	规模以上工业企业新产品销售收入占主营业务收入比重	%	26.56	31.12	66.39	77.80	10	7
20	技术合同成交额与GDP比值	%	0.35	1.48	14.10	59.20	10	5
21	规模以上工业企业战略性新兴产业增加值占GDP比重	%	16.93	14.57	100.00	100.00	1	1
22	数字经济核心产业增加值占GDP比重	%	2.47	3.00	24.69	30.04	28	19
	高新技术产业化				**85.66**	**85.21**	**5**	**2**
	产业化水平				85.89	79.60	9	9
23	每万家企业法人中高新技术企业数	家	76.37	62.21	54.55	44.44	19	17
24	万人高新技术企业从业人员数	人	342.70	285.33	85.68	71.33	13	13
25	高新技术企业营业收入占工业主营业务收入比重	%	47.69	39.93	100.00	100.00	1	1
26	高新技术产品出口额占商品出口额比重	%	88.09	78.28	100.00	97.85	1	10
27	高新技术产品销售收入占主营业务收入比重	%	83.86	78.38	93.17	87.09	9	13
	产业化效益				85.26	94.61	6	2
28	高新技术企业劳动生产率	万元/人	275.12	266.67	100.00	100.00	1	1
29	高新技术企业利润率	%	10.23	13.25	68.17	88.36	6	3
	科技促进经济发展				**87.97**	**87.32**	**1**	**2**
	发展方式转变				100.00	98.01	1	1
30	人均GDP	万元	13.47	12.58	100.00	100.00	1	1
31	工业企业全员劳动生产率	元/人年	1 055 424.42	956 849.08	100.00	95.68	1	2
	环境改善				77.16	77.71	21	20
32	万元主营业务收入能耗	吨标准煤	0.25	0.24	34.19	35.13	24	24
33	万元地区生产总值用水量	立方米	19.20	20.23	100.00	100.00	1	1
34	环境空气质量指数	%	58.62	58.98	97.71	98.30	22	21
	综合指数				**66.65**	**69.32**	**12**	**9**

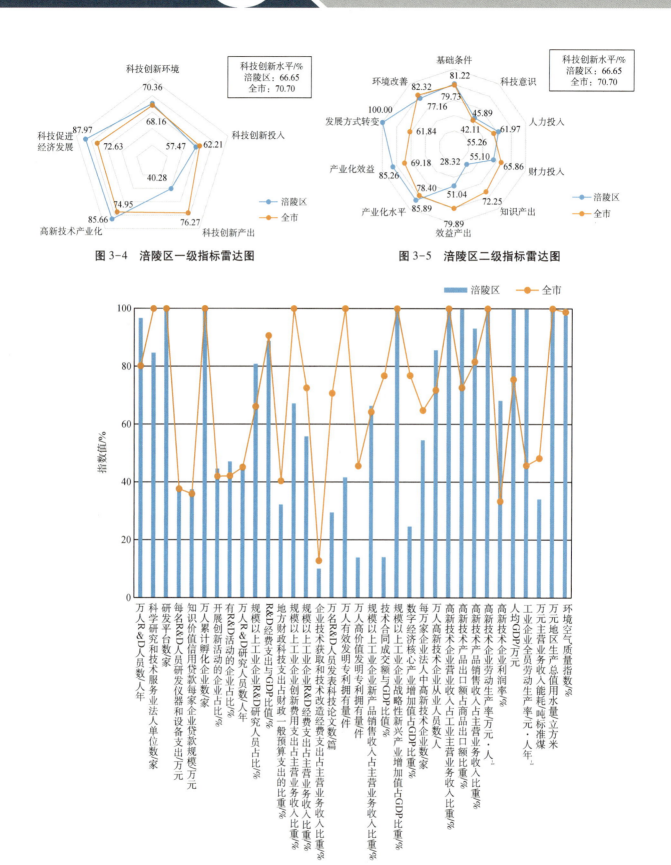

图 3-4 涪陵区一级指标雷达图

图 3-5 涪陵区二级指标雷达图

图 3-6 涪陵区三级指标指数值（监测值/标准值×100%）线柱图

渝中区

渝中区科技创新水平指数为 63.93%，在全市排名第 13 位，与上年相比位次上升 1 位。

渝中区科技创新环境指数为 63.83%，排在全市第 10 位，与上年相比位次下降 2 位。其中，基础条件指数为 74.18%，排在全市第 9 位，与上年相比位次下降 2 位。科技意识指数为 40.51%，排在全市第 21 位，与上年相比位次上升 2 位。三级指标中，表现较为突出的指标为万人 R&D 人员数，其为 50.94 人年，排在全市第 1 位，与上年相比位次上升 11 位。万人累计孵化企业数为 6.02 家，科学研究和技术服务业法人单位数为 1 298 家，以上指标均排在全市第 1 位，与上年位次持平。存在不足的指标为每名 R&D 人员研发仪器和设备支出，其为 2.78 万元，排在全市第 9 位，与上年相比位次下降 5 位。

渝中区科技创新投入指数为 45.01%，排在全市第 23 位，与上年相比位次下降 6 位。其中，人力投入指数为 42.56%，排在全市第 28 位，与上年相比位次下降 12 位。财力投入指数为 46.29%，排在全市第 23 位，与上年相比位次下降 7 位。三级指标中，表现较为突出的指标为规模以上工业企业创新费用支出占主营业务收入比重，其为 45.49%，规模以上工业企业 R&D 经费支出占主营业务收入比重为 5.33%，以上指标均排在全市第 1 位，与上年相比位次保持不变。存在不足的指标为规模以上工业企业 R&D 研究人员占比，其 2.88%，排在全市第 38 位，与上年相比位次下降 1 位。

渝中区科技创新产出指数为 57.03%，排在全市第 10 位，与上年相比位次上升 2 位。其中，知识产出指数为 99.88%，排在全市第 4 位，与上年相比位次不变。效益产出指数为 18.46%，排在全市第 29 位，与上年位次持平。三级指标中，表现较为突出的指标为技术合同成交额与 GDP 比值，其为 0.09%，排在全市第 18 位，与上年相比位次上升 3 位。万名 R&D 人员发表科技论文数为 20 065.01 篇、万人有效发明专利拥有量为 28.69 件，以上指标均排在全市第 1 位，与上年相比位次保持不变。渝中区无规模以上工业企业新产品销售收入和规模以上工业企业战略性新兴产业增加值，规模以上工业企业新产品销售收入占主营业务收入比重和规模以上工业企业战略性新兴产业增加值占 GDP 比重均排在全市第 37 位。

渝中区高新技术产业化指数为 74.01%，排在全市第 15 位，与上年相比位次上升 2 位。其中，产业化水平指数为 82.52%，排在全市第 12 位，与上年相比位次上升 5 位。产业化效益指数为 59.79%，排在全市第 19 位，与上年相比位次上升 3 位。三级指标中，表现较为突出的指标为高新技术产品出口额占商品出口额比重，其为 87.56%，排在全市第 1 位，与上年相比位次上升 16 位。高新技术企业营业收入是工业主营业务收入的 20.62 倍、高新技术企业劳动生产率为 209.41 万元/人，以上指标均排在全市第 1 位，与上年相比位次保持不变。存在不足的指标为高新技术产品销售收入占主营业务收入比重，其为 43.48%，排在全市第 37 位，与上年相比位次保持不变。

渝中区科技促进经济发展指数为 87.65%，排在全市第 3 位，与上年相比位次上升 3 位。其中，发展方式转变指数为 79.34%，排在全市第 3 位，与上年位次持平。环境改善指数为 95.12%，排在全市第 11 位，与上年相比位次上升 4 位。三级指标中，表现较为突出的指标为万元主营业务收入能耗，其为 0.08 吨标准煤，排在全市第 1 位，与上年相比位次上升 13 位。万元地区生产总值用水量为 4.50 立方米，排在全市第 1 位，与上年相比位次保持不变。存在不足的指标为环境空气质量指数，其为 52.54%，排在全市第 37 位，与上年相比位次下降 2 位。

具体情况如表 3-3、图 3-7、图 3-8、图 3-9 所示。

表 3-3　渝中区各级指标监测值、指数值和位次与上年比较情况

序号	指标名称	单位	监测值 2022 年	监测值 2021 年	指数值/% 2022 年	指数值/% 2021 年	位次 2022 年	位次 2021 年
	科技创新环境				63.83	64.56	10	8
	基础条件				74.18	73.82	9	7
1	万人 R&D 人员数	人年	50.94	47.83	100.00	95.67	1	12
2	科学研究和技术服务业法人单位数	家	1 298	1 610	100.00	100.00	1	1
3	研发平台数	家	43	43	43.00	43.00	24	21
4	每名 R&D 人员研发仪器和设备支出	万元	2.78	3.11	46.34	51.81	9	4
5	知识价值信用贷款每家企业贷款规模	万元	182.35	167.74	36.47	33.55	17	22
6	万人累计孵化企业数	家	6.02	5.32	100.00	100.00	1	1
	科技意识				40.51	43.70	21	23
7	开展创新活动的企业占比	%	31.00	37.39	31.00	37.39	33	32
8	有 R&D 活动的企业占比	%	50.00	50.00	50.00	50.00	11	10
	科技创新投入				45.01	50.25	23	17
	人力投入				42.56	57.25	28	16
9	万人 R&D 研究人员数	人年	31.24	29.68	78.11	74.19	6	6
10	规模以上工业企业 R&D 研究人员占比	%	2.88	7.73	4.12	11.04	38	37
	财力投入				46.29	46.56	23	16
11	R&D 经费支出与 GDP 比值	%	0.69	0.73	26.48	28.08	24	23
12	地方财政科技支出占财政一般预算支出的比重	%	0.73	0.68	14.51	13.55	26	26
13	规模以上工业企业创新费用支出占主营业务收入比重	%	45.49	11.34	100.00	100.00	1	1
14	规模以上工业企业 R&D 经费支出占主营业务收入比重	%	5.33	11.48	100.00	100.00	1	1
15	企业技术获取和技术改造经费支出占主营业务收入比重	%	0.00	0.00	0.00	0.00	35	33
	科技创新产出				57.03	52.82	10	12
	知识产出				99.88	96.89	4	4
16	万名 R&D 人员发表科技论文数	篇	20 065.01	12 014.02	100.00	100.00	1	1
17	万人有效发明专利拥有量	件	28.69	24.72	100.00	100.00	1	1
18	万人高价值发明专利拥有量	件	11.96	10.96	99.68	91.33	6	4
	效益产出				18.46	13.16	29	29
19	规模以上工业企业新产品销售收入占主营业务收入比重	%	0.00	0.00	0.00	0.00	37	37
20	技术合同成交额与 GDP 比值	%	0.09	0.04	3.56	1.72	18	21
21	规模以上工业企业战略性新兴产业增加值占 GDP 比重	%	0.00	0.00	0.00	0.00	37	38
22	数字经济核心产业增加值占 GDP 比重	%	5.87	4.24	58.71	42.44	13	13
	高新技术产业化				74.01	65.85	15	17
	产业化水平				82.52	69.45	12	17
23	每万家企业法人中高新技术企业数	家	90.03	51.80	64.31	37.00	17	19
24	万人高新技术企业从业人员数	人	363.48	302.29	90.87	75.57	11	12
25	高新技术企业营业收入占工业主营业务收入比重	%	2 062.54	1 987.38	100.00	100.00	1	1
26	高新技术产品出口额占商品出口额比重	%	87.56	66.98	100.00	83.73	1	17
27	高新技术产品销售收入占主营业务收入比重	%	43.48	39.77	48.31	44.19	37	37
	产业化效益				59.79	59.83	19	22
28	高新技术企业劳动生产率	万元/人	209.41	208.09	100.00	100.00	1	1
29	高新技术企业利润率	%	1.98	1.99	13.18	13.27	29	35
	科技促进经济发展				87.65	84.11	3	6
	发展方式转变				79.34	77.54	3	3
30	人均 GDP	万元	26.77	25.78	100.00	100.00	1	1
31	工业企业全员劳动生产率	元/人年	551 408.56	512 360.90	55.14	51.24	10	12
	环境改善				95.12	90.00	11	15
32	万元主营业务收入能耗	吨标准煤	0.08	0.10	100.00	84.32	1	14
33	万元地区生产总值用水量	立方米	4.50	4.55	100.00	100.00	1	1
34	环境空气质量指数	%	52.54	52.71	87.56	87.85	37	35
	综合指数				63.93	62.14	13	14

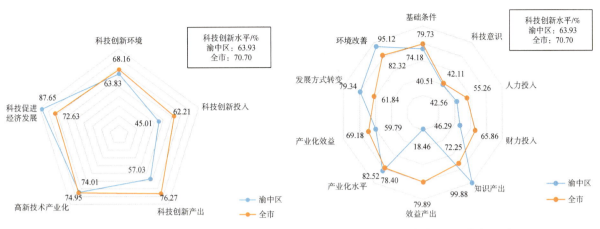

图 3-7　渝中区一级指标雷达图　　　　　图 3-8　渝中区二级指标雷达图

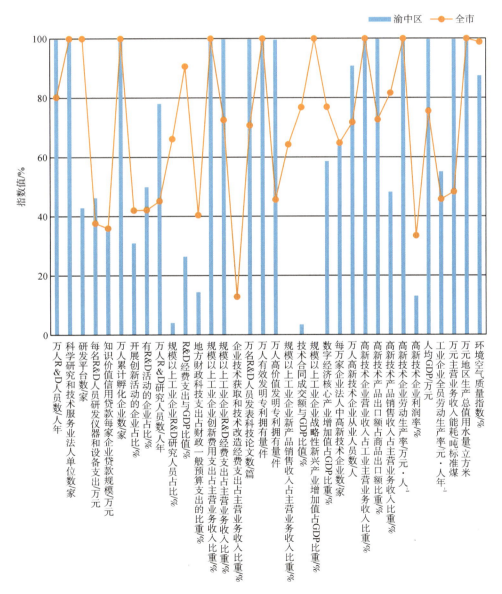

图 3-9　渝中区三级指标指数值（监测值/标准值×100%）线柱图

大渡口区

大渡口区科技创新水平指数为 72.85%，在全市排名第 6 位，与上年相比位次上升 7 位。

大渡口区科技创新环境指数为 58.45%，排在全市第 12 位，与上年相比位次上升 6 位。其中，基础条件指数为 65.27%，排在全市第 12 位，与上年相比位次上升 6 位。科技意识指数为 43.10%，排在全市第 16 位，与上年相比位次下降 3 位。三级指标中，表现较为突出的指标为万人累计孵化企业数，其为 1.38 家，排在全市第 1 位，与上年相比位次上升 23 位。万人 R&D 人员数为 59.37 人年，排在全市第 1 位，与上年相比位次保持不变。存在不足的指标为每名 R&D 人员研发仪器和设备支出，其为 1.89 万元，排在全市第 18 位，与上年相比位次下降 6 位。

大渡口区科技创新投入指数为 74.48%，排在全市第 2 位，与上年相比位次上升 6 位。其中，人力投入指数为 78.86%，排在全市第 3 位，与上年相比位次上升 14 位。财力投入指数为 72.17%，排在全市第 4 位，与上年位次持平。三级指标中，表现较为突出的指标为地方财政科技支出占财政一般预算支出的比重，其为 1.80%，排在全市第 9 位，与上年相比位次上升 5 位。R&D 经费支出与 GDP 比值为 3.63%、规模以上工业企业创新费用支出占主营业务收入比重为 5.01%，以上指标均排在全市第 1 位，与上年相比位次保持不变。存在不足的指标为规模以上工业企业 R&D 研究人员占比，其为 69.88%，排在全市第 15 位，与上年相比位次下降 14 位。规模以上工业企业 R&D 经费支出占主营业务收入比重为 2.33%，排在全市第 11 位，与上年相比位次下降 10 位。

大渡口区科技创新产出指数为 75.27%，排在全市第 7 位，与上年相比位次上升 1 位。其中，知识产出指数为 55.64%，排在全市第 10 位，与上年相比位次下降 2 位。效益产出指数为 92.93%，排在全市第 1 位，与上年相比位次上升 8 位。三级指标中，表现较为突出的指标为规模以上工业企业新产品销售收入占主营业务收入比重，其为 43.65%，排在全市第 1 位，与上年相比位次上升 10 位。技术合同成交额与 GDP 比值为 5.41%，排在全市第 1 位，与上年相比位次上升 6 位。规模以上工业企业战略性新兴产业增加值占 GDP 比重为 26.15%，排在全市第 1 位，与上年相比位次保持不变。存在不足的指标为万名 R&D 人员发表科技论文数，其为 326.89 篇，排在全市第 20 位，与上年相比位次下降 1 位。

大渡口区高新技术产业化指数为 83.87%，排在全市第 7 位，与上年相比位次上升 6 位。其中，产业化水平指数为 80.76%，排在全市第 17 位，与上年相比位次下降 1 位。产业化效益指数为 89.06%，排在全市第 2 位，与上年相比位次上升 4 位。三级指标中，表现较为突出的指标为高新技术企业利润率，其为 11.46%，排在全市第 4 位，与上年相比位次上升 5 位。万人高新技术企业从业人员数为 487.81 人、高新技术企业营业收入约为工业主营业务收入的 1.32 倍、高新技术企业劳动生产率为

235.50 万元/人，以上指标均排在全市第 1 位，与上年相比位次保持不变。存在不足的指标为高新技术产品销售收入占主营业务收入比重，其为 34.17%，排在全市第 38 位，与上年相比位次保持不变。

大渡口区科技促进经济发展指数为 74.59%，排在全市第 17 位，与上年相比位次上升 3 位。其中，发展方式转变指数为 52.43%，排在全市第 29 位，与上年相比位次下降 1 位。环境改善指数为 94.50%，排在全市第 13 位，与上年相比位次上升 4 位。三级指标中，表现较为突出的指标为万元主营业务收入能耗，其为 0.09 吨标准煤，排在全市第 14 位，与上年相比位次上升 4 位。万元地区生产总值用水量为 15.60 立方米，排在全市第 1 位，与上年相比位次保持不变。存在不足的指标为工业企业全员劳动生产率，其为 368 919.94 元/人年，排在全市第 30 位，与上年相比位次下降 4 位。

具体情况如表 3-4、图 3-10、图 3-11、图 3-12 所示。

表 3-4　大渡口区各级指标监测值、指数值和位次与上年比较情况

序号	指标名称	单位	监测值		指数值/%		位次	
			2022 年	2021 年	2022 年	2021 年	2022 年	2021 年
	科技创新环境				58.45	44.03	12	18
	基础条件				65.27	42.56	12	18
1	万人 R&D 人员数	人年	59.37	53.69	100.00	100.00	1	1
2	科学研究和技术服务业法人单位数	家	420	385	42.00	38.50	23	23
3	研发平台数	家	46	34	46.00	34.00	21	25
4	每名 R&D 人员研发仪器和设备支出	万元	1.89	2.08	31.52	34.67	18	12
5	知识价值信用贷款每家企业贷款规模	万元	222.73	221.43	44.55	44.29	2	2
6	万人累计孵化企业数	家	1.38	0.00	100.00	0.00	1	24
	科技意识				43.10	47.34	16	13
7	开展创新活动的企业占比	%	33.68	40.00	33.68	40.00	29	28
8	有 R&D 活动的企业占比	%	52.50	54.67	52.50	54.67	7	4
	科技创新投入				74.48	66.49	2	8
	人力投入				78.86	55.59	3	17
9	万人 R&D 研究人员数	人年	23.78	20.72	59.46	51.79	10	10
10	规模以上工业企业 R&D 研究人员占比	%	69.88	71.74	99.83	100.00	15	1
	财力投入				72.17	72.22	4	4
11	R&D 经费支出与 GDP 比值	%	3.63	3.47	100.00	100.00	1	1
12	地方财政科技支出占财政一般预算支出的比重	%	1.80	1.36	35.96	27.20	9	14
13	规模以上工业企业创新费用支出占主营业务收入比重	%	5.01	3.06	100.00	100.00	1	1
14	规模以上工业企业 R&D 经费支出占主营业务收入比重	%	2.33	2.69	93.30	100.00	11	1
15	企业技术获取和技术改造经费支出占主营业务收入比重	%	0.31	0.36	12.30	14.35	7	6

表3-4(续)

序号	指标名称	单位	监测值		指数值/%		位次	
			2022 年	2021 年	2022 年	2021 年	2022 年	2021 年
	科技创新产出				**75.27**	**64.17**	**7**	**8**
	知识产出				55.64	53.99	10	8
16	万名 R&D 人员发表科技论文数	篇	326.89	529.31	9.34	15.12	20	19
17	万人有效发明专利拥有量	件	22.77	19.60	100.00	100.00	1	1
18	万人高价值发明专利拥有量	件	5.69	4.60	47.44	38.33	8	8
	效益产出				92.93	73.33	1	9
19	规模以上工业企业新产品销售收入占主营业务收入比重	%	43.65	24.52	100.00	61.30	1	11
20	技术合同成交额与 GDP 比值	%	5.41	1.20	100.00	47.99	1	7
21	规模以上工业企业战略性新兴产业增加值占 GDP 比重	%	26.15	14.86	100.00	100.00	1	1
22	数字经济核心产业增加值占 GDP 比重	%	7.65	7.82	76.55	78.17	10	10
	高新技术产业化				**83.87**	**74.28**	**7**	**13**
	产业化水平				80.76	71.20	17	16
23	每万家企业法人中高新技术企业数	家	125.59	105.50	89.71	75.36	8	10
24	万人高新技术企业从业人员数	人	487.81	450.72	100.00	100.00	1	1
25	高新技术企业营业收入占工业主营业务收入比重	%	131.99	137.51	100.00	100.00	1	1
26	高新技术产品出口额占商品出口额比重	%	49.92	26.70	62.40	33.37	25	28
27	高新技术产品销售收入占主营业务收入比重	%	34.17	32.61	37.97	36.23	38	38
	产业化效益				89.06	79.44	2	6
28	高新技术企业劳动生产率	万元/人	235.50	222.27	100.00	100.00	1	1
29	高新技术企业利润率	%	11.46	8.34	76.39	55.60	4	9
	科技促进经济发展				**74.59**	**70.21**	**17**	**20**
	发展方式转变				52.43	51.97	29	28
30	人均 GDP	万元	7.88	7.36	65.69	61.30	19	19
31	工业企业全员劳动生产率	元/人年	368 919.94	410 496.17	36.89	41.05	30	26
	环境改善				94.50	86.59	13	17
32	万元主营业务收入能耗	吨标准煤	0.09	0.11	96.73	76.51	14	18
33	万元地区生产总值用水量	立方米	15.60	16.45	100.00	100.00	1	1
34	环境空气质量指数	%	53.25	51.46	88.75	85.77	36	37
	综合指数				**72.85**	**62.93**	**6**	**13**

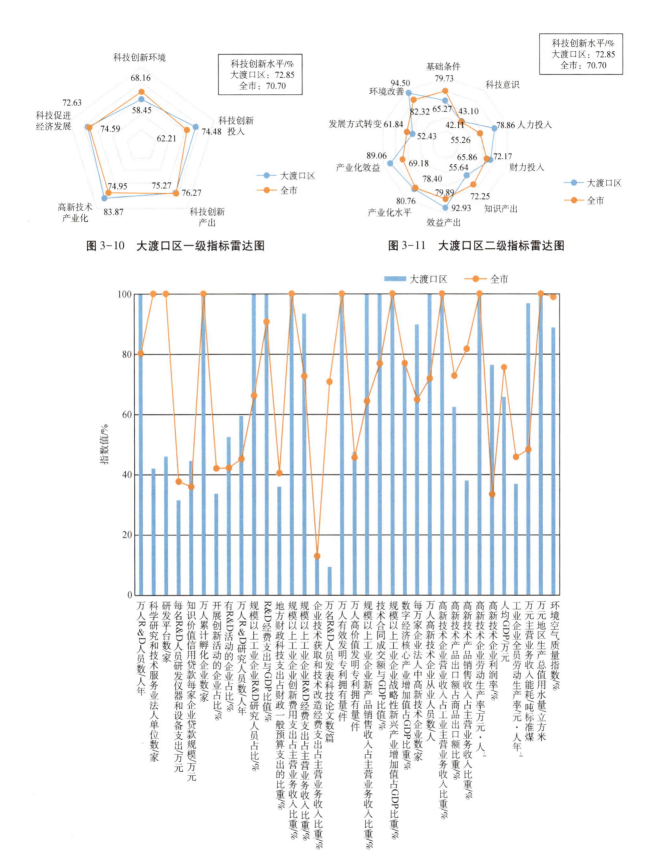

图 3-10　大渡口区一级指标雷达图

图 3-11　大渡口区二级指标雷达图

图 3-12　大渡口区三级指标指数值（监测值/标准值×100%）线柱图

江北区

江北区科技创新水平指数为 76.30%，在全市排名第 4 位，与上年相比位次不变。

江北区科技创新环境指数为 61.30%，排在全市第 11 位，与上年相比位次下降 2 位。其中，基础条件指数为 70.86%，排在全市第 11 位，与上年相比位次下降 5 位。科技意识指数为 39.76%，排在全市第 22 位，与上年相比位次上升 8 位。三级指标中，表现较为突出的指标为有 R&D 活动的企业占比，其为 40.71%，排在全市第 19 位，与上年相比位次上升 12 位。万人 R&D 人员数为 114.94 人年、科学研究和技术服务业法人单位数为 2 761 家、万人累计孵化企业数为 5.13 家，以上指标均排在全市第 1 位，与上年相比位次保持不变。存在不足的指标为研发平台数，其为 58 家，排在全市第 18 位，与上年相比位次下降 3 位。知识价值信用贷款每家企业贷款规模为 153.85 万元，排在全市第 23 位，与上年相比位次下降 3 位。

江北区科技创新投入指数为 86.57%，排在全市第 1 位，维持上年水平不变。其中，人力投入指数为 100.00%，排在全市第 1 位，与上年相比位次上升 3 位。财力投入指数为 79.50%，排在全市第 1 位，与上年相比位次保持不变。三级指标中，表现较为突出的指标为万人 R&D 研究人员数，其为 57.20 人年，排在全市第 1 位，与上年相比位次保持不变。规模以上工业企业 R&D 研究人员占比为 86.59%，排在全市第 1 位，与上年相比位次上升 10 位。R&D 经费支出与 GDP 比值为 4.80%、规模以上工业企业创新费用支出占主营业务收入比重为 5.62%、规模以上工业企业 R&D 经费支出占主营业务收入比重为 4.19%，以上指标均排在全市第 1 位，与上年相比位次保持不变。存在不足的指标为企业技术获取和技术改造经费支出占主营业务收入比重，其为 0.14%，排在全市第 18 位，与上年相比位次下降 2 位。

江北区科技创新产出指数为 78.57%，排在全市第 6 位，位次与上年相比维持不变。其中，知识产出指数为 74.54%，排在全市第 6 位，与上年相比位次不变。效益产出指数为 82.20%，排在全市第 6 位，与上年相比位次下降 1 位。三级指标中，表现较为突出的指标为万人高价值发明专利拥有量，其为 13.44 件，排在全市第 1 位，与上年相比位次上升 5 位。规模以上工业企业战略性新兴产业增加值占 GDP 比重为 6.90%，排在全市第 1 位，与上年相比位次上升 18 位。万人有效发明专利拥有量为 36.01 件、规模以上工业企业新产品销售收入占主营业务收入比重为 65.46%、数字经济核心产业增加值占 GDP 比重为 12.22%，以上指标均排在全市第 1 位，与上年相比位次保持不变。存在不足的指标为万名 R&D 人员发表科技论文数，其为 330.02 篇，排在全市第 19 位，与上年相比位次下降 2 位。技术合同成交额与 GDP 比值为 0.45%，排在全市第 8 位，与上年相比位次下降 4 位。

江北区高新技术产业化指数为 71.61%，排在全市第 18 位，与上年相比位次下降 4 位。其中，产业化水平指数为 77.51%，排在全市第 18 位，与上年相比位次下降 7 位。产业化效益指数为 61.73%，排在全市第 17 位，与上年相比位次上升 4 位。三级指标中，表现较为突出的指标为万人高新技术企业从业人员数，其为 1 195.12 人，高新技术企业营业收入约为工业主营业务收入的 1.65 倍，高新技术产品销售收入占主营业务收入比重为 95.00%，高新技术企业劳动生产率为 256.18 万元/人，以上指标均排在全市第 1 位，与上年相比位次保持不变。存在不足的指标为每万家企业法人中高新技术企业数，其为 88.92 家，排在全市第 18 位，与上年相比位次下降 3 位。高新技术产品出口额占商品出口额比重为 25.52%，排在全市第 28 位，与上年相比位次下降 1 位。

江北区科技促进经济发展指数为 87.74%，排在全市第 2 位，与上年相比位次上升 3 位。其中，发展方式转变指数为 77.77%，排在全市第 4 位，与上年相比位次上升 4 位。环境改善指数为 96.70%，排在全市第 9 位，与上年相比位次下降 1 位。三级指标中，表现较为突出的指标为工业企业全员劳动生产率，其为 517 398.00 元/人年，排在全市第 13 位，与上年相比位次上升 15 位。人均 GDP 为 17.10 万元、万元主营业务收入能耗为 0.02 吨标准煤、万元地区生产总值用水量为 9.80 立方米，以上指标均排在全市第 1 位，与上年相比位次保持不变。存在不足的指标为环境空气质量指数，其为 54.95%，排在全市第 31 位，与上年相比位次下降 1 位。

具体情况如表 3-5、图 3-13、图 3-14、图 3-15 所示。

表 3-5　江北区各级指标监测值、指数值和位次与上年比较情况

序号	指标名称	单位	监测值		指数值/%		位次	
			2022 年	2021 年	2022 年	2021 年	2022年	2021年
	科技创新环境				61.30	62.59	11	9
	基础条件				70.86	74.03	11	6
1	万人 R&D 人员数	人年	114.94	91.92	100.00	100.00	1	1
2	科学研究和技术服务业法人单位数	家	2 761	2 335	100.00	100.00	1	1
3	研发平台数	家	58	67	58.00	67.00	18	15
4	每名 R&D 人员研发仪器和设备支出	万元	0.57	0.94	9.47	15.73	34	33
5	知识价值信用贷款每家企业贷款规模	万元	153.85	176.47	30.77	35.29	23	20
6	万人累计孵化企业数	家	5.13	4.90	100.00	100.00	1	1
	科技意识				39.76	36.83	22	30
7	开展创新活动的企业占比	%	38.81	40.59	38.81	40.59	24	24
8	有 R&D 活动的企业占比	%	40.71	33.08	40.71	33.08	19	31
	科技创新投入				86.57	83.61	1	1
	人力投入				100.00	88.79	1	4
9	万人 R&D 研究人员数	人年	57.20	46.14	100.00	100	1	1
10	规模以上工业企业 R&D 研究人员占比	%	86.59	67.58	100.00	96.54	1	11
	财力投入				79.50	80.88	1	1
11	R&D 经费支出与 GDP 比值	%	4.80	3.48	100.00	100.00	1	1
12	地方财政科技支出占财政一般预算支出的比重	%	3.52	3.93	70.45	78.57	2	2
13	规模以上工业企业创新费用支出占主营业务收入比重	%	5.62	3.13	100.00	100.00	1	1
14	规模以上工业企业 R&D 经费支出占主营业务收入比重	%	4.19	3.45	100.00	100.00	1	1
15	企业技术获取和技术改造经费支出占主营业务收入比重	%	0.14	0.10	5.53	3.98	18	16

表3-5（续）

序号	指标名称	单位	监测值 2022 年	监测值 2021 年	指数值/% 2022 年	指数值/% 2021 年	位次 2022 年	位次 2021 年
	科技创新产出				**78.57**	**75.82**	**6**	**6**
	知识产出				74.54	69.60	6	6
16	万名 R&D 人员发表科技论文数	篇	330.02	751.19	9.43	21.46	19	17
17	万人有效发明专利拥有量	件	36.01	28.57	100.00	100.00	1	1
18	万人高价值发明专利拥有量	件	13.44	9.22	100.00	76.83	1	6
	效益产出				82.20	81.42	6	5
19	规模以上工业企业新产品销售收入占主营业务收入比重	%	65.46	69.96	100.00	100.00	1	1
20	技术合同成交额与 GDP 比值	%	0.45	1.60	17.81	63.94	8	4
21	规模以上工业企业战略性新兴产业增加值占 GDP 比重	%	6.90	3.63	100.00	57.59	1	19
22	数字经济核心产业增加值占 GDP 比重	%	12.22	18.39	100.00	100.00	1	1
	高新技术产业化				**71.61**	**71.29**	**18**	**14**
	产业化水平				77.51	77.98	18	11
23	每万家企业法人中高新技术企业数	家	88.92	84.18	63.51	60.13	18	15
24	万人高新技术企业从业人员数	人	1 195.12	1 140.17	100.00	100.00	1	1
25	高新技术企业营业收入占工业主营业务收入比重	%	164.58	190.53	100.00	100.00	1	1
26	高新技术产品出口额占商品出口额比重	%	25.52	30.34	31.90	37.93	28	27
27	高新技术产品销售收入占主营业务收入比重	%	95.00	95.09	100.00	100.00	1	1
	产业化效益				61.73	60.09	17	21
28	高新技术企业劳动生产率	万元/人	256.18	250.73	100.00	100.00	1	1
29	高新技术企业利润率	%	2.61	2.07	17.37	13.83	28	34
	科技促进经济发展				**87.74**	**84.54**	**2**	**5**
	发展方式转变				77.77	71.25	4	8
30	人均 GDP	万元	17.10	16.28	100.00	100.00	1	1
31	工业企业全员劳动生产率	元/人年	517 398.00	375 876.26	51.74	37.59	13	28
	环境改善				96.70	96.47	9	8
32	万元主营业务收入能耗	吨标准煤	0.02	0.02	100.00	100.00	1	1
33	万元地区生产总值用水量	立方米	9.80	9.80	100.00	100.00	1	1
34	环境空气质量指数	%	54.95	54.60	91.58	91.00	31	30
	综合指数				**76.30**	**74.83**	**4**	**4**

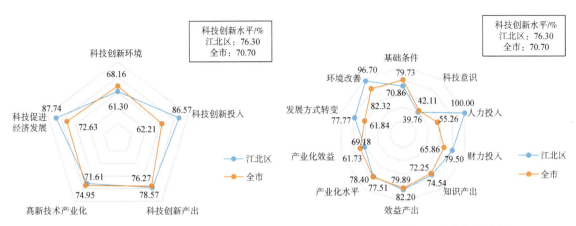

图 3-13　江北区一级指标雷达图　　　　　图 3-14　江北区二级指标雷达图

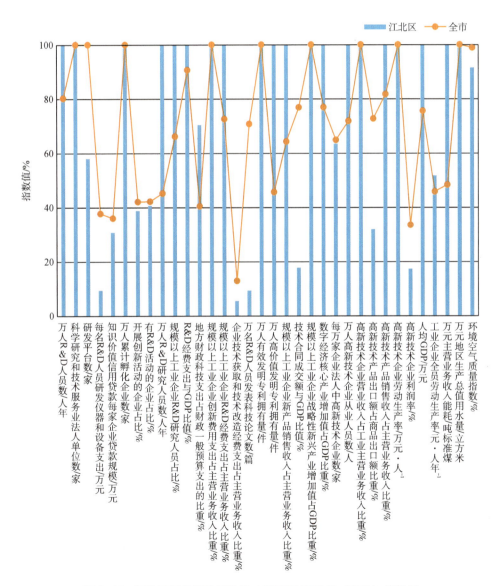

图 3-15　江北区三级指标指数值（监测值/标准值×100%）线柱图

沙坪坝区

沙坪坝区科技创新水平指数为70.70%，在全市排名第10位，与上年相比位次下降3位。

沙坪坝区科技创新环境指数为65.96%，排在全市第7位，与上年相比位次下降3位。其中，基础条件指数为82.42%，排在全市第4位，与上年相比位次下降2位。科技意识指数为28.89%，排在全市第33位，与上年位次持平。三级指标中，表现较为突出的指标为开展创新活动的企业占比，其为33.99%，排在全市第28位，与上年相比位次上升6位。万人R&D人员数为75.47人年、科学研究和技术服务业法人单位数为1 909家、研发平台数为203家、万人累计孵化企业数为1.55家，以上指标均排在全市第1位，与上年相比位次保持不变。存在不足的指标为有R&D活动的企业占比，其为23.79%，排在全市第33位，与上年相比位次下降1位。

沙坪坝区科技创新投入指数为54.01%，排在全市第17位，与上年相比位次下降1位。其中，人力投入指数为66.79%，排在全市第10位，与上年相比位次上升4位。财力投入指数为47.28%，排在全市第21位，与上年位次持平。三级指标中，表现较为突出的指标为地方财政科技支出占财政一般预算支出的比重，其为1.47%，排在全市第14位，与上年相比位次上升9位。万人R&D研究人员数为49.00人年、R&D经费支出与GDP比值为4.79%，以上指标均排在全市第1位，与上年相比位次保持不变。存在不足的指标为企业技术获取和技术改造经费支出占主营业务收入比重，其为0.16%，排在全市第15位，与上年相比位次下降1位。

沙坪坝区科技创新产出指数为94.86%，排在全市第1位，与上年位次持平。其中，知识产出指数为100.00%，排在全市第1位，与上年位次持平。效益产出指数为90.23%，排在全市第2位，与上年相比位次下降1位。三级指标中，表现较为突出的指标为万名R&D人员发表科技论文数，其为8 118.60篇，万人有效发明专利拥有量为58.47件，万人高价值发明专利拥有量为19.10件，规模以上工业企业战略性新兴产业增加值占GDP比重为11.92%，数字经济核心产业增加值占GDP比重为12.97%，以上指标均排在全市第1位，与上年相比位次不变。存在不足的指标为技术合同成交额与GDP比值，其为2.13%，排在全市第5位，与上年相比位次下降2位。

沙坪坝区高新技术产业化指数为65.64%，排在全市第22位，与上年相比位次下降2位。其中，产业化水平指数为60.37%，排在全市第24位，与上年相比位次下降2位。产业化效益指数为74.45%，排在全市第10位，与上年位次持平。三级指标中，表现较为突出的指标为高新技术企业利润率，其为6.73%，排在全市第12位，与上年相比位次上升8位。高新技术产品出口额占商品出口额比重为92.37%、高新技术企业劳动生产率为127.86万元/人，以上指标均排在全市第1位，与上年相比位次保持不变。存在不足的指标为高新技术企业营业收入占工业主营业务收入比重，其为12.58%，排在全市第30位，与上年相比位次下降1位。高新技术产品销售收入占主营业务收入比重为67.54%，排在全市第28位，与上年相比位次下降6位。

沙坪坝区科技促进经济发展指数为72.23%，排在全市第19位，与上年相比位次下降16位。其中，发展方式转变指数为44.87%，排在全市第32位，与上年相比位次下降27位。环境改善指数为96.82%，排在全市第8位，与上年相比位次下降3位。三级指标中，表现较为突出的指标为万元主营业务收入能耗，其为0.01吨标准煤，万元地区生产总值用水量为15.80立方米，以上指标均排在全市第1位，与上年相比位次保持不变。存在不足的指标为工业企业全员劳动生产率，其为246 533.21元/人年，排在全市第38位，与上年相比位次下降34位。环境空气质量指数为55.13%，排在全市第30位，与上年相比位次下降2位。

具体情况如表3-6、图3-16、图3-17、图3-18所示。

表3-6　沙坪坝区各级指标监测值、指数值和位次与上年比较情况

序号	指标名称	单位	监测值		指数值/%		位次	
			2022年	2021年	2022年	2021年	2022年	2021年
	科技创新环境				65.96	67.10	7	4
	基础条件				82.42	82.21	4	2
1	万人R&D人员数	人年	75.47	70.04	100.00	100.00	1	1
2	科学研究和技术服务业法人单位数	家	1 909	1 871	100.00	100.00	1	1
3	研发平台数	家	203	216	100.00	100.00	1	1
4	每名R&D人员研发仪器和设备支出	万元	2.02	1.92	33.62	32.06	15	15
5	知识价值信用贷款每家企业贷款规模	万元	141.86	143.27	28.37	28.65	25	26
6	万人累计孵化企业数	家	1.55	1.31	100.00	100.00	1	1
	科技意识				28.89	33.06	33	33
7	开展创新活动的企业占比	%	33.99	36.33	33.99	36.33	28	34
8	有R&D活动的企业占比	%	23.79	29.79	23.79	29.79	33	32
	科技创新投入				54.01	51.01	17	16
	人力投入				66.79	69.18	10	14
9	万人R&D研究人员数	人年	49.00	45.57	100.00	100.00	1	1
10	规模以上工业企业R&D研究人员占比	%	21.62	25.10	30.89	35.86	32	33
	财力投入				47.28	41.45	21	21
11	R&D经费支出与GDP比值	%	4.79	4.44	100.00	100.00	1	1
12	地方财政科技支出占财政一般预算支出的比重	%	1.47	0.93	29.37	18.68	14	23
13	规模以上工业企业创新费用支出占主营业务收入比重	%	1.17	0.58	39.13	19.28	35	35
14	规模以上工业企业R&D经费支出占主营业务收入比重	%	0.71	0.63	28.54	25.34	34	36
15	企业技术获取和技术改造经费支出占主营业务收入比重	%	0.16	0.11	6.23	4.40	15	14

表3-6（续）

序号	指标名称	单位	监测值		指数值/%		位次	
			2022年	2021年	2022年	2021年	2022年	2021年
	科技创新产出				**94.86**	**93.33**	**1**	**1**
	知识产出				100.00	100.00	1	1
16	万名R&D人员发表科技论文数	篇	8 118.60	7 790.33	100.00	100.00	1	1
17	万人有效发明专利拥有量	件	58.47	47.99	100.00	100.00	1	1
18	万人高价值发明专利拥有量	件	19.10	16.72	100.00	100.00	1	1
	效益产出				90.23	87.32	2	1
19	规模以上工业企业新产品销售收入占主营业务收入比重	%	28.49	27.87	71.22	69.67	8	9
20	技术合同成交额与GDP比值	%	2.13	1.84	85.20	73.41	5	3
21	规模以上工业企业战略性新兴产业增加值占GDP比重	%	11.92	13.01	100.00	100.00	1	1
22	数字经济核心产业增加值占GDP比重	%	12.97	20.97	100.00	100.00	1	1
	高新技术产业化				**65.64**	**62.72**	**22**	**20**
	产业化水平				60.37	57.13	24	22
23	每万家企业法人中高新技术企业数	家	67.24	50.14	48.03	35.82	20	20
24	万人高新技术企业从业人员数	人	171.49	166.34	42.87	41.58	19	19
25	高新技术企业营业收入占工业主营业务收入比重	%	12.58	11.86	41.94	39.55	30	29
26	高新技术产品出口额占商品出口额比重	%	92.37	89.48	100.00	100.00	1	1
27	高新技术产品销售收入占主营业务收入比重	%	67.54	69.79	75.05	77.55	28	22
	产业化效益				74.45	72.07	10	10
28	高新技术企业劳动生产率	万元/人	127.86	141.59	100.00	100.00	1	1
29	高新技术企业利润率	%	6.73	5.96	44.84	39.70	12	20
	科技促进经济发展				**72.23**	**85.81**	**19**	**3**
	发展方式转变				44.87	73.15	32	5
30	人均GDP	万元	7.46	7.16	62.13	59.70	22	23
31	工业企业全员劳动生产率	元/人年	246 533.21	889 122.54	24.65	88.91	38	4
	环境改善				96.82	97.18	8	5
32	万元主营业务收入能耗	吨标准煤	0.01	0.01	100.00	100.00	1	1
33	万元地区生产总值用水量	立方米	15.80	16.68	100.00	100.00	1	1
34	环境空气质量指数	%	55.13	55.68	91.88	92.80	30	28
	综合指数				**70.70**	**71.44**	**10**	**7**

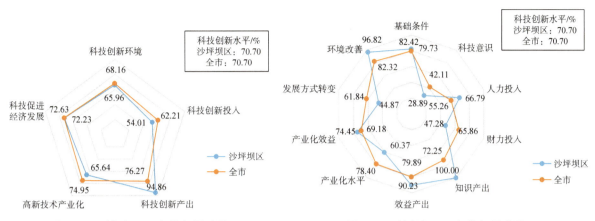

图 3-16　沙坪坝区一级指标雷达图　　　　图 3-17　沙坪坝区二级指标雷达图

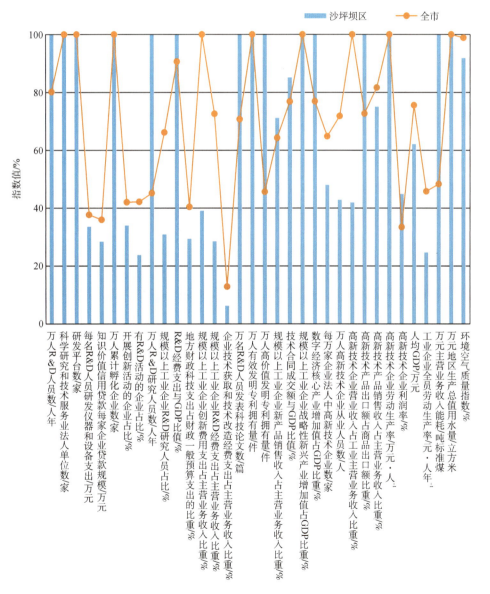

图 3-18　沙坪坝区三级指标指数值（监测值/标准值×100%）线柱图

九龙坡区

九龙坡区科技创新水平指数为76.99%，在全市排名第3位，与上年相比位次下降1位。

九龙坡区科技创新环境指数为73.06%，排在全市第2位，与上年相比位次下降1位。其中，基础条件指数为83.37%，排在全市第3位，与上年相比位次上升1位。科技意识指数为49.86%，排在全市第4位，与上年相比位次下降3位。三级指标中，表现较为突出的指标为每名R&D人员研发仪器和设备支出，其为1.99万元，排在全市第17位，与上年相比位次上升13位。万人R&D人员数为64.50人年、科学研究和技术服务业法人单位数为3 978家、研发平台数为218家、万人累计孵化企业数为1.28家，以上指标均排在全市第1位，与上年相比位次不变。存在不足的指标为开展创新活动的企业占比，其为45.50%，排在全市第12位，与上年相比位次下降7位。有R&D活动的企业占比为54.21%，排在全市第4位，与上年相比位次下降3位。

九龙坡区科技创新投入指数为72.36%，排在全市第5位，与上年相比位次下降1位。其中，人力投入指数为69.17%，排在全市第8位，与上年相比位次上升1位。财力投入指数为74.04%，排在全市第2位，与上年相比位次上升1位。三级指标中，表现较为突出的指标为地方财政科技支出占财政一般预算支出的比重，其为3.53%，排在全市第1位，与上年相比位次保持不变。R&D经费支出与GDP比值为2.67%，排在全市第1位，与上年相比位次上升10位。存在不足的指标为规模以上工业企业R&D研究人员占比，其为52.74%，排在全市第22位，与上年相比位次下降7位。规模以上工业企业创新费用支出占主营业务收入比重为2.96%，排在全市第16位，与上年相比位次下降6位。规模以上工业企业R&D经费支出占主营业务收入比重为1.92%，排在全市第17位，与上年相比位次下降10位。企业技术获取和技术改造经费支出占主营业务收入比重为0.10%，排在全市第22位，与上年相比位次下降11位。

九龙坡区科技创新产出指数为80.50%，排在全市第5位，与上年位次持平。其中，知识产出指数为72.67%，排在全市第7位，与上年位次持平。效益产出指数为87.54%，排在全市第4位，与上年相比位次下降2位。三级指标中，表现较为突出的指标为万名R&D人员发表科技论文数，其为928.77篇，排在全市第12位，与上年相比位次上升4位。数字经济核心产业增加值占GDP比重为11.13%，排在全市第1位，与上年相比位次上升8位。万人有效发明专利拥有量为28.48件、技术合同成交额与GDP比值为3.23%、规模以上工业企业战略性新兴产业增加值占GDP比重为6.94%，以上指标均排在全市第1位，与上年相比位次保持不变。存在不足的指标为规模以上工业企业新产品销售收入占主营业务收入比重，其为18.15%，排在全市第21位，与上年相比位次下降11位。

九龙坡区高新技术产业化指数为75.31%，排在全市第13位，与上年相比位次下降3位。其中，产业化水平指数为80.79%，排在全市第16位，与上年相比位次下降4位。产业化效益指数为66.13%，排在全市第15位，与上年相比位次下降6位。三级指标中，表现较为突出的指标为万人高新技术企业从业人员数，其为541.35人，高新技术企业营业收入占工业主营业务收入比重为58.42%，高新技术企业劳动生产率为120.88万元/人，以上指标均排在全市第1位，与上年相比位次保持不变。存在不足的指标为高新技术产品销售收入占主营业务收入比重，其为56.38%，排在全市第36位，与上年相比位次下降1位。高新技术企业利润率为4.03%，排在全市第21位，与上年相比位次下降2位。

九龙坡区科技促进经济发展指数为86.53%，排在全市第4位，与上年相比位次下降3位。其中，发展方式转变指数为74.12%，排在全市第5位，与上年相比位次下降3位。环境改善指数为97.67%，排在全市第5位，与上年相比位次上升5位。三级指标中，表现较为突出的指标为万元主营业务收入能耗，其为0.05吨标准煤，万元地区生产总值用水量为11.20立方米，以上指标均排在全市第1位，与上年相比位次保持不变。环境空气质量指数为56.44%，排在全市第26位，与上年相比位次上升7位。存在不足的指标为工业企业全员劳动生产率，其为485 815.30元/人年，排在全市第17位，与上年相比位次下降10位。

具体情况如表3-7、图3-19、图3-20、图3-21所示。

表3-7 九龙坡区各级指标监测值、指数值和位次与上年比较情况

序号	指标名称	单位	监测值		指数值/%		位次	
			2022年	2021年	2022年	2021年	2022年	2021年
	科技创新环境				73.06	74.78	2	1
	基础条件				83.37	81.11	3	4
1	万人R&D人员数	人年	64.50	63.00	100.00	100.00	1	1
2	科学研究和技术服务业法人单位数	家	3 978	3 142	100.00	100.00	1	1
3	研发平台数	家	218	226	100.00	100.00	1	1
4	每名R&D人员研发仪器和设备支出	万元	1.99	1.13	33.12	18.83	17	30
5	知识价值信用贷款每家企业贷款规模	万元	191.04	187.38	38.21	37.48	12	14
6	万人累计孵化企业数	家	1.28	4.06	100.00	100.00	1	1
	科技意识				49.86	60.53	4	1
7	开展创新活动的企业占比	%	45.50	51.14	45.50	51.14	12	5
8	有R&D活动的企业占比	%	54.21	69.90	54.21	69.90	4	1
	科技创新投入				72.36	73.71	5	4
	人力投入				69.17	74.87	8	9
9	万人R&D研究人员数	人年	25.38	23.82	63.46	59.55	8	9
10	规模以上工业企业R&D研究人员占比	%	52.74	62.41	75.35	89.16	22	15
	财力投入				74.04	73.10	2	3
11	R&D经费支出与GDP比值	%	2.67	2.36	100.00	90.79	1	11
12	地方财政科技支出占财政一般预算支出的比重	%	3.53	4.01	70.68	80.16	1	1
13	规模以上工业企业创新费用支出占主营业务收入比重	%	2.96	2.16	98.61	72.05	16	10
14	规模以上工业企业R&D经费支出占主营业务收入比重	%	1.92	2.23	77.00	89.05	17	7
15	企业技术获取和技术改造经费支出占主营业务收入比重	%	0.10	0.23	4.16	9.03	22	11

表3-7(续)

序号	指标名称	单位	监测值		指数值/%		位次	
			2022年	2021年	2022年	2021年	2022年	2021年
	科技创新产出				**80.50**	**75.98**	**5**	**5**
	知识产出				72.67	65.52	7	7
16	万名 R&D 人员发表科技论文数	篇	928.77	779.69	26.54	22.28	12	16
17	万人有效发明专利拥有量	件	28.48	24.35	100.00	100.00	1	1
18	万人高价值发明专利拥有量	件	9.77	7.78	81.40	64.83	7	7
	效益产出				87.54	85.38	4	2
19	规模以上工业企业新产品销售收入占主营业务收入比重	%	18.15	26.92	45.38	67.29	21	10
20	技术合同成交额与 GDP 比值	%	3.23	2.08	100.00	83.34	1	1
21	规模以上工业企业战略性新兴产业增加值占 GDP 比重	%	6.94	7.00	100.00	100.00	1	1
22	数字经济核心产业增加值占 GDP 比重	%	11.13	8.82	100.00	88.23	1	9
	高新技术产业化				**75.31**	**76.19**	**13**	**10**
	产业化水平				80.79	77.75	16	12
23	每万家企业法人中高新技术企业数	家	104.23	92.86	74.45	66.33	12	11
24	万人高新技术企业从业人员数	人	541.35	528.35	100.00	100.00	1	1
25	高新技术企业营业收入占工业主营业务收入比重	%	58.42	72.73	100.00	100.00	1	1
26	高新技术产品出口额占商品出口额比重	%	49.67	47.35	62.08	59.19	26	25
27	高新技术产品销售收入占主营业务收入比重	%	56.38	52.83	62.64	58.70	36	35
	产业化效益				66.13	73.58	15	9
28	高新技术企业劳动生产率	万元/人	120.88	121.97	100.00	100.00	1	1
29	高新技术企业利润率	%	4.03	6.44	26.88	42.96	21	19
	科技促进经济发展				**86.53**	**88.59**	**4**	**1**
	发展方式转变				74.12	80.46	5	2
30	人均 GDP	万元	11.51	11.37	95.93	94.77	7	7
31	工业企业全员劳动生产率	元/人年	485 815.30	636 949.16	48.58	63.69	17	7
	环境改善				97.67	95.89	5	10
32	万元主营业务收入能耗	吨标准煤	0.05	0.07	100.00	100.00	1	1
33	万元地区生产总值用水量	立方米	11.20	11.48	100.00	100.00	1	1
34	环境空气质量指数	%	56.44	53.71	94.07	89.52	26	33
	综合指数				**76.99**	**77.14**	**3**	**2**

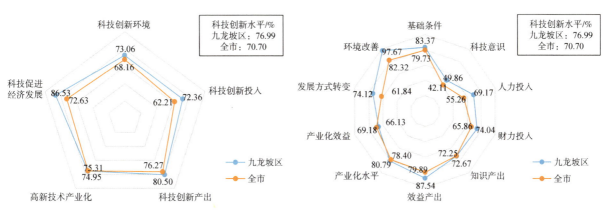

图 3-19　九龙坡区一级指标雷达图　　　　图 3-20　九龙坡区二级指标雷达图

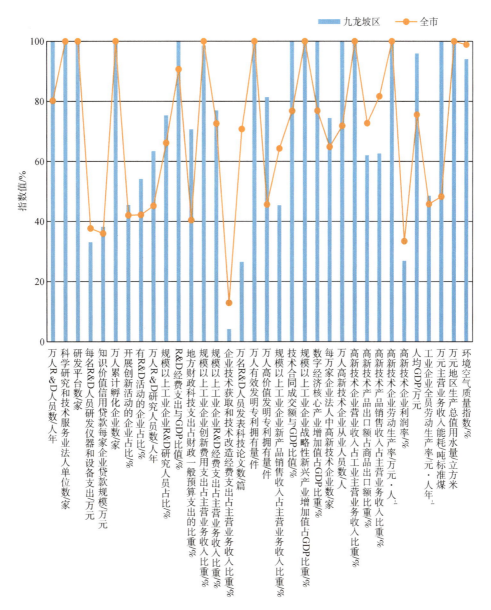

图 3-21　九龙坡区三级指标指数值（监测值/标准值×100%）线柱图

南岸区

南岸区科技创新水平指数为 73.39%，在全市排名第 5 位，与上年相比位次不变。

南岸区科技创新环境指数为 65.72%，排在全市第 8 位，与上年相比位次下降 2 位。其中，基础条件指数为 74.40%，排在全市第 8 位，与上年相比位次上升 1 位。科技意识指数为 46.16%，排在全市第 8 位，与上年相比位次下降 3 位。三级指标中，表现较为突出的指标为每名 R&D 人员研发仪器和设备支出，其为 2.33 万元，排在全市第 11 位，与上年相比位次上升 6 位。万人 R&D 人员数为 57.45 人年、科学研究和技术服务业法人单位数为 1 640 家、研发平台数为 301 家，以上指标均排在全市第 1 位，与上年相比位次保持不变。存在不足的指标为开展创新活动的企业占比，其为 41.75%，排在全市第 19 位，与上年相比位次下降 10 位。

南岸区科技创新投入指数为 57.96%，排在全市第 14 位，与上年相比位次下降 3 位。其中，人力投入指数为 59.45%，排在全市第 15 位，与上年相比位次下降 2 位。财力投入指数为 57.17%，排在全市第 14 位，与上年相比位次下降 5 位。三级指标中，表现较为突出的指标为规模以上工业企业创新费用支出占主营业务收入比重，其为 2.17%，排在全市第 24 位，与上年相比位次上升 2 位。R&D 经费支出与 GDP 比值为 2.92%，排在全市第 1 位，与上年位次持平。存在不足的指标为规模以上工业企业 R&D 经费支出占主营业务收入比重，其为 1.04%，排在全市第 28 位，与上年相比位次下降 6 位。企业技术获取和技术改造经费支出占主营业务收入比重为 0.19%，排在全市第 13 位，与上年相比位次下降 6 位。

南岸区科技创新产出指数为 89.82%，排在全市第 3 位，与上年位次持平。其中，知识产出指数为 100.00%，排在全市第 1 位，与上年位次持平。效益产出指数为 80.65%，排在全市第 7 位，与上年相比位次下降 3 位。三级指标中，表现较为突出的指标为技术合同成交额与 GDP 比值，其为 5.51%，排在全市第 1 位，与上年相比位次上升 1 位。万名 R&D 人员发表科技论文数为 4 342.03 篇、万人有效发明专利拥有量为 59.95 件、万人高价值发明专利拥有量为 26.16 件、数字经济核心产业增加值占 GDP 比重为 13.15%，以上指标均排在全市第 1 位，与上年相比位次保持不变。存在不足的指标为规模以上工业企业新产品销售收入占主营业务收入比重，其为 19.34%，排在全市第 18 位，与上年相比位次下降 3 位。规模以上工业企业战略性新兴产业增加值占 GDP 比重为 4.42%，排在全市第 17 位，与上年相比位次下降 1 位。

南岸区高新技术产业化指数为 77.67%，排在全市第 11 位，与上年相比位次不变。其中，产业化水平指数为 81.41%，排在全市第 14 位，与上年相比位次下降 4 位。产业化效益指数为 71.40%，排在全市第 12 位，与上年相比位次上升 1 位。三级指标中，表现较为突出的指标为万人高新技术企业从业人员数，其为 404.78 人，排在全市第 1 位，与上年相比位次上升 7 位。高新技术企业利润率为

5.74%，排在全市第 16 位，与上年相比位次上升 9 位。高新技术企业营业收入占工业主营业务收入比重为 74.84%、高新技术企业劳动生产率为 144.06 万元/人，以上指标均排在全市第 1 位，与上年相比位次保持不变。存在不足的指标为每万家企业法人中高新技术企业数，其为 121.98 家，排在全市第 10 位，与上年相比位次下降 1 位。高新技术产品出口额占商品出口额比重为 31.72%，排在全市第 27 位，与上年相比位次下降 1 位。

南岸区科技促进经济发展指数为 76.85%，排在全市第 15 位，与上年相比位次上升 1 位。其中，发展方式转变指数为 55.76%，排在全市第 24 位，与上年相比位次上升 2 位。环境改善指数为 95.80%，排在全市第 10 位，与上年相比位次下降 3 位。三级指标中，表现较为突出的指标为万元主营业务收入能耗，其为 0.02 吨标准煤，万元地区生产总值用水量为 18.50 立方米，以上指标均排在全市第 1 位，与上年相比位次保持不变。存在不足的指标为环境空气质量指数，其为 53.58%，排在全市第 34 位，与上年相比位次下降 5 位。

具体情况如表 3-8、图 3-22、图 3-23、图 3-24 所示。

表 3-8　南岸区各级指标监测值、指数值和位次与上年比较情况

序号	指标名称	单位	监测值		指数值/%		位次	
			2022 年	2021 年	2022 年	2021 年	2022 年	2021 年
	科技创新环境				65.72	65.37	8	6
	基础条件				74.40	71.81	8	9
1	万人 R&D 人员数	人年	57.45	56.92	100.00	100.00	1	1
2	科学研究和技术服务业法人单位数	家	1 640	1 609	100.00	100.00	1	1
3	研发平台数	家	301	271	100.00	100.00	1	1
4	每名 R&D 人员研发仪器和设备支出	万元	2.33	1.83	38.90	30.57	11	17
5	知识价值信用贷款每家企业贷款规模	万元	193.94	200.00	38.79	40.00	9	7
6	万人累计孵化企业数	家	0.51	0.44	51.32	44.26	16	14
	科技意识				46.16	50.85	8	5
7	开展创新活动的企业占比	%	41.75	48.92	41.75	48.92	19	9
8	有 R&D 活动的企业占比	%	50.57	52.78	50.57	52.78	10	7
	科技创新投入				57.96	60.19	14	11
	人力投入				59.45	69.93	15	13
9	万人 R&D 研究人员数	人年	34.58	32.33	86.44	80.83	5	5
10	规模以上工业企业 R&D 研究人员占比	%	21.19	26.19	30.27	37.41	33	32
	财力投入				57.17	55.06	14	9
11	R&D 经费支出与 GDP 比值	%	2.92	3.29	100.00	100.00	1	1
12	地方财政科技支出占财政一般预算支出的比重	%	2.04	2.24	40.85	44.88	7	6
13	规模以上工业企业创新费用支出占主营业务收入比重	%	2.17	1.21	72.26	40.48	24	26
14	规模以上工业企业 R&D 经费支出占主营业务收入比重	%	1.04	1.13	41.63	45.28	28	22
15	企业技术获取和技术改造经费支出占主营业务收入比重	%	0.19	0.28	7.54	11.30	13	7

表3-8（续）

序号	指标名称	单位	监测值		指数值/%		位次	
			2022 年	2021 年	2022 年	2021 年	2022年	2021年
	科技创新产出				**89.82**	**90.31**	**3**	**3**
	知识产出				100.00	100.00	1	1
16	万名 R&D 人员发表科技论文数	篇	4 342.03	4 185.52	100.00	100.00	1	1
17	万人有效发明专利拥有量	件	59.95	44.23	100.00	100.00	1	1
18	万人高价值发明专利拥有量	件	26.16	21.96	100.00	100.00	1	1
	效益产出				80.65	81.58	7	4
19	规模以上工业企业新产品销售收入占主营业务收入比重	%	19.34	20.54	48.35	51.36	18	15
20	技术合同成交额与 GDP 比值	%	5.51	2.05	100.00	81.95	1	2
21	规模以上工业企业战略性新兴产业增加值占 GDP 比重	%	4.42	5.45	70.21	86.56	17	16
22	数字经济核心产业增加值占 GDP 比重	%	13.15	20.37	100.00	100.00	1	1
	高新技术产业化				**77.67**	**75.27**	**11**	**11**
	产业化水平				81.41	78.89	14	10
23	每万家企业法人中高新技术企业数	家	121.98	106.39	87.13	75.99	10	9
24	万人高新技术企业从业人员数	人	404.78	360.32	100.00	90.08	1	8
25	高新技术企业营业收入占工业主营业务收入比重	%	74.84	59.38	100.00	100.00	1	1
26	高新技术产品出口额占商品出口额比重	%	31.72	42.40	39.64	53.00	27	26
27	高新技术产品销售收入占主营业务收入比重	%	70.69	65.19	78.55	72.43	25	27
	产业化效益				71.40	69.22	12	13
28	高新技术企业劳动生产率	万元/人	144.06	142.35	100.00	100.00	1	1
29	高新技术企业利润率	%	5.74	5.03	38.25	33.54	16	25
	科技促进经济发展				**76.85**	**75.95**	**15**	**16**
	发展方式转变				55.76	52.94	24	26
30	人均 GDP	万元	7.65	7.36	63.72	61.30	20	20
31	工业企业全员劳动生产率	元/人年	464 342.28	431 467.22	46.43	43.15	19	21
	环境改善				95.80	96.63	10	7
32	万元主营业务收入能耗	吨标准煤	0.02	0.02	100.00	100.00	1	1
33	万元地区生产总值用水量	立方米	18.50	18.50	100.00	100.00	1	1
34	环境空气质量指数	%	53.58	54.84	89.30	91.40	34	29
	综合指数				**73.39**	**73.29**	**5**	**5**

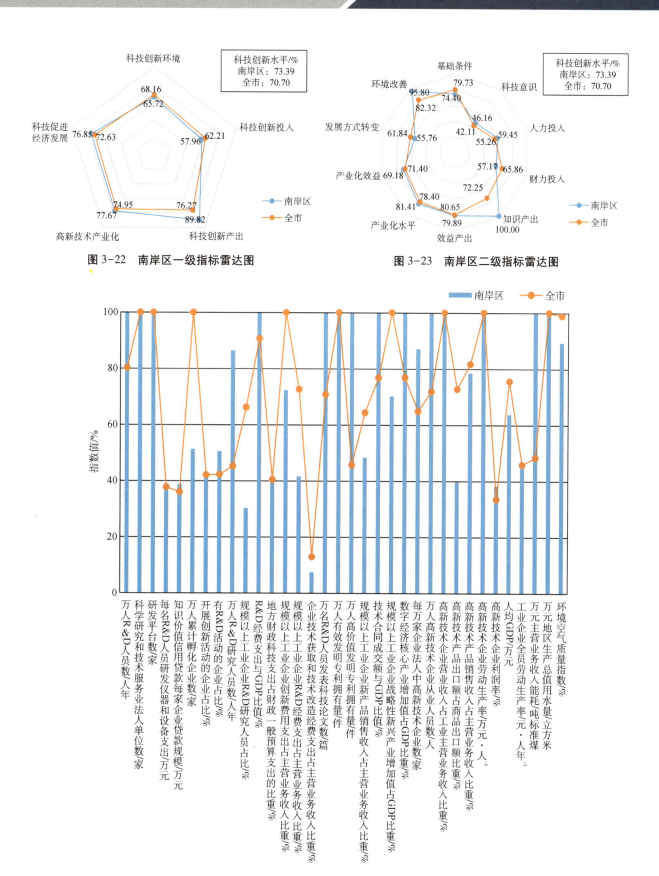

图 3-22 南岸区一级指标雷达图

图 3-23 南岸区二级指标雷达图

图 3-24 南岸区三级指标指数值（监测值/标准值×100%）线柱图

北碚区

北碚区科技创新水平指数为 79.76%，在全市排名第 1 位，与上年相比位次不变。

北碚区科技创新环境指数为 72.71%，排在全市第 3 位，与上年相比位次不变。其中，基础条件指数为 85.82%，排在全市第 2 位，与上年相比位次上升 1 位。科技意识指数为 43.17%，排在全市第 14 位，与上年相比位次下降 2 位。三级指标中，表现较为突出的指标为万人 R&D 人员数，其为 99.29 人年，研发平台数为 205 家、万人累计孵化企业数为 2.32 家，以上指标均排在全市第 1 位，与上年相比位次保持不变。科学研究和技术服务业法人单位数为 1 055 家，排在全市第 1 位，与上年相比位次上升 7 位。每名 R&D 人员研发仪器和设备支出为 3.10 万元，排在全市第 5 位，与上年相比位次上升 9 位。存在不足的指标为有 R&D 活动的企业占比，其为 34.47%，排在全市第 27 位，与上年相比位次下降 2 位。

北碚区科技创新投入指数为 70.73%，排在全市第 8 位，与上年相比位次下降 1 位。其中，人力投入指数为 72.28%，排在全市第 5 位，与上年相比位次上升 5 位。财力投入指数为 69.91%，排在全市第 7 位，与上年相比位次上升 1 位。三级指标中，表现较为突出的指标为万人 R&D 研究人员数，其为 51.56 人年，R&D 经费支出与 GDP 比值为 5.05%，以上指标均排在全市第 1 位，与上年相比位次保持不变。规模以上工业企业创新费用支出占主营业务收入比重为 3.73%、规模以上工业企业 R&D 经费支出占主营业务收入比重为 2.57%，以上指标均排在全市第 1 位，与上年相比位次分别上升 5 位、7 位。存在不足的指标为规模以上工业企业 R&D 研究人员占比，其为 29.62%，排在全市第 27 位。地方财政科技支出占财政一般预算支出的比重为 0.97%，排在全市第 22 位，与上年位次持平。

北碚区科技创新产出指数为 91.68%，排在全市第 2 位，与上年位次持平。其中，知识产出指数为 100%，排在全市第 1 位，与上年位次持平。效益产出指数为 84.19%，排在全市第 5 位，与上年相比位次下降 2 位。三级指标中，表现较为突出的指标为万名 R&D 人员发表科技论文数，其为 3 766.88 篇，万人有效发明专利拥有量为 43.27 件、万人高价值发明专利拥有量为 18.31 件、规模以上工业企业战略性新兴产业增加值占 GDP 比重为 29.33%、数字经济核心产业增加值占 GDP 比重为 28.51%，以上指标均排在全市第 1 位，与上年相比位次保持不变。技术合同成交额与 GDP 比值为 1.41%，排在全市第 6 位，与上年相比位次上升 3 位。存在不足的指标为规模以上工业企业新产品销售收入占主营业务收入比重，其为 28.88%，排在全市第 7 位，与上年相比位次下降 4 位。

北碚区高新技术产业化指数为 87.74%，排在全市第 3 位，与上年相比位次下降 2 位。其中，产业化水平指数为 90.70%，排在全市第 5 位，与上年相比位次下降 3 位。产业化效益指数为 82.78%，排在全市第 9 位，与上年相比位次下降 8 位。三级指标中，表现较为突出的指标为每万家企业法人中高新技术企业数，其为 213.20 家，万人高新技术企业从业人员为 580.54 人、高新技术企业营业收入占工业主营业务收入比重为 74.95%、高新技术企业劳动生产率为 135.42 万元/人，以上指标均排在全市第 1 位，与上年位次持平。存在不足的指标为高新技术企业利润率，其为 9.42%，排在全市第 9 位，与上年相比位次下降 8 位。高新技术产品销售收入占主营业务收入比重为 63.23%，排在全市第 31 位，与上年相比位次下降 7 位。高新技术产品出口额占商品出口额比重为 60.87%，排在全市第 21 位，与上年相比位次下降 3 位。

北碚区科技促进经济发展指数为 75.08%，排在全市第 16 位，与上年相比位次下降 4 位。其中，发展方式转变指数为 56.91%，排在全市第 22 位，与上年位次持平。环境改善指数为 91.40%，排在全市第 16 位，与上年相比位次下降 14 位。三级指标中，表现较为突出的指标为万元地区生产总值用水量，其为 20.70 立方米，排在全市第 1 位，与上年位次持平。存在不足的指标为万元主营业务收入能耗，其为 0.10 吨标准煤，排在全市第 16 位，与上年相比位次下降 15 位。环境空气质量指数为 56.04%，排在全市第 27 位，与上年相比位次下降 4 位。

具体情况如表 3-9、图 3-25、图 3-26、图 3-27 所示。

表 3-9 北碚区各级指标监测值、指数值和位次与上年比较情况

序号	指标名称	单位	监测值		指数值/%		位次	
			2022 年	2021 年	2022 年	2021 年	2022 年	2021 年
	科技创新环境				72.71	71.55	3	3
	基础条件				85.82	81.99	2	3
1	万人 R&D 人员数	人年	99.29	101.70	100.00	100.00	1	1
2	科学研究和技术服务业法人单位数	家	1 055	934	100.00	93.40	1	8
3	研发平台数	家	205	173	100.00	100.00	1	1
4	每名 R&D 人员研发仪器和设备支出	万元	3.10	1.96	51.71	32.71	5	14
5	知识价值信用贷款每家企业贷款规模	万元	172.41	172.28	34.48	34.46	19	21
6	万人累计孵化企业数	家	2.32	1.64	100.00	100.00	1	1
	科技意识				43.17	48.03	14	12
7	开展创新活动的企业占比	%	51.89	56.79	51.89	56.79	1	2
8	有 R&D 活动的企业占比	%	34.47	39.29	34.47	39.29	27	25
	科技创新投入				70.73	67.23	8	7
	人力投入				72.28	73.87	5	10
9	万人 R&D 研究人员数	人年	51.56	53.26	100.00	100.00	1	1
10	规模以上工业企业 R&D 研究人员占比	%	29.62	31.93	42.32	45.61	27	29
	财力投入				69.91	63.74	7	8
11	R&D 经费支出与 GDP 比值	%	5.05	5.09	100.00	100.00	1	1
12	地方财政科技支出占财政一般预算支出的比重	%	0.97	1.01	19.48	20.16	22	22
13	规模以上工业企业创新费用支出占主营业务收入比重	%	3.73	2.55	100.00	84.84	1	6
14	规模以上工业企业 R&D 经费支出占主营业务收入比重	%	2.57	2.12	100.00	84.87	1	8
15	企业技术获取和技术改造经费支出占主营业务收入比重	%	0.23	0.09	9.36	3.57	12	20

表3-9(续)

序号	指标名称	单位	监测值		指数值/%		位次	
			2022年	2021年	2022年	2021年	2022年	2021年
	科技创新产出				**91.68**	**90.52**	**2**	**2**
	知识产出				100.00	100.00	1	1
16	万名R&D人员发表科技论文数	篇	3 766.88	3 855.16	100.00	100.00	1	1
17	万人有效发明专利拥有量	件	43.27	34.65	100.00	100.00	1	1
18	万人高价值发明专利拥有量	件	18.31	14.05	100.00	100.00	1	1
	效益产出				84.19	82.00	5	3
19	规模以上工业企业新产品销售收入占主营业务收入比重	%	28.88	36.82	72.20	92.05	7	3
20	技术合同成交额与GDP比值	%	1.41	0.63	56.25	25.23	6	9
21	规模以上工业企业战略性新兴产业增加值占GDP比重	%	29.33	27.11	100.00	100.00	1	1
22	数字经济核心产业增加值占GDP比重	%	28.51	28.04	100.00	100.00	1	1
	高新技术产业化				**87.74**	**95.20**	**3**	**1**
	产业化水平				90.70	92.33	5	2
23	每万家企业法人中高新技术企业数	家	213.20	186.94	100.00	100.00	1	1
24	万人高新技术企业从业人员数	人	580.54	578.57	100.00	100.00	1	1
25	高新技术企业营业收入占工业主营业务收入比重	%	74.95	76.56	100.00	100.00	1	1
26	高新技术产品出口额占商品出口额比重	%	60.87	64.83	76.09	81.04	21	18
27	高新技术产品销售收入占主营业务收入比重	%	63.23	66.96	70.25	74.40	31	24
	产业化效益				82.78	100.00	9	1
28	高新技术企业劳动生产率	万元/人	135.42	163.87	100.00	100.00	1	1
29	高新技术企业利润率	%	9.42	18.10	62.82	100.00	9	1
	科技促进经济发展				**75.08**	**78.27**	**16**	**12**
	发展方式转变				56.91	55.74	22	22
30	人均GDP	万元	8.84	8.60	73.70	71.65	14	13
31	工业企业全员劳动生产率	元/人年	372 347.65	370 948.95	37.23	37.09	28	29
	环境改善				91.40	98.50	16	2
32	万元主营业务收入能耗	吨标准煤	0.10	0.08	81.95	100.00	16	1
33	万元地区生产总值用水量	立方米	20.70	23.10	100.00	100.00	1	1
34	环境空气质量指数	%	56.04	57.71	93.41	96.19	27	23
	综合指数				**79.76**	**80.45**	**1**	**1**

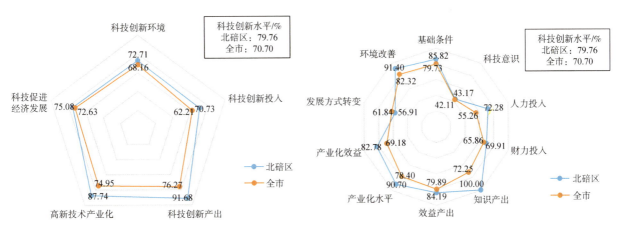

图 3-25 北碚区一级指标雷达图　　　　　　图 3-26 北碚区二级指标雷达图

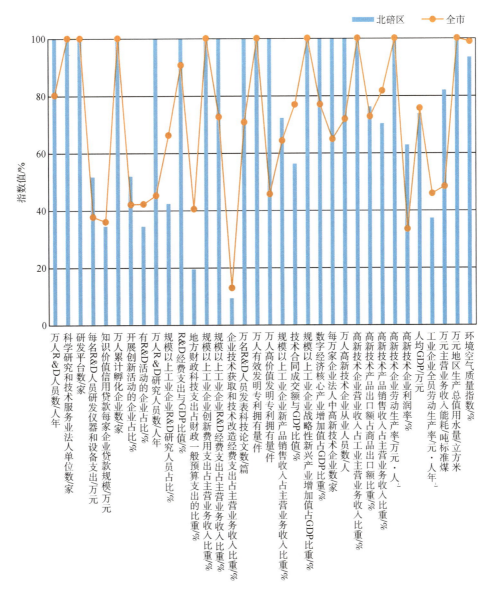

图 3-27 北碚区三级指标指数值（监测值/标准值×100%）线柱图

綦江区

綦江区科技创新水平指数为 55.61%，在全市排名第 18 位，与上年相比位次下降 1 位。

綦江区科技创新环境指数为 52.43%，排在全市第 18 位，与上年相比位次下降 6 位。其中，基础条件指数为 54.07%，排在全市第 18 位，与上年相比位次下降 6 位。科技意识指数为 48.72%，排在全市第 6 位，与上年相比位次下降 4 位。三级指标中，表现较为突出的指标为每名 R&D 人员研发仪器和设备支出，其为 1.22 万元，在全市排名第 22 位，与上年相比位次上升 6 位。存在不足的指标为万人 R&D 人员数，其为 25.00 人年，排在全市第 20 位，与上年相比位次下降 4 位。万人累计孵化企业数为 0.55 家，排在全市第 15 位，与上年相比位次下降 4 位。

綦江区科技创新投入指数为 59.52%，排在全市第 13 位，与上年相比位次下降 1 位。其中，人力投入指数为 54.96%，排在全市第 17 位，与上年相比位次下降 6 位。财力投入指数为 61.92%，排在全市第 13 位，与上年相比位次下降 1 位。三级指标中，规模以上工业企业创新费用支出占主营业务收入比重为 3.40%，排在全市第 1 位，与上年相比位次上升 15 位。存在不足的指标为万人 R&D 研究人员数，其为 8.74 人年，排在全市第 20 位，与上年相比位次下降 5 位。地方财政科技支出占财政一般预算支出的比重为 1.01%，排在全市第 21 位，与上年相比位次下降 2 位。

綦江区科技创新产出指数为 40.53%，排在全市第 15 位，与上年相比位次上升 1 位。其中，知识产出指数为 14.35%，排在全市第 25 位，与上年相比位次上升 1 位。效益产出指数为 64.09%，排在全市第 10 位，与上年相比位次上升 3 位。三级指标中，表现较为突出的指标为规模以上工业企业战略性新兴产业增加值占 GDP 比重，其为 7.61%，排在全市第 1 位，与上年位次持平。万人有效发明专利拥有量为 4.29 件，排在全市第 20 位，与上年相比位次上升 4 位。存在不足的指标为数字经济核心产业增加值占 GDP 比重，其为 2.03%，在全市排名第 32 位，与上年相比位次下降 8 位。

綦江区高新技术产业化指数为 70.75%，排在全市第 20 位，与上年相比位次下降 1 位。其中，产业化水平指数为 80.96%，排在全市第 15 位，与上年位次持平。产业化效益指数为 53.68%，排在全市第 25 位，与上年相比位次上升 6 位。三级指标中，表现较为突出的指标为高新技术企业营业收入占工业主营业务收入比重，其为 46.88%，在全市排名第 1 位，与上年相比位次上升 17 位。高新技术企业劳动生产率为 134.54 万元/人，在全市排名第 1 位，与上年相比位次上升 14 位。高新技术产品出口额占商品出口额比重为 99.88%，排在全市第 1 位，与上年位次持平。存在不足的指标为万人高新技术企业从业人员数，其为 183.36 人，在全市排名第 17 位，与上年相比位次下降 1 位。

綦江区科技促进经济发展指数为 57.47%，排在全市第 33 位，与上年相比位次下降 7 位。其中，发展方式转变指数为 53.53%，排在全市第 27 位，与上年相比位次下降 15 位。环境改善指数为 61.00%，排在全市第 35 位，与上年相比位次下降 1 位。三级指标中，表现较为突出的指标为万元主营业务收入能耗，其为 0.84 吨标准煤，排在全市第 35 位，与上年相比位次上升 2 位。存在不足的指标为工业企业全员劳动生产率，其为 417 264.08 元/人年，在全市排名第 24 位，与上年相比位次下降 8 位。万元地区生产总值用水量为 33.20 立方米，排在全市第 30 位，与上年相比位次下降 4 位。

具体情况如表 3-10、图 3-28、图 3-29、图 3-30 所示。

表 3-10 綦江区各级指标监测值、指数值和位次与上年比较情况

序号	指标名称	单位	监测值 2022 年	监测值 2021 年	指数值/% 2022 年	指数值/% 2021 年	位次 2022年	位次 2021年
	科技创新环境				52.43	58.64	18	12
	基础条件				54.07	61.37	18	12
1	万人 R&D 人员数	人年	25.00	39.72	50.01	79.43	20	16
2	科学研究和技术服务业法人单位数	家	692	684	69.20	68.40	14	12
3	研发平台数	家	82	71	82.00	71.00	16	13
4	每名 R&D 人员研发仪器和设备支出	万元	1.22	1.15	20.32	19.24	22	28
5	知识价值信用贷款每家企业贷款规模	万元	192.31	193.28	38.46	38.66	11	11
6	万人累计孵化企业数	家	0.55	0.72	54.64	72.21	15	11
	科技意识				48.72	52.50	6	2
7	开展创新活动的企业占比	%	42.66	44.77	42.66	44.77	17	18
8	有 R&D 活动的企业占比	%	54.77	60.22	54.77	60.22	3	2
	科技创新投入				59.52	59.25	13	12
	人力投入				54.96	72.74	17	11
9	万人 R&D 研究人员数	人年	8.74	14.56	21.86	36.40	20	15
10	规模以上工业企业 R&D 研究人员占比	%	63.52	58.46	90.75	83.51	17	18
	财力投入				61.92	52.15	13	12
11	R&D 经费支出与 GDP 比值	%	1.88	1.96	72.48	75.32	17	15
12	地方财政科技支出占财政一般预算支出的比重	%	1.01	1.12	20.12	22.43	21	19
13	规模以上工业企业创新费用支出占主营业务收入比重	%	3.40	1.72	100.00	57.22	1	16
14	规模以上工业企业 R&D 经费支出占主营业务收入比重	%	2.46	1.86	98.42	74.25	10	9
15	企业技术获取和技术改造经费支出占主营业务收入比重	%	0.26	0.28	10.41	11.16	8	8
	科技创新产出				40.53	34.93	15	16
	知识产出				14.35	12.29	25	26
16	万名 R&D 人员发表科技论文数	篇	57.10	123.43	1.63	3.53	25	26
17	万人有效发明专利拥有量	件	4.29	2.95	28.60	19.69	20	24
18	万人高价值发明专利拥有量	件	1.20	1.41	10.02	11.75	19	17
	效益产出				64.09	55.30	10	13
19	规模以上工业企业新产品销售收入占主营业务收入比重	%	39.08	31.17	97.70	77.92	5	6
20	技术合同成交额与 GDP 比值	%	1.19	0.79	47.51	31.56	7	8
21	规模以上工业企业战略性新兴产业增加值占 GDP 比重	%	7.61	6.85	100.00	100.00	1	1
22	数字经济核心产业增加值占 GDP 比重	%	2.03	1.75	20.30	17.54	32	24
	高新技术产业化				70.75	63.07	20	19
	产业化水平				80.96	72.69	15	15
23	每万家企业法人中高新技术企业数	家	92.84	53.42	66.31	38.16	15	18
24	万人高新技术企业从业人员数	人	183.36	245.43	45.84	61.36	17	16
25	高新技术企业营业收入占工业主营业务收入比重	%	46.88	23.79	100.00	79.29	1	18
26	高新技术产品出口额占商品出口额比重	%	99.88	80.79	100.00	100.00	1	1
27	高新技术产品销售收入占主营业务收入比重	%	81.72	82.96	90.80	92.17	11	10
	产业化效益				53.68	46.98	25	31
28	高新技术企业劳动生产率	万元/人	134.54	105.01	100.00	87.51	1	15
29	高新技术企业利润率	%	0.00	0.00	0.00	0.00	33	37
	科技促进经济发展				57.47	62.45	33	26
	发展方式转变				53.53	64.03	27	12
30	人均 GDP	万元	7.63	7.33	63.62	61.11	21	22
31	工业企业全员劳动生产率	元/人年	417 264.08	455 872.26	41.73	45.59	24	16
	环境改善				61.00	61.03	35	34
32	万元主营业务收入能耗	吨标准煤	0.84	1.00	10.14	8.53	35	37
33	万元地区生产总值用水量	立方米	33.20	32.63	75.30	76.63	30	26
34	环境空气质量指数	%	56.53	56.84	94.21	94.73	25	26
	综合指数				55.61	54.97	18	17

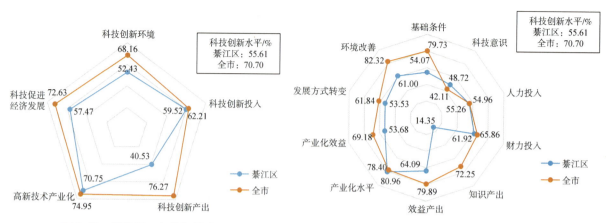

图 3-28　綦江区一级指标雷达图　　　　　图 3-29　綦江区二级指标雷达图

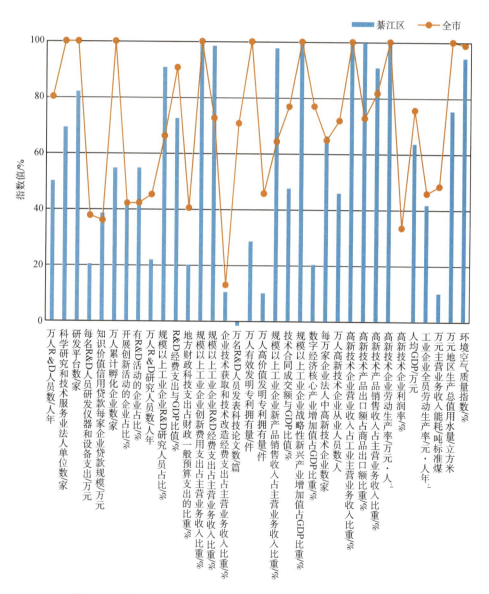

图 3-30　綦江区三级指标指数值（监测值/标准值×100%）线柱图

大足区

大足区科技创新水平指数为 56.88%，在全市排名第 17 位，与上年相比位次上升 1 位。

大足区科技创新环境指数为 44.00%，排在全市第 21 位，与上年相比位次下降 1 位。其中，基础条件指数为 44.66%，排在全市第 20 位，与上年相比位次保持不变。科技意识指数为 42.49%，排在全市第 17 位，与上年相比位次下降 6 位。三级指标中，表现较为突出的指标为研发平台数，其为 135 家，排在全市第 1 位，与上年相比位次上升 16 位。存在不足的指标为每名 R&D 人员研发仪器与设备支出，其为 0.62 万元，排在全市第 32 位，与上年相比位次下降 14 位。开展创新活动的企业占比为 41.35%，排在全市第 21 位，与上年相比位次下降 10 位。

大足区科技创新投入指数为 66.92%，排在全市第 10 位，与上年相比位次上升 8 位。其中，人力投入指数为 65.17%，排在全市第 12 位，与上年相比位次上升 8 位。财力投入指数为 67.83%，排在全市第 8 位，与上年相比位次上升 7 位。三级指标中，表现较为突出的指标为规模以上工业企业 R&D 研究人员占比，其为 76.27%，在全市排名第 1 位，与上年相比位次上升 15 位。规模以上工业企业创新费用支出占主营业务收入比重为 4.87%、规模以上工业企业 R&D 经费支出占主营业务收入比重为 4.30%，以上指标均排在全市第 1 位，与上年相比位次均上升 12 位。万人 R&D 研究人员数为 13.18 人年，排在全市第 15 位，与上年相比位次上升 3 位。R&D 经费支出与 GDP 比值为 2.43%，在全市排名第 11 位，与上年相比位次上升 6 位。存在不足的指标为企业技术获取和技术改造经费支出占主营业务收入比重，其为 0.01%，在全市排名第 33 位，与上年相比位次下降 10 位。

大足区科技创新产出指数为 29.07%，排在全市第 21 位，与上年位次持平。其中，知识产出指数为 14.56%，排在全市第 22 位，与上年相比位次上升 3 位。效益产出指数为 42.14%，排在全市第 19 位，与上年相比位次下降 1 位。三级指标中，表现较为突出的指标为技术合同成交额与 GDP 比值，其为 0.34%，排在全市第 11 位，与上年相比位次上升 15 位。存在不足的指标为规模以上工业企业新产品销售收入占主营业务收入比重，其为 19.10%，排在全市第 19 位，与上年相比位次下降 2 位。

大足区高新技术产业化指数为 74.35%，排在全市第 14 位，与上年相比位次上升 4 位。其中，产业化水平指数为 81.90%，排在全市第 13 位，与上年相比位次上升 5 位。产业化效益指数为 61.72%，排在全市第 18 位，与上年相比位次上升 2 位。三级指标中，表现较为突出的指标为高新技术企业营业收入占工业主营业务收入比重，其为 40.11%，排在全市第 1 位，与上年相比位次上升 22 位。存在不足的指标为高新技术产品销售收入占主营业务收入比重，其为 72.22%，排在全市第 22 位，与上年相比位次下降 1 位。

大足区科技促进经济发展指数为 80.86%，排在全市第 10 位，与上年位次持平。其中，发展方式转变指数为 60.00%，排在全市第 17 位，与上年相比位次上升 3 位。环境改善指数为 99.61%，排在全市第 1 位，与上年相比位次保持不变。三级指标中，表现较为突出的指标为万元地区生产总值用水量，其为 18.60 立方米，万元主营业务收入能耗为 0.08 吨标准煤，以上指标均排在全市第 1 位，与上年位次持平。存在不足的指标为环境空气质量指数，其为 59.40%，排在全市第 20 位，与上年相比位次下降 19 位。工业企业全员劳动生产率为 347 946.43 元/人年，排在全市第 33 位，与上年相比位次下降 2 位。

具体情况如表 3-11、图 3-31、图 3-32、图 3-33 所示。

表 3-11　大足区各级指标监测值、指数值和位次与上年比较情况

序号	指标名称	单位	监测值		指数值/%		位次	
			2022 年	2021 年	2022 年	2021年	2022年	2021年
	科技创新环境				44.00	41.99	21	20
	基础条件				44.66	39.28	20	20
1	万人 R&D 人员数	人年	36.21	34.35	72.41	68.70	17	18
2	科学研究和技术服务业法人单位数	家	363	330	36.30	33.00	26	27
3	研发平台数	家	135	62	100.00	62.00	1	17
4	每名 R&D 人员研发仪器和设备支出	万元	0.62	1.82	10.41	30.34	32	18
5	知识价值信用贷款每家企业贷款规模	万元	177.11	184.27	35.42	36.85	18	16
6	万人累计孵化企业数	家	0.00	0.00	0.00	0.00	29	24
	科技意识				42.49	48.09	17	11
7	开展创新活动的企业占比	%	41.35	47.52	41.35	47.52	21	11
8	有 R&D 活动的企业占比	%	43.64	48.66	43.64	48.66	14	13
	科技创新投入				66.92	48.91	10	18
	人力投入				65.17	51.82	12	20
9	万人 R&D 研究人员数	人年	13.18	9.78	32.96	24.44	15	18
10	规模以上工业企业 R&D 研究人员占比	%	76.27	61.89	100.00	88.41	1	16
	财力投入				67.83	47.39	8	15
11	R&D 经费支出与 GDP 比值	%	2.43	1.83	93.30	70.32	11	17
12	地方财政科技支出占财政一般预算支出的比重	%	1.29	1.23	25.80	24.57	18	17
13	规模以上工业企业创新费用支出占主营业务收入比重	%	4.87	1.81	100.00	60.45	1	13
14	规模以上工业企业 R&D 经费支出占主营业务收入比重	%	4.30	1.54	100.00	61.60	1	13
15	企业技术获取和技术改造经费支出占主营业务收入比重	%	0.01	0.06	0.23	2.24	33	23

表3-11（续）

序号	指标名称	单位	监测值		指数值/%		位次	
			2022 年	2021 年	2022 年	2021 年	2022 年	2021 年
	科技创新产出				**29.07**	**24.72**	**21**	**21**
	知识产出				14.56	12.56	22	25
16	万名 R&D 人员发表科技论文数	篇	237.98	196.92	6.80	5.63	21	24
17	万人有效发明专利拥有量	件	4.15	3.64	27.67	24.28	21	20
18	万人高价值发明专利拥有量	件	0.90	0.75	7.49	6.25	21	22
	效益产出				42.14	35.65	19	18
19	规模以上工业企业新产品销售收入占主营业务收入比重	%	19.10	19.71	47.74	49.27	19	17
20	技术合同成交额与 GDP 比值	%	0.34	0.00	13.59	0.16	11	26
21	规模以上工业企业战略性新兴产业增加值占 GDP 比重	%	3.63	3.18	57.67	50.54	21	20
22	数字经济核心产业增加值占 GDP 比重	%	4.53	3.83	45.32	38.30	16	15
	高新技术产业化				**74.35**	**65.48**	**14**	**18**
	产业化水平				81.90	66.47	13	18
23	每万家企业法人中高新技术企业数	家	110.80	87.17	79.14	62.27	11	13
24	万人高新技术企业从业人员数	人	188.15	174.61	47.04	43.65	16	17
25	高新技术企业营业收入占工业主营业务收入比重	%	40.11	16.82	100.00	56.07	1	23
26	高新技术产品出口额占商品出口额比重	%	77.32	76.05	96.65	95.06	15	13
27	高新技术产品销售收入占主营业务收入比重	%	72.22	70.00	80.25	77.78	22	21
	产业化效益				61.72	63.83	18	20
28	高新技术企业劳动生产率	万元/人	106.24	95.76	88.53	79.80	19	20
29	高新技术企业利润率	%	4.60	6.80	30.65	45.32	19	16
	科技促进经济发展				**80.86**	**80.32**	**10**	**10**
	发展方式转变				60.00	58.41	17	20
30	人均 GDP	万元	9.78	9.59	81.52	79.91	12	11
31	工业企业全员劳动生产率	元/人年	347 946.43	332 327.93	34.79	33.23	33	31
	环境改善				99.61	100.00	1	1
32	万元主营业务收入能耗	吨标准煤	0.08	0.04	100.00	100.00	1	1
33	万元地区生产总值用水量	立方米	18.60	18.39	100.00	100.00	1	1
34	环境空气质量指数	%	59.40	61.64	99.00	100.00	20	1
	综合指数				**56.88**	**49.90**	**17**	**18**

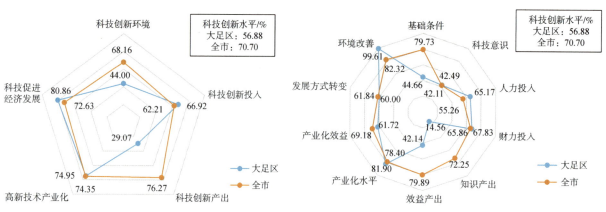

图 3-31　大足区一级指标雷达图　　　　　　图 3-32　大足区二级指标雷达图

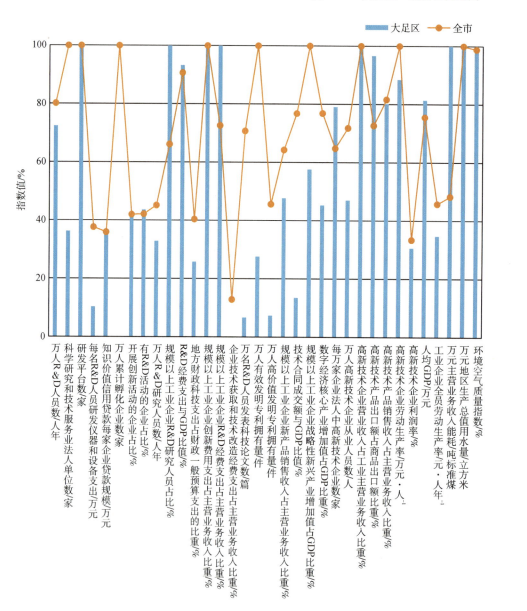

图 3-33　大足区三级指标指数值（监测值/标准值×100%）线柱图

渝北区

渝北区科技创新水平指数为77.66%，在全市排名第2位，与上年相比位次上升1位。

渝北区科技创新环境指数为75.21%，排在全市第1位，与上年相比位次上升1位。其中，基础条件指数为87.80%，排在全市第1位，与上年位次持平。科技意识指数为46.86%，排在全市第7位，与上年相比位次上升3位。三级指标中，表现较为突出的指标为万人R&D人员数，其为86.82人年，科学研究和技术服务业法人单位数为5 755家、研发平台数为271家、万人累计孵化企业数为5.14家，以上指标均排在全市第1位，均与上年位次持平。每名R&D人员研发仪器和设备支出为3.66万元，排在全市第3位，与上年相比位次上升5位。存在不足的指标为知识价值信用贷款每家企业贷款规模，其为200.00万元，排在全市第8位，与上年相比位次下降2位。开展创新活动的企业占比为46.82%，排在全市第9位，与上年相比位次下降2位。

渝北区科技创新投入指数为70.93%，排在全市第7位，与上年相比位次下降1位。其中，人力投入指数为72.03%，排在全市第6位，与上年位次持平。财力投入指数为70.35%，排在全市第5位，与上年相比位次上升2位。三级指标中，表现较为突出的指标为规模以上工业企业创新费用支出占主营业务收入比重，其为4.28%，排在全市第1位，与上年相比位次上升13位。万人R&D研究人员数为42.40人年，排在全市第1位，与上年相比位次上升3位。R&D经费支出与GDP比值为5.26%，排在全市第1位，与上年位次持平。存在不足的指标为规模以上工业企业R&D经费支出占主营业务收入比重，其为1.58%，排在全市第18位，与上年相比位次下降4位。规模以上工业企业R&D研究人员占比为29.26%，排在全市第28位，与上年相比位次下降2位。

渝北区科技创新产出指数为83.25%，排在全市第4位，与上年位次持平。其中，知识产出指数为78.39%，排在全市第5位，与上年位次持平。效益产出指数为87.62%，排在全市第3位，与上年相比位次上升4位。三级指标中，表现较为突出的指标为技术合同成交额与GDP比值，其为15.48%，排在全市第1位，与上年相比位次上升5位。万人高价值发明专利拥有量为13.27件，排在全市第1位，与上年相比位次上升4位。万人有效发明专利拥有量为32.38件、规模以上工业企业战略性新兴产业增加值占GDP比重为10.40%、数字经济核心产业增加值占GDP比重为16.00%，以上指标均排在全市第1位，与上年位次持平。存在不足的指标为规模以上工业企业新产品销售收入占主营业务收入比重，其为18.29%，排在全市第20位，与上年相比位次下降4位。

渝北区高新技术产业化指数为78.69%，排在全市第9位，与上年相比位次下降4位。其中，产业化水平指数为90.27%，排在全市第6位，与上年相比位次下降3位。产业化效益指数为59.30%，排在全市第20位，与上年相比位次下降8位。三级指标中，表现较为突出的指标为每万家企业法人中高新技术企业数，其为160.38家，万人高新技术企业从业人员数为672.66人、高新技术企业营业收入占工业主营业务收入比重为 64.52%、高新技术企业劳动生产率为 168.28 万元/人，以上指标均排在全市第 1 位，与上年位次持平。存在不足的指标为高新技术企业利润率，其为 1.82%，排在全市第 30 位，与上年相比位次下降 6 位。高新技术产品出口额占商品出口额比重为 55.97%，排在全市第 22 位，与上年位次持平。

渝北区科技促进经济发展指数为 81.23%，排在全市第 9 位，与上年相比位次上升 2 位。其中，发展方式转变指数为 62.55%，排在全市第 15 位，与上年相比位次上升 3 位。环境改善指数为 98.01%，排在全市第 4 位，与上年相比位次下降 1 位。三级指标中，表现较为突出的指标为万元主营业务收入能耗，其为 0.02 吨标准煤，排在全市第 1 位，与上年位次持平。万元地区生产总值用水量为 15.10 立方米，排在全市第 1 位，与上年位次持平。存在不足的指标为工业企业全员劳动生产率，其为 352 630.83 元/人年，排在全市第 32 位。

具体情况如表 3-12、图 3-34、图 3-35、图 3-36 所示。

表 3-12 渝北区各级指标监测值、指数值和位次与上年比较情况

序号	指标名称	单位	监测值		指数值/%		位次	
			2022 年	2021 年	2022 年	2021 年	2022年	2021年
	科技创新环境				75.21	73.96	1	2
	基础条件				87.80	85.05	1	1
1	万人 R&D 人员数	人年	86.82	77.11	100.00	100.00	1	1
2	科学研究和技术服务业法人单位数	家	5 755	4 797	100.00	100.00	1	1
3	研发平台数	家	271	283	100.00	100.00	1	1
4	每名 R&D 人员研发仪器和设备支出	万元	3.66	2.50	60.94	41.69	3	8
5	知识价值信用贷款每家企业贷款规模	万元	200.00	209.00	40.00	41.80	8	6
6	万人累计孵化企业数	家	5.14	2.64	100.00	100.00	1	1
	科技意识				46.86	48.98	7	10
7	开展创新活动的企业占比	%	46.82	49.76	46.82	49.76	9	7
8	有 R&D 活动的企业占比	%	46.91	48.20	46.91	48.20	13	14
	科技创新投入				70.93	69.45	7	6
	人力投入				72.03	78.99	6	6
9	万人 R&D 研究人员数	人年	42.40	37.44	100.00	93.61	1	4
10	规模以上工业企业 R&D 研究人员占比	%	29.26	39.40	41.79	56.28	28	26
	财力投入				70.35	64.43	5	7
11	R&D 经费支出与 GDP 比值	%	5.26	4.25	100.00	100.00	1	1
12	地方财政科技支出占财政一般预算支出的比重	%	2.54	2.48	50.76	49.58	3	5
13	规模以上工业企业创新费用支出占主营业务收入比重	%	4.28	1.80	100.00	59.84	1	14
14	规模以上工业企业 R&D 经费支出占主营业务收入比重	%	1.58	1.46	63.08	58.36	18	14
15	企业技术获取和技术改造经费支出占主营业务收入比重	%	0.62	0.75	24.80	30.07	3	3

表3-12（续）

序号	指标名称	单位	监测值		指数值/%		位次	
			2022年	2021年	2022年	2021年	2022年	2021年
	科技创新产出				83.25	76.16	4	4
	知识产出				78.39	74.10	5	5
16	万名R&D人员发表科技论文数	篇	809.60	1 185.12	23.13	33.86	15	13
17	万人有效发明专利拥有量	件	32.38	24.97	100.00	100.00	1	1
18	万人高价值发明专利拥有量	件	13.27	9.56	100.00	79.67	1	5
	效益产出				87.62	78.02	3	7
19	规模以上工业企业新产品销售收入占主营业务收入比重	%	18.29	19.88	45.72	49.70	20	16
20	技术合同成交额与GDP比值	%	15.48	1.29	100.00	51.45	1	6
21	规模以上工业企业战略性新兴产业增加值占GDP比重	%	10.40	9.66	100.00	100.00	1	1
22	数字经济核心产业增加值占GDP比重	%	16.00	15.73	100.00	100.00	1	1
	高新技术产业化				78.69	82.38	9	5
	产业化水平				90.27	90.25	6	3
23	每万家企业法人中高新技术企业数	家	160.38	144.17	100.00	100.00	1	1
24	万人高新技术企业从业人员数	人	672.66	662.38	100.00	100.00	1	1
25	高新技术企业营业收入占工业主营业务收入比重	%	64.52	63.70	100.00	100.00	1	1
26	高新技术产品出口额占商品出口额比重	%	55.97	60.18	69.97	75.22	22	22
27	高新技术产品销售收入占主营业务收入比重	%	68.41	61.57	76.01	68.41	27	30
	产业化效益				59.30	69.22	20	12
28	高新技术企业劳动生产率	万元/人	168.28	177.60	100.00	100.00	1	1
29	高新技术企业利润率	%	1.82	5.03	12.13	33.55	30	24
	科技促进经济发展				81.23	79.96	9	11
	发展方式转变				62.55	60.18	15	18
30	人均GDP	万元	10.30	10.20	85.84	85.01	10	9
31	工业企业全员劳动生产率	元/人年	352 630.83	310 949.08	35.26	31.09	32	33
	环境改善				98.01	97.73	4	3
32	万元主营业务收入能耗	吨标准煤	0.02	0.01	100.00	100.00	1	1
33	万元地区生产总值用水量	立方米	15.10	14.69	100.00	100.00	1	1
34	环境空气质量指数	%	56.96	56.54	94.93	94.23	24	27
	综合指数				77.66	76.04	2	3

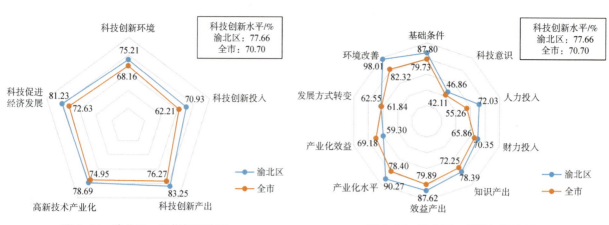

图 3-34 渝北区一级指标雷达图   图 3-35 渝北区二级指标雷达图

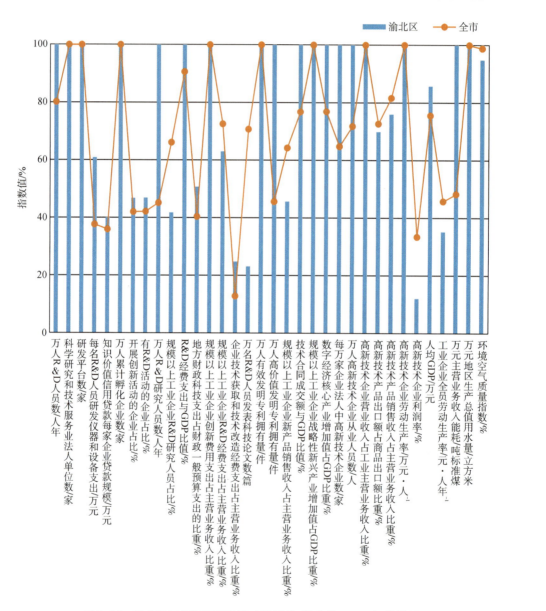

图 3-36 渝北区三级指标指数值（监测值/标准值×100%）线柱图

巴南区

巴南区科技创新水平指数为 71.55%，在全市排名第 8 位，与上年相比位次下降 2 位。

巴南区科技创新环境指数为 64.40%，排在全市第 9 位，与上年相比位次上升 1 位。其中，基础条件指数为 74.66%，排在全市第 7 位，与上年相比位次上升 3 位。科技意识指数为 41.29%，排在全市第 19 位，与上年相比位次下降 5 位。三级指标中，表现较为突出的指标为万人 R&D 人员数，其为 52.81 人年，排在全市第 1 位，与上年相比位次上升 10 位。科学研究和技术服务业法人单位数为 1 153 家、研发平台数为 201 家，以上指标均排在全市第 1 位，与上年位次持平。存在不足的指标为知识价值信用贷款每家企业贷款规模，其为 170.45 万元，排在全市第 20 位，与上年相比位次下降 2 位。有 R&D 活动的企业占比为 36.28%，排在全市第 24 位，与上年相比位次下降 7 位。

巴南区科技创新投入指数为 72.45%，排在全市第 4 位，与上年相比位次下降 2 位。其中，人力投入指数为 70.92%，排在全市第 7 位，与上年相比位次下降 5 位。财力投入指数为 73.25%，排在全市第 3 位，与上年相比位次下降 1 位。三级指标中，表现较为突出的指标为 R&D 经费支出与 GDP 比值，其为 3.43%，规模以上工业企业创新费用支出占主营业务收入比重为 3.42%、规模以上工业企业 R&D 经费支出占主营业务收入比重为 2.83%，以上指标均排在全市第 1 位，与上年位次持平。存在不足的指标为企业技术获取和技术改造经费支出占主营业务收入比重，其为 0.13%，排在全市第 19 位，与上年相比位次下降 14 位。规模以上工业企业 R&D 研究人员占比为 57.31%，排在全市第 19 位，与上年相比位次下降 6 位。

巴南区科技创新产出指数为 69.75%，排在全市第 8 位，与上年相比位次下降 1 位。其中，知识产出指数为 58.79%，排在全市第 9 位，与上年相比位次上升 1 位。效益产出指数为 79.61%，排在全市第 8 位，与上年相比位次下降 2 位。三级指标中，表现较为突出的指标为规模以上工业企业新产品销售收入占主营业务收入比重，其为 42.80%，规模以上工业企业战略性新兴产业增加值占 GDP 比重为 10.11%、数字经济核心产业增加值占 GDP 比重为 22.59%，以上指标均排在全市第 1 位，与上年位次持平。存在不足的指标为技术合同成交额与 GDP 比值，其为 0.15%，排在全市第 16 位，与上年相比位次下降 3 位。

巴南区高新技术产业化指数为 75.42%，排在全市第 12 位，与上年相比位次下降 4 位。其中，产业化水平指数为 85.97%，排在全市第 8 位，与上年相比位次不变。产业化效益指数为 57.78%，排在全市第 23 位，与上年相比位次下降 16 位。三级指标中，表现较为突出的指标为高新技术企业营业收入占工业主营业务收入比重，其为 50.60%，高新技术产品出口额占商品出口额比重为 87.76%、高新技术企业劳动生产率为129.52万元/人，以上指标均排在全市第1位，与上年位次持平。存在不足的指标为高新技术企业利润率，其为1.33%，排在全市第32位，与上年相比位次下降22位。

巴南区科技促进经济发展指数为78.87%，排在全市第11位，与上年相比位次上升2位。其中，发展方式转变指数为58.57%，排在全市第19位，与上年相比位次上升4位。环境改善指数为97.10%，排在全市第7位，与上年相比位次上升2位。三级指标中，表现较为突出的指标为万元主营业务收入能耗，其为0.05吨标准煤，万元地区生产总值用水量为16.40立方米，以上指标均排在全市第1位，与上年位次持平。存在不足的指标为环境空气质量指数，其为55.57%，排在全市第29位。

具体情况如表3-13、图3-37、图3-38、图3-39所示。

表3-13 巴南区各级指标监测值、指数值和位次与上年比较情况

序号	指标名称	单位	监测值		指数值/%		位次	
			2022年	2021年	2022年	2021年	2022年	2021年
	科技创新环境				**64.40**	**61.98**	**9**	**10**
	基础条件				74.66	68.68	7	10
1	万人R&D人员数	人年	52.81	48.86	100.00	97.72	1	11
2	科学研究和技术服务业法人单位数	家	1 153	1 085	100.00	100.00	1	1
3	研发平台数	家	201	145	100.00	100.00	1	1
4	每名R&D人员研发仪器和设备支出	万元	2.92	2.28	48.65	37.97	8	10
5	知识价值信用贷款每家企业贷款规模	万元	170.45	177.27	34.09	35.45	20	18
6	万人累计孵化企业数	家	0.48	0.28	47.68	27.99	17	17
	科技意识				41.29	46.89	19	14
7	开展创新活动的企业占比	%	46.30	47.07	46.30	47.07	10	12
8	有R&D活动的企业占比	%	36.28	46.71	36.28	46.71	24	17
	科技创新投入				**72.45**	**80.48**	**4**	**2**
	人力投入				70.92	93.17	7	2
9	万人R&D研究人员数	人年	24.32	20.70	60.79	51.74	9	11
10	规模以上工业企业R&D研究人员占比	%	57.31	62.70	81.87	89.58	19	13
	财力投入				73.25	73.81	3	2
11	R&D经费支出与GDP比值	%	3.43	3.42	100.00	100.00	1	1
12	地方财政科技支出占财政一般预算支出的比重	%	1.98	1.64	39.51	32.71	8	9
13	规模以上工业企业创新费用支出占主营业务收入比重	%	3.42	3.38	100.00	100.00	1	1
14	规模以上工业企业R&D经费支出占主营业务收入比重	%	2.83	3.22	100.00	100.00	1	1
15	企业技术获取和技术改造经费支出占主营业务收入比重	%	0.13	0.44	5.09	17.48	19	5

表3-13（续）

序号	指标名称	单位	监测值 2022年	监测值 2021年	指数值/% 2022年	指数值/% 2021年	位次 2022年	位次 2021年
	科技创新产出				**69.75**	**66.48**	**8**	**7**
	知识产出				58.79	50.86	9	10
16	万名R&D人员发表科技论文数	篇	1 980.79	2 027.57	56.59	57.93	8	10
17	万人有效发明专利拥有量	件	13.16	10.77	87.73	71.82	12	12
18	万人高价值发明专利拥有量	件	3.78	2.92	31.51	24.33	11	10
	效益产出				79.61	80.54	8	6
19	规模以上工业企业新产品销售收入占主营业务收入比重	%	42.80	41.28	100.00	100.00	1	1
20	技术合同成交额与GDP比值	%	0.15	0.25	5.85	10.13	16	13
21	规模以上工业企业战略性新兴产业增加值占GDP比重	%	10.11	8.15	100.00	100.00	1	1
22	数字经济核心产业增加值占GDP比重	%	22.59	20.38	100.00	100.00	1	1
	高新技术产业化				**75.42**	**79.87**	**12**	**8**
	产业化水平				85.97	80.49	8	8
23	每万家企业法人中高新技术企业数	家	93.14	68.04	66.53	48.60	14	16
24	万人高新技术企业从业人员数	人	308.14	281.58	77.03	70.39	15	14
25	高新技术企业营业收入占工业主营业务收入比重	%	50.60	61.52	100.00	100.00	1	1
26	高新技术产品出口额占商品出口额比重	%	87.76	90.14	100.00	100.00	1	1
27	高新技术产品销售收入占主营业务收入比重	%	77.08	76.30	85.64	84.78	14	16
	产业化效益				57.78	78.84	23	7
28	高新技术企业劳动生产率	万元/人	129.52	155.90	100.00	100.00	1	1
29	高新技术企业利润率	%	1.33	8.15	8.84	54.31	32	10
	科技促进经济发展				**78.87**	**77.05**	**11**	**13**
	发展方式转变				58.57	55.73	19	23
30	人均GDP	万元	8.58	8.17	71.47	68.10	15	15
31	工业企业全员劳动生产率	元/人年	434 625.14	412 346.06	43.46	41.23	21	23
	环境改善				97.10	96.21	7	9
32	万元主营业务收入能耗	吨标准煤	0.05	0.06	100.00	100.00	1	1
33	万元地区生产总值用水量	立方米	16.40	17.68	100.00	100.00	1	1
34	环境空气质量指数	%	55.57	54.21	92.61	90.35	29	32
	综合指数				**71.55**	**72.56**	**8**	**6**

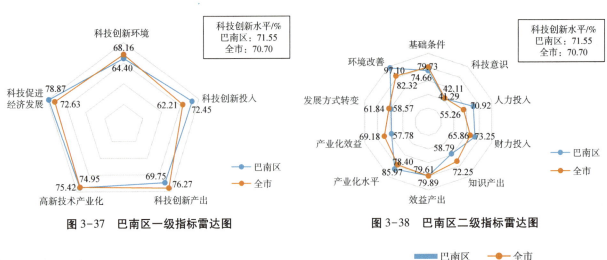

图3-37 巴南区一级指标雷达图　　　　图3-38 巴南区二级指标雷达图

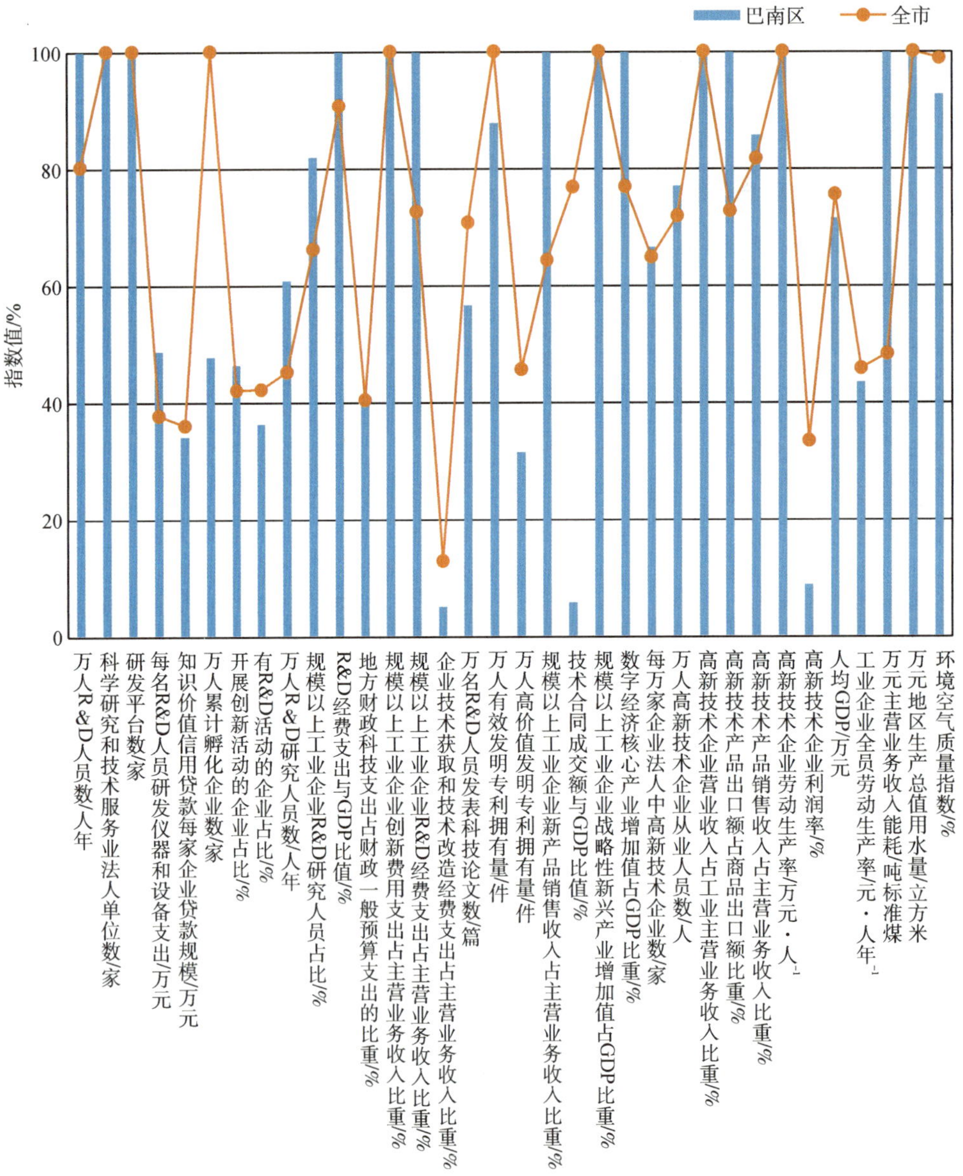

图3-39 巴南区三级指标指数值（监测值/标准值×100%）线柱图

黔江区

黔江区科技创新水平指数为 39.95%，在全市排名第 26 位，与上年相比位次不变。

黔江区科技创新环境指数为 34.79%，排在全市第 22 位，与上年相比位次不变。其中，基础条件指数为 37.23%，排在全市第 22 位，与上年相比位次不变。科技意识指数为 29.30%，排在全市第 32 位，与上年相比位次下降 8 位。三级指标中，表现较为突出的指标为万人累计孵化企业数，其为 4.37 家，排在全市第 1 位，与上年位次持平。存在不足的指标为研发平台数，其为 9 家，排在全市第 33 位，与上年相比位次下降 2 位。万人 R&D 人员数为 7.55 人年，排在全市第 27 位，与上年相比位次下降 1 位。

黔江区科技创新投入指数为 17.67%，排在全市第 36 位，与上年相比位次下降 2 位。其中，人力投入指数为 19.96%，排在全市第 34 位，与上年相比位次下降 2 位。财力投入指数为 16.46%，排在全市第 36 位，与上年相比位次下降 1 位。三级指标中，表现较为突出的指标为地方财政科技支出占财政一般预算支出的比重，其为 0.97%，排在全市第 23 位。存在不足的指标为规模以上工业企业 R&D 研究人员占比，其为 21.05%，排在全市第 34 位，与上年相比位次下降 6 位。企业技术获取和技术改造经费支出占主营业务收入比重为 0.09%，排在全市第 24 位，与上年相比位次下降 6 位。规模以上工业企业创新费用支出占主营业务收入比重为 0.66%，排在全市第 37 位，与上年相比位次下降 1 位。

黔江区科技创新产出指数为 23.35%，排在全市第 26 位，与上年相比位次上升 1 位。其中，知识产出指数为 20.83%，排在全市第 19 位，与上年相比位次下降 1 位。效益产出指数为 25.61%，排在全市第 25 位，与上年相比位次上升 7 位。三级指标中，表现较为突出的指标为数字经济核心产业增加值占 GDP 比重，其为 5.51%，排在全市第 14 位，与上年相比位次上升 22 位。存在不足的指标为规模以上工业企业新产品销售收入占主营业务收入比重，其为 5.35%，排在全市第 31 位，与上年相比位次下降 3 位。黔江区无技术合同成交额，技术合同成交额与 GDP 比值排在全市 31 位，与上年位次持平。

黔江区高新技术产业化指数为 64.79%，排在全市第 24 位，与上年相比位次不变。其中，产业化水平指数为 65.29%，排在全市第 20 位，与上年相比位次上升 3 位。产业化效益指数为 63.95%，排在全市第 16 位，与上年相比位次上升 8 位。三级指标中，表现较为突出的指标为高新技术产品销售收入占主营业务收入比重，其为 88.64%，排在全市第 5 位，与上年相比位次上升 1 位。高新技术企业劳动生产率为 100.61 万元/人，排在全市第 21 位，与上年相比位次上升 8 位。存在不足的指标为高新技术产品出口额占商品出口额比重，其为 78.81%，排在全市第 13 位，与上年相比位次下降 12 位。

黔江区科技促进经济发展指数为 71.10%，排在全市第 20 位，与上年相比位次下降 1 位。其中，发展方式转变指数为 71.87%，排在全市第 7 位，与上年相比位次上升 2 位。环境改善指数为 70.40%，排在全市第 27 位，与上年相比位次下降 1 位。三级指标中，表现较为突出的指标为工业企业全员劳动生产率，其为 1 372 386.98 元/人年，环境空气质量指数为 68.12%，以上指标均排在全市第 1 位，与上年位次持平。存在不足的指标为人均 GDP，其为 5.74 万元，排在全市第 30 位，与上年位次持平。

具体情况如表 3-14、图 3-40、图 3-41、图 3-42 所示。

表 3-14 黔江区各级指标监测值、指数值和位次与上年比较情况

序号	指标名称	单位	监测值		指数值/%		位次	
			2022 年	2021 年	2022 年	2021 年	2022年	2021年
	科技创新环境				34.79	38.55	22	22
	基础条件				37.23	37.27	22	22
1	万人 R&D 人员数	人年	7.55	7.67	15.11	15.35	27	26
2	科学研究和技术服务业法人单位数	家	376	368	37.60	36.80	24	24
3	研发平台数	家	9	8	9.00	8.00	33	31
4	每名 R&D 人员研发仪器和设备支出	万元	1.50	1.57	25.08	26.20	20	20
5	知识价值信用贷款每家企业贷款规模	万元	141.27	146.97	28.25	29.39	26	25
6	万人累计孵化企业数	家	4.37	4.21	100.00	100.00	1	1
	科技意识				29.30	41.43	32	24
7	开展创新活动的企业占比	%	31.53	42.05	31.53	42.05	32	21
8	有 R&D 活动的企业占比	%	27.08	40.82	27.08	40.82	31	23
	科技创新投入				17.67	22.71	36	34
	人力投入				19.96	37.04	34	32
9	万人 R&D 研究人员数	人年	4.24	3.14	10.61	7.85	25	26
10	规模以上工业企业 R&D 研究人员占比	%	21.05	32.03	30.08	45.75	34	28
	财力投入				16.46	15.16	36	35
11	R&D 经费支出与 GDP 比值	%	0.45	0.39	17.36	14.92	31	30
12	地方财政科技支出占财政一般预算支出的比重	%	0.97	1.10	19.43	22.03	23	20
13	规模以上工业企业创新费用支出占主营业务收入比重	%	0.66	0.53	22.09	17.77	37	36
14	规模以上工业企业 R&D 经费支出占主营业务收入比重	%	0.45	0.39	18.17	15.62	36	37
15	企业技术获取和技术改造经费支出占主营业务收入比重	%	0.09	0.09	3.54	3.78	24	18
	科技创新产出				23.35	17.68	26	27
	知识产出				20.83	27.16	19	18
16	万名 R&D 人员发表科技论文数	篇	1 724.14	2 371.79	49.26	67.77	10	7
17	万人有效发明专利拥有量	件	2.15	2.48	14.33	16.55	28	28
18	万人高价值发明专利拥有量	件	0.61	0.72	5.08	6.00	27	24
	效益产出				25.61	9.16	25	32
19	规模以上工业企业新产品销售收入占主营业务收入比重	%	5.35	6.42	13.36	16.04	31	28
20	技术合同成交额与 GDP 比值	%	0.00	0.00	0.00	0.00	31	31
21	规模以上工业企业战略性新兴产业增加值占 GDP 比重	%	1.48	0.66	23.48	10.50	27	31
22	数字经济核心产业增加值占 GDP 比重	%	5.51	0.94	55.08	9.39	14	36
	高新技术产业化				64.79	56.49	24	24
	产业化水平				65.29	56.91	20	23
23	每万家企业法人中高新技术企业数	家	55.59	50.03	39.71	35.74	21	21
24	万人高新技术企业从业人员数	人	65.76	56.64	16.44	14.16	25	25
25	高新技术企业营业收入占工业主营业务收入比重	%	23.61	14.18	78.69	47.26	24	27
26	高新技术产品出口额占商品出口额比重	%	78.81	81.14	98.52	100.00	13	1
27	高新技术产品销售收入占主营业务收入比重	%	88.64	88.39	98.49	98.21	5	6
	产业化效益				63.95	55.80	16	24
28	高新技术企业劳动生产率	万元/人	100.61	70.95	83.84	59.13	21	29
29	高新技术企业利润率	%	6.13	7.79	40.90	51.94	14	12
	科技促进经济发展				71.10	70.70	20	19
	发展方式转变				71.87	71.06	7	9
30	人均 GDP	万元	5.74	5.56	47.85	46.34	30	30
31	工业企业全员劳动生产率	元/人年	1 372 386.98	1 343 786.30	100.00	100.00	1	1
	环境改善				70.40	70.37	27	26
32	万元主营业务收入能耗	吨标准煤	0.27	0.25	31.14	33.55	25	25
33	万元地区生产总值用水量	立方米	33.00	34.37	75.76	72.74	29	29
34	环境空气质量指数	%	68.12	67.44	100.00	100.00	1	1
	综合指数				39.95	38.92	26	26

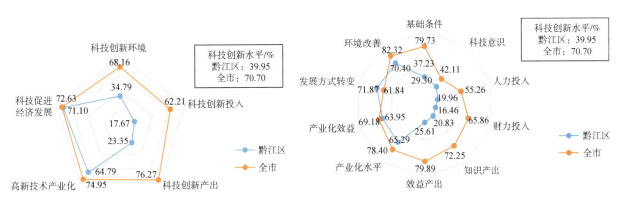

图 3-40　黔江区一级指标雷达图　　　　图 3-41　黔江区二级指标雷达图

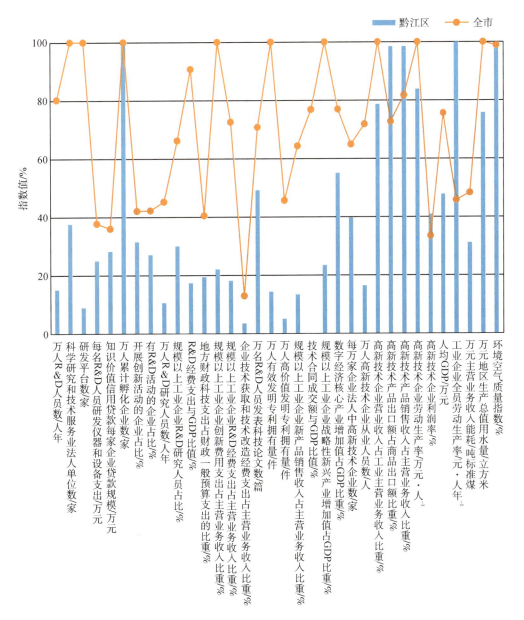

图 3-42　黔江区三级指标指数值（监测值/标准值×100%）线柱图

长寿区

长寿区科技创新水平指数为 66.93%，在全市排名第 11 位，与上年相比位次下降 1 位。

长寿区科技创新环境指数为 51.55%，排在全市第 19 位，与上年相比位次下降 3 位。其中，基础条件指数为 55.26%，排在全市第 17 位，与上年相比位次不变。科技意识指数为 43.21%，排在全市第 13 位，与上年相比位次上升 3 位。三级指标中，表现较为突出的指标为万人 R&D 人员数，其为 69.38 人年，排在全市第 1 位，与上年位次持平。知识价值信用贷款每家企业贷款规模为 221.74 万元，排在全市第 5 位。长寿区无科技企业孵化器孵化企业、累计毕业企业，万人累计孵化企业数排在全市第 29 位，与上年相比位次下降 5 位。

长寿区科技创新投入指数为 71.75%，排在全市第 6 位，与上年相比位次下降 3 位。其中，人力投入指数为 81.52%，排在全市第 2 位，与上年相比位次下降 1 位。财力投入指数为 66.61%，排在全市第 10 位，与上年相比位次下降 4 位。三级指标中，表现较为突出的指标为规模以上工业企业 R&D 研究人员占比，其为 80.14%，排在全市第 1 位，与上年相比位次上升 13 位。规模以上工业企业创新费用支出占主营业务收入比重为 3.41%，排在全市第 1 位，与上年相比位次上升 10 位。存在不足的指标为 R&D 经费支出与 GDP 比值，其为 2.50%，排在全市第 10 位，与上年相比位次下降 9 位。规模以上工业企业 R&D 经费支出占主营业务收入比重为 1.38%，排在全市第 21 位，与上年相比位次下降 4 位。

长寿区科技创新产出指数为 51.07%，排在全市第 13 位，与上年相比位次下降 3 位。其中，知识产出指数为 52.96%，排在全市第 11 位，与上年相比位次不变。效益产出指数为 49.37%，排在全市第 14 位，与上年相比位次下降 2 位。三级指标中，表现较为突出的指标为万人有效发明专利拥有量，其为 20.73 件，排在全市第 1 位，与上年相比位次上升 8 位。规模以上工业企业战略性新兴产业增加值占 GDP 比重为 11.83%，排在全市第 1 位，与上年位次持平。存在不足的指标为数字经济核心产业增加值占 GDP 比重，其为 1.86%，排在全市第 34 位，与上年相比位次下降 22 位。

长寿区高新技术产业化指数为 89.62%，排在全市第 2 位，与上年相比位次上升 5 位。其中，产业化水平指数为 93.12%，排在全市第 4 位，与上年相比位次上升 3 位。产业化效益指数为 83.77%，排在全市第 8 位，与上年相比位次不变。三级指标中，表现较为突出的指标为高新技术产品出口额占商品出口额比重，其为 92.33%，高新技术企业劳动生产率为 139.57 万元/人，以上指标均排在全市第 1 位，与上年位次持平。存在不足的指标为高新技术企业营业收入占工业主营业务收入比重，其为 25.66%，排在全市第 22 位，与上年相比位次下降 2 位。

长寿区科技促进经济发展指数为 77.39%，排在全市第 14 位，与上年相比位次上升 7 位。其中，发展方式转变指数为 91.27%，排在全市第 2 位，与上年相比位次上升 2 位。环境改善指数为 64.93%，排在全市第 32 位，与上年相比位次下降 1 位。三级指标中，表现较为突出的指标为人均 GDP，其为 13.32 万元，排在全市第 1 位，与上年位次持平。工业企业全员劳动生产率为 810 389.42 元/人年，排在全市第 4 位，与上年相比位次上升 2 位。存在不足的指标为万元主营业务收入能耗，其为 0.74 吨标准煤，排在全市第 34 位，与上年相比位次下降 1 位。

具体情况如表 3-15、图 3-43、图 3-44、图 3-45 所示。

表 3-15 长寿区各级指标监测值、指数值和位次与上年比较情况

序号	指标名称	单位	监测值		指数值/%		位次	
			2022 年	2021 年	2022 年	2021 年	2022 年	2021 年
	科技创新环境				51.55	49.98	19	16
	基础条件				55.26	51.63	17	17
1	万人 R&D 人员数	人年	69.38	52.25	100.00	100.00	1	1
2	科学研究和技术服务业法人单位数	家	484	465	48.40	46.50	20	18
3	研发平台数	家	81	69	81.00	69.00	17	14
4	每名 R&D 人员研发仪器和设备支出	万元	2.96	2.56	49.28	42.61	7	7
5	知识价值信用贷款每家企业贷款规模	万元	221.74	220.69	44.35	44.14	5	3
6	万人累计孵化企业数	家	0.00	0.00	0.00	0.00	29	24
	科技意识				43.21	46.25	13	16
7	开展创新活动的企业占比	%	43.55	46.07	43.55	46.07	15	16
8	有 R&D 活动的企业占比	%	42.86	46.43	42.86	46.43	15	18
	科技创新投入				71.75	77.23	6	3
	人力投入				81.52	94.83	2	1
9	万人 R&D 研究人员数	人年	25.77	26.26	64.44	65.66	7	7
10	规模以上工业企业 R&D 研究人员占比	%	80.14	62.47	100.00	89.25	1	14
	财力投入				66.61	67.97	10	6
11	R&D 经费支出与 GDP 比值	%	2.50	2.88	96.11	100.00	10	1
12	地方财政科技支出占财政一般预算支出的比重	%	1.34	1.41	26.75	28.13	16	13
13	规模以上工业企业创新费用支出占主营业务收入比重	%	3.41	2.13	100.00	70.89	1	11
14	规模以上工业企业 R&D 经费支出占主营业务收入比重	%	1.38	1.35	55.39	54.06	21	17
15	企业技术获取和技术改造经费支出占主营业务收入比重	%	1.25	1.93	49.94	77.18	2	1
	科技创新产出				51.07	56.22	13	10
	知识产出				52.96	50.65	11	11
16	万名 R&D 人员发表科技论文数	篇	358.53	475.61	10.24	13.59	17	20
17	万人有效发明专利拥有量	件	20.73	14.37	100.00	95.82	1	9
18	万人高价值发明专利拥有量	件	4.71	4.13	39.27	34.42	10	9
	效益产出				49.37	61.24	14	12
19	规模以上工业企业新产品销售收入占主营业务收入比重	%	27.54	28.15	68.86	70.37	9	8
20	技术合同成交额与 GDP 比值	%	0.31	0.56	12.27	22.56	12	10
21	规模以上工业企业战略性新兴产业增加值占 GDP 比重	%	11.83	10.94	100.00	100.00	1	1
22	数字经济核心产业增加值占 GDP 比重	%	1.86	4.94	18.61	49.43	34	12
	高新技术产业化				89.62	80.43	2	7
	产业化水平				93.12	81.53	4	7
23	每万家企业法人中高新技术企业数	家	132.32	108.79	94.52	77.71	6	7
24	万人高新技术企业从业人员数	人	397.88	275.58	99.47	68.90	8	15
25	高新技术企业营业收入占工业主营业务收入比重	%	25.66	22.79	85.53	75.97	22	20
26	高新技术产品出口额占商品出口额比重	%	92.33	92.00	100.00	100.00	1	1
27	高新技术产品销售收入占主营业务收入比重	%	76.80	77.54	85.34	86.16	16	15
	产业化效益				83.77	78.60	8	8
28	高新技术企业劳动生产率	万元/人	139.57	124.53	100.00	100.00	1	1
29	高新技术企业利润率	%	9.74	8.07	64.96	53.79	8	11
	科技促进经济发展				77.39	69.57	14	21
	发展方式转变				91.27	76.18	2	4
30	人均 GDP	万元	13.32	12.52	100.00	100.00	1	1
31	工业企业全员劳动生产率	元/人年	810 389.42	743 653.77	81.04	74.37	4	6
	环境改善				64.93	63.64	32	31
32	万元主营业务收入能耗	吨标准煤	0.74	0.78	11.43	10.93	34	33
33	万元地区生产总值用水量	立方米	29.60	30.74	84.46	81.33	25	25
34	环境空气质量指数	%	58.04	57.63	96.73	96.06	23	24
	综合指数				66.93	65.89	11	10

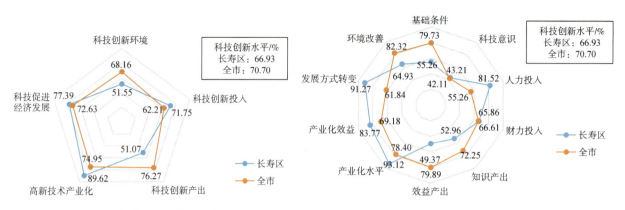

图 3-43　长寿区一级指标雷达图　　　　图 3-44　长寿区二级指标雷达图

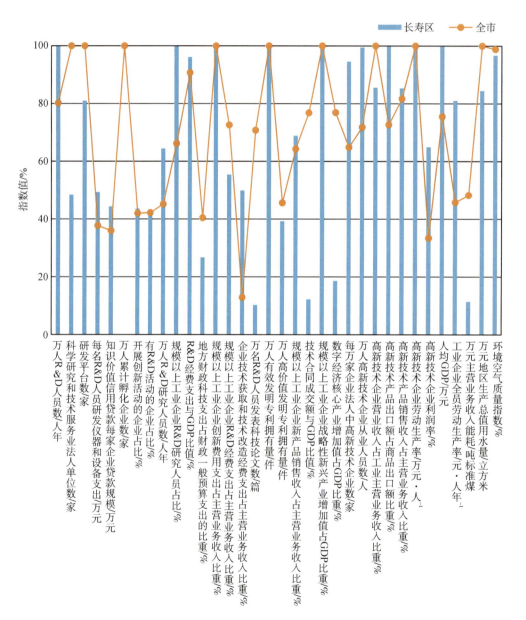

图 3-45　长寿区三级指标指数值（监测值/标准值×100%）线柱图

江津区

江津区科技创新水平指数为 60.69%，在全市排名第 16 位，与上年相比位次下降 1 位。

江津区科技创新环境指数为 55.78%，排在全市第 13 位，与上年相比位次不变。其中，基础条件指数为 62.30%，排在全市第 14 位，与上年相比位次下降 1 位。科技意识指数为 41.11%，排在全市第 20 位，与上年相比位次下降 1 位。三级指标中，表现较为突出的指标为科学研究和技术服务业法人单位数，其为 1 158 家，排在全市第 1 位，与上年相比位次上升 8 位。知识价值信用贷款每家企业贷款规模为 227.82 万元，排在全市第 1 位，与上年相比位次上升 4 位。研发平台数为 161 家，排在全市第 1 位，与上年位次持平。存在不足的指标为每名 R&D 人员研发仪器和设备支出，其为 1.42 万元，排在全市第 21 位，与上年相比位次下降 8 位。

江津区科技创新投入指数为 55.30%，排在全市第 16 位，与上年相比位次下降 3 位。其中，人力投入指数为 63.72%，排在全市第 13 位，与上年相比位次下降 5 位。财力投入指数为 50.87%，排在全市第 18 位，与上年相比位次下降 4 位。三级指标中，表现较为突出的指标为规模以上工业企业 R&D 研究人员占比，其为 71.89%，排在全市第 1 位，与上年位次持平。存在不足的指标为规模以上工业企业创新费用支出占主营业务收入比重，其为 2.04%，排在全市第 25 位，与上年相比位次下降 8 位。规模以上工业企业 R&D 经费支出占主营业务收入比重为 1.39%，排在全市第 20 位，与上年相比位次下降 4 位。

江津区科技创新产出指数为 54.17%，排在全市第 11 位，与上年相比位次上升 2 位。其中，知识产出指数为 60.98%，排在全市第 8 位，与上年相比位次上升 1 位。效益产出指数为 48.05%，排在全市第 16 位，与上年相比位次下降 1 位。三级指标中，表现较为突出的指标为万人有效发明专利拥有量，其为 17.06 件，排在全市第 1 位，与上年相比位次上升 9 位。规模以上工业企业战略性新兴产业增加值占 GDP 比重为 8.73%，排在全市第 1 位，与上年位次持平。存在不足的指标为数字经济核心产业增加值占 GDP 比重，其为 3.34%，排在全市第 23 位，与上年相比位次下降 3 位。

江津区高新技术产业化指数为 78.50%，排在全市第 10 位，与上年相比位次下降 1 位。其中，产业化水平指数为 85.66%，排在全市第 10 位，与上年相比位次下降 4 位。产业化效益指数为 66.53%，排在全市第 14 位，与上年相比位次不变。三级指标中，表现较为突出的指标为高新技术企业营业收入占工业主营业务收入比重，其为 35.16%，高新技术企业劳动生产率为 139.47 万元/人，以上指标均排在全市第 1 位，与上年位次持平。存在不足的指标为高新技术产品出口额占商品出口额比重，其为 55.55%，排在全市第 23 位，与上年相比位次下降 4 位。

江津区科技促进经济发展指数为 62.01%，排在全市第 27 位，与上年相比位次上升 2 位。其中，发展方式转变指数为 67.51%，排在全市第 12 位，与上年相比位次上升 2 位。环境改善指数为 57.07%，排在全市第 38 位，与上年相比位次不变。三级指标中，表现较为突出的指标为人均 GDP，其为 9.79 万元，排在全市第 11 位，与上年相比位次上升 1 位。存在不足的指标为万元地区生产总值用水量，其为 78.00 立方米，排在全市第 38 位，与上年位次持平。

具体情况如表 3-16、图 3-46、图 3-47、图 3-48 所示。

表 3-16 江津区各级指标监测值、指数值和位次与上年比较情况

序号	指标名称	单位	监测值		指数值/%		位次	
			2022 年	2021 年	2022 年	2021 年	2022年	2021年
	科技创新环境				55.78	56.22	13	13
	基础条件				62.30	61.28	14	13
1	万人 R&D 人员数	人年	36.90	36.93	73.79	73.86	16	17
2	科学研究和技术服务业法人单位数	家	1 158	895	100.00	89.50	1	9
3	研发平台数	家	161	134	100.00	100.00	1	1
4	每名 R&D 人员研发仪器和设备支出	万元	1.42	2.04	23.61	34.05	21	13
5	知识价值信用贷款每家企业贷款规模	万元	227.82	216.36	45.56	43.27	1	5
6	万人累计孵化企业数	家	0.27	0.22	26.59	22.07	22	20
	科技意识				41.11	44.80	20	19
7	开展创新活动的企业占比	%	45.25	49.30	45.25	49.30	13	8
8	有 R&D 活动的企业占比	%	36.98	40.30	36.98	40.30	23	24
	科技创新投入				55.30	57.89	16	13
	人力投入				63.72	75.11	13	8
9	万人 R&D 研究人员数	人年	12.06	11.64	30.16	29.09	17	17
10	规模以上工业企业 R&D 研究人员占比	%	71.89	73.89	100.00	100.00	1	1
	财力投入				50.87	48.83	18	14
11	R&D 经费支出与 GDP 比值	%	2.11	2.10	81.05	80.70	15	13
12	地方财政科技支出占财政一般预算支出的比重	%	1.30	1.24	25.97	24.71	17	16
13	规模以上工业企业创新费用支出占主营业务收入比重	%	2.04	1.70	68.01	56.57	25	17
14	规模以上工业企业 R&D 经费支出占主营业务收入比重	%	1.39	1.41	55.74	56.44	20	16
15	企业技术获取和技术改造经费支出占主营业务收入比重	%	0.12	0.07	4.75	2.89	20	22
	科技创新产出				54.17	50.30	11	13
	知识产出				60.98	53.71	8	9
16	万名 R&D 人员发表科技论文数	篇	1 923.41	1 680.84	54.95	48.02	9	12
17	万人有效发明专利拥有量	件	17.06	14.18	100.00	94.54	1	10
18	万人高价值发明专利拥有量	件	3.19	2.07	26.59	17.25	12	14
	效益产出				48.05	47.23	16	15
19	规模以上工业企业新产品销售收入占主营业务收入比重	%	19.58	19.30	48.95	48.25	17	18
20	技术合同成交额与 GDP 比值	%	0.16	0.37	6.51	14.99	14	12
21	规模以上工业企业战略性新兴产业增加值占 GDP 比重	%	8.73	8.32	100.00	100.00	1	1
22	数字经济核心产业增加值占 GDP 比重	%	3.34	2.51	33.42	25.14	23	20
	高新技术产业化				78.50	78.75	10	9
	产业化水平				85.66	84.56	10	6
23	每万家企业法人中高新技术企业数	家	128.04	117.81	91.45	84.15	7	5
24	万人高新技术企业从业人员数	人	332.43	303.13	83.11	75.78	14	11
25	高新技术企业营业收入占工业主营业务收入比重	%	35.16	33.96	100.00	100.00	1	1
26	高新技术产品出口额占商品出口额比重	%	55.55	64.74	69.43	80.92	23	19
27	高新技术产品销售收入占主营业务收入比重	%	71.85	69.14	79.84	76.82	23	23
	产业化效益				66.53	69.03	14	14
28	高新技术企业劳动生产率	万元/人	139.47	143.50	100.00	100.00	1	1
29	高新技术企业利润率	%	4.16	4.97	27.74	33.14	20	26
	科技促进经济发展				62.01	58.83	27	29
	发展方式转变				67.51	63.83	12	14
30	人均 GDP	万元	9.79	9.25	81.60	77.10	11	12
31	工业企业全员劳动生产率	元/人年	510 024.87	482 824.32	51.00	48.28	14	15
	环境改善				57.07	54.35	38	38
32	万元主营业务收入能耗	吨标准煤	0.23	0.24	37.11	35.46	22	23
33	万元地区生产总值用水量	立方米	78.00	76.98	32.05	32.47	38	38
34	环境空气质量指数	%	54.92	51.41	91.53	85.68	32	38
	综合指数				60.69	60.06	16	15

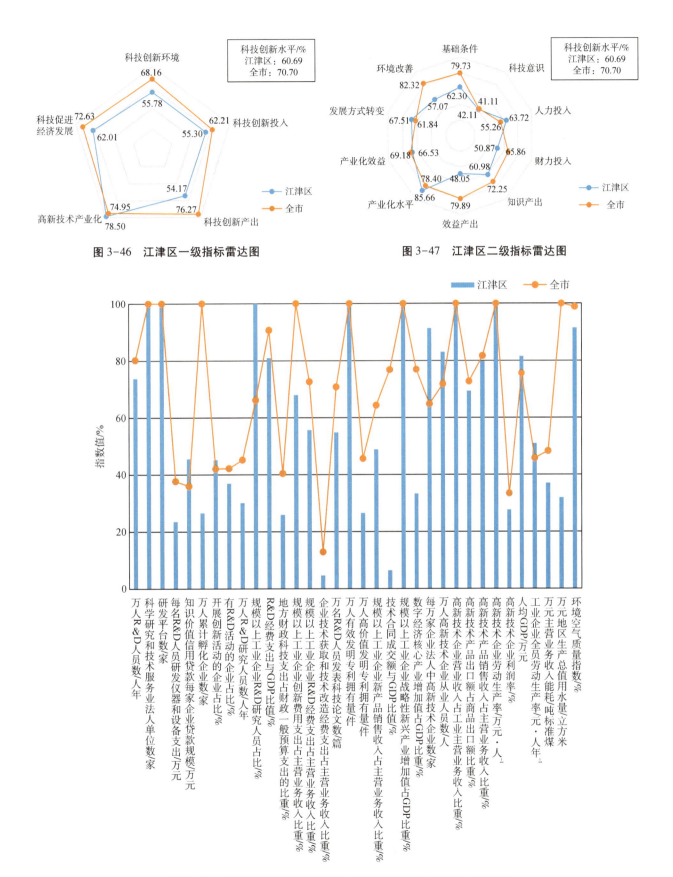

图 3-46　江津区一级指标雷达图　　　　　图 3-47　江津区二级指标雷达图

图 3-48　江津区三级指标指数值（监测值/标准值×100%）线柱图

合川区

合川区科技创新水平指数为 44.42%，在全市排名第 24 位，与上年相比位次下降 3 位。

合川区科技创新环境指数为 31.57%，排在全市第 26 位，与上年相比位次不变。其中，基础条件指数为 28.70%，排在全市第 25 位，与上年位次持平。科技意识指数为 38.05%，排在全市第 24 位，与上年相比位次上升 7 位。三级指标中，表现较为突出的指标为开展创新活动的企业占比，其为 47.65%，排在全市第 8 位，与上年相比位次上升 9 位。存在不足的指标为万人累计孵化企业数，其为 0.01 家，排在全市第 28 位，与上年相比位次下降 4 位。

合川区科技创新投入指数为 33.53%，排在全市第 29 位，与上年相比位次下降 4 位。其中，人力投入指数为 36.71%，排在全市第 29 位，与上年相比位次下降 10 位。财力投入指数为 31.86%，排在全市第 27 位，与上年相比位次下降 2 位。三级指标中，表现较为突出的指标为企业技术获取和技术改造经费支出占主营业务收入比重，其为 0.54%，排在全市第 5 位，与上年相比位次上升 8 位。存在不足的指标为规模以上工业企业创新费用支出占主营业务收入比重，其为 2.18%，排在全市第 23 位，与上年相比位次下降 14 位。规模以上工业企业 R&D 经费支出占主营业务收入比重为 1.04%，排在全市第 29 位，与上年相比位次下降 8 位。

合川区科技创新产出指数为 31.84%，排在全市第 20 位，与上年相比位次下降 3 位。其中，知识产出指数为 44.11%，排在全市第 14 位，与上年相比位次下降 2 位。效益产出指数为 20.80%，排在全市第 28 位，与上年相比位次下降 3 位。三级指标中，表现较为突出的指标为万名 R&D 人员发表科技论文数，其为 2 161.78 篇，排在全市第 6 位，与上年相比位次不变。存在不足的指标为技术合同成交额与 GDP 比值，其为 0.06%，排在全市第 21 位，与上年相比位次下降 7 位。数字经济核心产业增加值占 GDP 比重为 1.61%，排在全市第 35 位，与上年相比位次下降 6 位。

合川区高新技术产业化指数为 73.40%，排在全市第 16 位，与上年相比位次不变。其中，产业化水平指数为 82.66%，排在全市第 11 位，与上年相比位次上升 3 位。产业化效益指数为 57.89%，排在全市第 22 位，与上年相比位次上升 4 位。三级指标中，表现较为突出的指标为高新技术产品出口额占商品出口额比重，其为 91.82%，排在全市第 1 位，与上年相比位次上升 19 位。存在不足的指标为高新技术企业劳动生产率，其为 95.43 万元/人，排在全市第 23 位，与上年相比位次下降 2 位。

合川区科技促进经济发展指数为 59.92%，排在全市第 30 位，与上年相比位次上升 3 位。其中，发展方式转变指数为 53.37%，排在全市第 28 位，与上年相比位次上升 2 位。环境改善指数为 65.81%，排在全市第 31 位，与上年相比位次下降 1 位。三级指标中，表现较为突出的指标为工业企业全员劳动生产率，其为 370 303.22 元/人年，排在全市第 29 位，与上年相比位次上升 5 位。存在不足的指标为环境空气质量指数，其为 53.25%，排在全市第 35 位，与上年相比位次下降 4 位。

具体情况如表 3-17、图 3-49、图 3-50、图 3-51 所示。

表 3-17　合川区各级指标监测值、指数值和位次与上年比较情况

序号	指标名称	单位	监测值		指数值/%		位次	
			2022 年	2021 年	2022 年	2021 年	2022 年	2021 年
	科技创新环境				31.57	29.48	26	26
	基础条件				28.70	26.45	25	25
1	万人 R&D 人员数	人年	13.45	15.63	26.90	31.25	22	23
2	科学研究和技术服务业法人单位数	家	464	434	46.40	43.40	21	21
3	研发平台数	家	49	45	49.00	45.00	19	20
4	每名 R&D 人员研发仪器和设备支出	万元	1.21	0.54	20.24	8.97	23	35
5	知识价值信用贷款每家企业贷款规模	万元	189.33	186.17	37.87	37.23	13	15
6	万人累计孵化企业数	家	0.01	0.00	0.81	0.00	28	24
	科技意识				38.05	36.28	24	31
7	开展创新活动的企业占比	%	47.65	45.24	47.65	45.24	8	17
8	有 R&D 活动的企业占比	%	28.46	27.34	28.46	27.34	30	33
	科技创新投入				33.53	37.42	29	25
	人力投入				36.71	51.85	29	19
9	万人 R&D 研究人员数	人年	4.62	4.65	11.55	11.62	23	22
10	规模以上工业企业 R&D 研究人员占比	%	44.74	50.78	63.91	72.54	24	21
	财力投入				31.86	29.82	27	25
11	R&D 经费支出与 GDP 比值	%	0.59	0.58	22.51	22.33	25	27
12	地方财政科技支出占财政一般预算支出的比重	%	0.75	0.62	14.90	12.38	25	27
13	规模以上工业企业创新费用支出占主营业务收入比重	%	2.18	2.20	72.70	73.20	23	9
14	规模以上工业企业 R&D 经费支出占主营业务收入比重	%	1.04	1.13	41.42	45.38	29	21
15	企业技术获取和技术改造经费支出占主营业务收入比重	%	0.54	0.15	21.62	5.89	5	13
	科技创新产出				31.84	34.14	20	17
	知识产出				44.11	46.31	14	12
16	万名 R&D 人员发表科技论文数	篇	2 161.78	2 724.35	61.77	77.84	6	6
17	万人有效发明专利拥有量	件	9.38	8.62	62.53	57.50	15	15
18	万人高价值发明专利拥有量	件	1.42	1.25	11.82	10.42	17	18
	效益产出				20.80	23.19	28	25
19	规模以上工业企业新产品销售收入占主营业务收入比重	%	17.08	19.15	42.69	47.86	23	19
20	技术合同成交额与 GDP 比值	%	0.06	0.20	2.55	8.00	21	14
21	规模以上工业企业战略性新兴产业增加值占 GDP 比重	%	1.40	1.65	22.29	26.11	28	24
22	数字经济核心产业增加值占 GDP 比重	%	1.61	1.30	16.10	12.97	35	29
	高新技术产业化				73.40	66.88	16	16
	产业化水平				82.66	74.89	11	14
23	每万家企业法人中高新技术企业数	家	101.98	91.63	72.84	65.45	13	12
24	万人高新技术企业从业人员数	人	176.67	166.39	44.17	41.60	18	18
25	高新技术企业营业收入占工业主营业务收入比重	%	50.46	49.25	100.00	100.00	1	1
26	高新技术产品出口额占商品出口额比重	%	91.82	62.05	100.00	77.57	1	20
27	高新技术产品销售收入占主营业务收入比重	%	84.85	78.92	94.28	87.68	7	12
	产业化效益				57.89	53.50	22	26
28	高新技术企业劳动生产率	万元/人	95.43	94.75	79.52	78.96	23	21
29	高新技术企业利润率	%	4.92	3.60	32.81	23.98	18	31
	科技促进经济发展				59.92	56.75	30	33
	发展方式转变				53.37	48.50	28	30
30	人均 GDP	万元	8.08	7.82	67.32	65.17	18	17
31	工业企业全员劳动生产率	元/人年	370 303.22	289 817.95	37.03	28.98	29	34
	环境改善				65.81	64.16	31	30
32	万元主营业务收入能耗	吨标准煤	0.71	0.80	11.95	10.63	33	35
33	万元地区生产总值用水量	立方米	25.40	27.41	98.43	91.21	19	18
34	环境空气质量指数	%	53.25	54.43	88.75	90.71	35	31
	综合指数				44.42	43.51	24	21

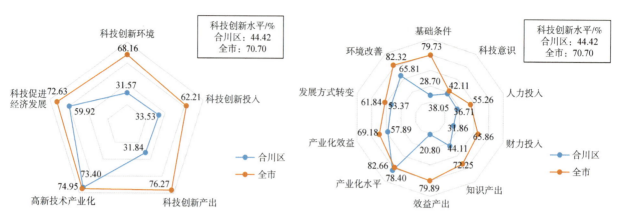

图 3-49 合川区一级指标雷达图　　　　　　图 3-50 合川区二级指标雷达图

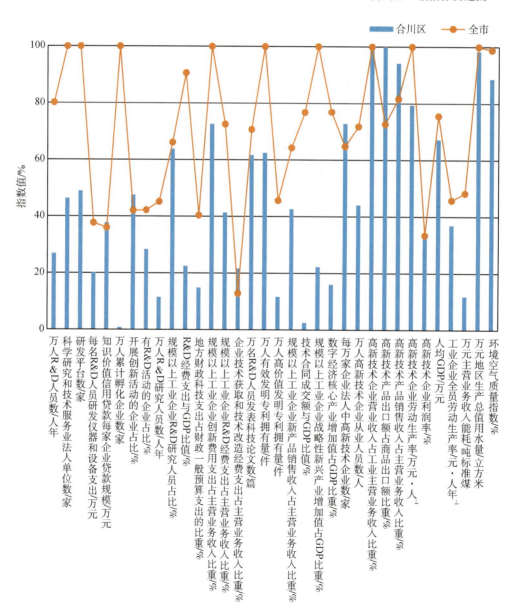

图 3-51　合川区三级指标指数值（监测值/标准值×100%）线柱图

永川区

永川区科技创新水平指数为 63.24%，在全市排名第 14 位，与上年相比位次下降 3 位。

永川区科技创新环境指数为 53.76%，排在全市第 16 位，与上年相比位次下降 1 位。其中，基础条件指数为 57.63%，排在全市第 15 位，与上年相比位次不变。科技意识指数为 45.04%，排在全市第 10 位，与上年相比位次下降 6 位。三级指标中，表现较为突出的指标为研发平台数，其为 162 家，排在全市第 1 位，与上年相比位次上升 15 位。存在不足的指标为万人累计孵化企业数，其为 0.22 家，排在全市第 24 位，与上年相比位次下降 6 位。每名 R&D 人员研发仪器和设备支出为 1.99 万元，排在全市第 16 位，与上年相比位次下降 5 位。

永川区科技创新投入指数为 47.23%，排在全市第 20 位，与上年相比位次下降 10 位。其中，人力投入指数为 48.56%，排在全市第 25 位，与上年相比位次下降 20 位。财力投入指数为 46.52%，排在全市第 22 位，与上年相比位次下降 11 位。三级指标中，表现较为突出的指标为地方财政科技支出占财政一般预算支出的比重，其为 1.40%，排在全市第 15 位。存在不足的指标为规模以上工业企业创新费用支出占主营业务收入比重，其为 1.62%，排在全市第 33 位，与上年相比位次下降 21 位。万人 R&D 研究人员数为 12.88 人年，排在全市第 16 位，与上年相比位次下降 2 位。

永川区科技创新产出指数为 52.76%，排在全市第 12 位，与上年相比位次下降 1 位。其中，知识产出指数为 49.51%，排在全市第 13 位，与上年位次持平。效益产出指数为 55.68%，排在全市第 12 位，与上年相比位次下降 1 位。三级指标中，表现较为突出的指标为规模以上工业企业战略性新兴产业增加值占 GDP 比重，其为 8.46%，排在全市第 1 位，与上年相比位次不变。存在不足的指标为规模以上工业企业新产品销售收入占主营业务收入比重，其为 7.67%，排在全市第 26 位，与上年相比位次下降 1 位。数字经济核心产业增加值占 GDP 比重为 8.42%，排在全市第 8 位，与上年相比位次下降 7 位。

永川区高新技术产业化指数为 85.94%，排在全市第 4 位，与上年相比位次上升 2 位。其中，产业化水平指数为 86.72%，排在全市第 7 位，与上年相比位次上升 6 位。产业化效益指数为 84.64%，排在全市第 7 位，与上年相比位次下降 4 位。三级指标中，表现较为突出的指标为高新技术企业营业收入占工业主营业务收入比重，其为 35.41%，高新技术企业劳动生产率为 140.69 万元/人，以上指标均排在全市第 1 位，与上年相比位次不变。存在不足的指标为高新技术产品销售收入占主营业务收入比重，其为 66.31%，排在全市第 30 位。

永川区科技促进经济发展指数为 85.92%，排在全市第 5 位，与上年相比位次上升 2 位。其中，发展方式转变指数为 71.08%，排在全市第 9 位，与上年相比位次上升 1 位。环境改善指数为 99.25%，排在全市第 2 位，与上年相比位次上升 11 位。三级指标中，表现较为突出的指标为万元地区生产总值用水量，其为 24.70 立方米，排在全市第 1 位，与上年相比位次上升 23 位。万元主营业务收入能耗为 0.07 吨标准煤，排在全市第 1 位，与上年相比位次上升 12 位。存在不足的指标为环境空气质量指数，其为 58.86%，排在全市第 21 位。

具体情况如表 3-18、图 3-52、图 3-53、图 3-54 所示。

表 3-18　永川区各级指标监测值、指数值和位次与上年比较情况

序号	指标名称	单位	监测值		指数值/%		位次	
			2022 年	2021 年	2022 年	2021 年	2022 年	2021 年
	科技创新环境				**53.76**	**52.69**	**16**	**15**
	基础条件				57.63	53.30	15	15
1	万人 R&D 人员数	人年	37.05	42.97	74.10	85.94	15	14
2	科学研究和技术服务业法人单位数	家	633	539	63.30	53.90	15	15
3	研发平台数	家	162	64	100.00	64.00	1	16
4	每名 R&D 人员研发仪器和设备支出	万元	1.99	2.19	33.19	36.44	16	11
5	知识价值信用贷款每家企业贷款规模	万元	222.22	219.12	44.44	43.82	3	4
6	万人累计孵化企业数	家	0.22	0.27	21.80	26.98	24	18
	科技意识				45.04	51.31	10	4
7	开展创新活动的企业占比	%	47.85	53.50	47.85	53.50	7	4
8	有 R&D 活动的企业占比	%	42.24	49.12	42.24	49.12	16	12
	科技创新投入				**47.23**	**64.29**	**20**	**10**
	人力投入				48.56	84.48	25	5
9	万人 R&D 研究人员数	人年	12.88	14.86	32.20	37.14	16	14
10	规模以上工业企业 R&D 研究人员占比	%	46.38	47.39	66.25	67.70	23	23
	财力投入				46.52	53.66	22	11
11	R&D 经费支出与 GDP 比值	%	2.04	2.37	78.56	91.27	16	10
12	地方财政科技支出占财政一般预算支出的比重	%	1.40	1.52	27.94	30.33	15	11
13	规模以上工业企业创新费用支出占主营业务收入比重	%	1.62	1.87	54.00	62.20	33	12
14	规模以上工业企业 R&D 经费支出占主营业务收入比重	%	1.21	1.43	48.29	57.15	23	15
15	企业技术获取和技术改造经费支出占主营业务收入比重	%	0.04	0.03	1.74	1.22	29	27
	科技创新产出				**52.76**	**54.15**	**12**	**11**
	知识产出				49.51	45.51	13	13
16	万名 R&D 人员发表科技论文数	篇	1 986.83	2 080.87	56.77	59.45	7	8
17	万人有效发明专利拥有量	件	11.39	9.95	75.93	66.32	13	14
18	万人高价值发明专利拥有量	件	2.08	1.65	17.37	13.75	15	15
	效益产出				55.68	61.92	12	11
19	规模以上工业企业新产品销售收入占主营业务收入比重	%	7.67	11.17	19.17	27.91	26	25
20	技术合同成交额与 GDP 比值	%	0.06	0.00	2.50	0.08	22	28
21	规模以上工业企业战略性新兴产业增加值占 GDP 比重	%	8.46	8.90	100.00	100.00	1	1
22	数字经济核心产业增加值占 GDP 比重	%	8.42	10.95	84.16	100.00	8	1
	高新技术产业化				**85.94**	**80.92**	**4**	**6**
	产业化水平				86.72	76.77	7	13
23	每万家企业法人中高新技术企业数	家	139.46	130.03	99.61	92.88	4	4
24	万人高新技术企业从业人员数	人	361.27	364.07	90.32	91.02	12	7
25	高新技术企业营业收入占工业主营业务收入比重	%	35.41	37.52	100.00	100.00	1	1
26	高新技术产品出口额占商品出口额比重	%	50.76	21.10	63.45	26.37	24	29
27	高新技术产品销售收入占主营业务收入比重	%	66.31	61.00	73.67	67.77	30	31
	产业化效益				84.64	87.86	7	3
28	高新技术企业劳动生产率	万元/人	140.69	143.30	100.00	100.00	1	1
29	高新技术企业利润率	%	10.03	11.07	66.83	73.79	7	6
	科技促进经济发展				**85.92**	**81.30**	**5**	**7**
	发展方式转变				71.08	67.48	9	10
30	人均 GDP	万元	10.48	9.96	87.31	82.99	9	10
31	工业企业全员劳动生产率	元/人年	520 709.71	493 139.34	52.07	49.31	12	13
	环境改善				99.25	93.72	2	13
32	万元主营业务收入能耗	吨标准煤	0.07	0.09	100.00	98.12	1	13
33	万元地区生产总值用水量	立方米	24.70	29.96	100.00	83.45	1	24
34	环境空气质量指数	%	58.86	58.29	98.10	97.15	21	22
	综合指数				**63.24**	**65.18**	**14**	**11**

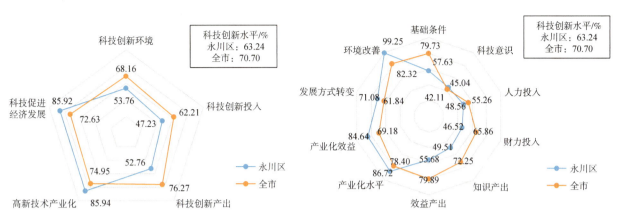

图 3-52　永川区一级指标雷达图　　　　　　图 3-53　永川区二级指标雷达图

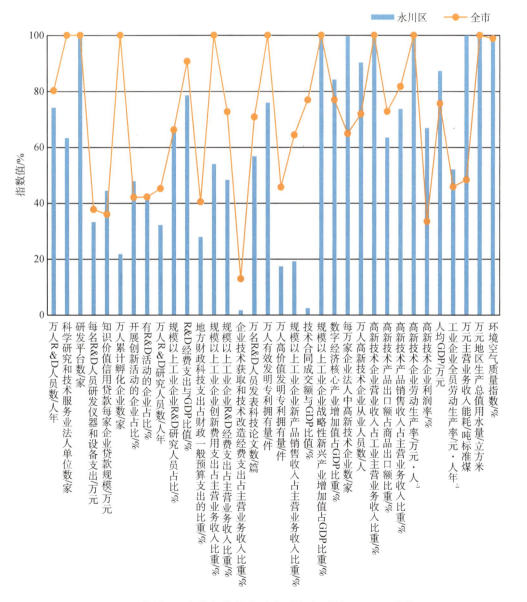

图 3-54　永川区三级指标指数值（监测值/标准值×100%）线柱图

南川区

南川区科技创新水平指数为 49.50%，在全市排名第 21 位，与上年相比位次上升 2 位。

南川区科技创新环境指数为 53.25%，排在全市第 17 位，与上年相比位次上升 4 位。其中，基础条件指数为 53.59%，排在全市第 19 位，与上年相比位次上升 2 位。科技意识指数为 52.48%，排在全市第 2 位，与上年相比位次上升 16 位。三级指标中，表现较为突出的指标为每名 R&D 人员研发仪器和设备支出，其为 2.62 万元，排在全市第 10 位，与上年相比位次上升 21 位。有 R&D 活动的企业占比为 59.29%，排在全市第 1 位，与上年相比位次上升 15 位。存在不足的指标为科学研究和技术服务业法人单位数，其为 328 家，排在全市第 29 位，与上年相比位次下降 4 位。

南川区科技创新投入指数为 53.39%，排在全市第 18 位，与上年相比位次上升 2 位。其中，人力投入指数为 51.06%，排在全市第 20 位，与上年相比位次上升 1 位。财力投入指数为 54.61%，排在全市第 16 位，与上年相比位次上升 6 位。三级指标中，表现较为突出的指标为规模以上工业企业 R&D 研究人员占比，其为 57.09%，排在全市第 20 位，与上年相比位次上升 4 位。南川区无企业技术获取和技术改造经费支出，企业技术获取和技术改造经费支出占主营业务收入比重排在全市第 34 位，与上年相比位次下降 15 位。

南川区科技创新产出指数为 28.47%，排在全市第 22 位，与上年相比位次上升 1 位。其中，知识产出指数为 14.38%，排在全市第 24 位，与上年相比位次下降 1 位。效益产出指数为 41.15%，排在全市第 20 位，与上年位次持平。三级指标中，表现较为突出的指标为规模以上工业企业新产品销售收入占主营业务收入比重，其为 19.82%，排在全市第 16 位，与上年相比位次上升 11 位。南川区无技术合同成交额，技术合同成交额与 GDP 比值排在全市第 30 位，与上年相比位次下降 3 位。

南川区高新技术产业化指数为 55.91%，排在全市第 27 位，与上年相比位次下降 2 位。其中，产业化水平指数为 58.17%，排在全市第 25 位，与上年相比位次上升 1 位。产业化效益指数为 52.14%，排在全市第 26 位，与上年相比位次下降 7 位。三级指标中，表现较为突出的指标为高新技术产品出口额占商品出口额比重，其为 100.00%，排在全市第 1 位，与上年相比位次上升 10 位。南川区高新技术企业利润总额处于亏损状态，高新技术企业利润率排在全市第 33 位，与上年相比位次下降 20 位。高新技术产品销售收入占主营业务收入比重为 57.39%，排在全市第 34 位，与上年相比位次下降 16 位。

南川区科技促进经济发展指数为 61.10%，排在全市第 29 位，与上年相比位次上升 2 位。其中，发展方式转变指数为 57.25%，排在全市第 21 位，与上年相比位次上升 6 位。环境改善指数为 64.56%，排在全市第 33 位，与上年相比位次不变。三级指标中，表现较为突出的指标为工业企业全员劳动生产率，其为 524 221.37 元/人年，排在全市第 11 位，与上年相比位次上升 6 位。环境空气质量指数为 61.59%，排在全市第 1 位，与上年相比位次不变。存在不足的指标为万元地区生产总值用水量，其为 35.20 立方米，排在全市第 33 位，与上年相比位次不变。

具体情况如表 3-19、图 3-55、图 3-56、图 3-57 所示。

表 3-19　南川区各级指标监测值、指数值和位次与上年比较情况

序号	指标名称	单位	监测值		指数值/%		位次	
			2022 年	2021 年	2022 年	2021 年	2022 年	2021 年
科技创新环境					53.25	39.88	17	21
基础条件					53.59	37.62	19	21
1	万人 R&D 人员数	人年	27.33	22.87	54.66	45.74	18	19
2	科学研究和技术服务业法人单位数	家	328	364	32.80	36.40	29	25
3	研发平台数	家	111	76	100.00	76.00	1	12
4	每名 R&D 人员研发仪器和设备支出	万元	2.62	1.11	43.74	18.52	10	31
5	知识价值信用贷款每家企业贷款规模	万元	218.87	198.57	43.77	39.71	6	8
6	万人累计孵化企业数	家	0.35	0.07	35.01	6.99	19	22
科技意识					52.48	44.99	2	18
7	开展创新活动的企业占比	%	45.67	42.64	45.67	42.64	11	19
8	有 R&D 活动的企业占比	%	59.29	47.33	59.29	47.33	1	16
科技创新投入					53.39	44.62	18	20
人力投入					51.06	51.62	20	21
9	万人 R&D 研究人员数	人年	9.14	7.97	22.85	19.92	18	20
10	规模以上工业企业 R&D 研究人员占比	%	57.09	44.96	81.55	64.22	20	24
财力投入					54.61	40.94	16	22
11	R&D 经费支出与 GDP 比值	%	1.70	1.37	65.29	52.55	18	18
12	地方财政科技支出占财政一般预算支出的比重	%	1.08	1.05	21.52	20.96	20	21
13	规模以上工业企业创新费用支出占主营业务收入比重	%	2.78	1.54	92.82	51.37	18	20
14	规模以上工业企业 R&D 经费支出占主营业务收入比重	%	2.13	1.59	85.07	63.41	15	11
15	企业技术获取和技术改造经费支出占主营业务收入比重	%	0.00	0.09	0.18	3.69	34	19
科技创新产出					28.47	23.81	22	23
知识产出					14.38	14.55	24	23
16	万名 R&D 人员发表科技论文数	篇	352.11	593.70	10.06	16.96	18	18
17	万人有效发明专利拥有量	件	4.03	3.44	26.87	22.94	22	21
18	万人高价值发明专利拥有量	件	0.63	0.51	5.25	4.25	26	27
效益产出					41.15	32.14	20	20
19	规模以上工业企业新产品销售收入占主营业务收入比重	%	19.82	8.14	49.55	20.36	16	27
20	技术合同成交额与 GDP 比值	%	0.00	0.00	0.05	0.10	30	27
21	规模以上工业企业战略性新兴产业增加值占 GDP 比重	%	5.82	6.06	92.40	96.11	16	15
22	数字经济核心产业增加值占 GDP 比重	%	2.11	1.02	21.13	10.16	31	34
高新技术产业化					55.91	56.46	27	25
产业化水平					58.17	51.46	25	26
23	每万家企业法人中高新技术企业数	家	43.76	26.51	31.25	18.93	23	26
24	万人高新技术企业从业人员数	人	85.15	68.10	21.29	17.02	24	24
25	高新技术企业营业收入占工业主营业务收入比重	%	21.96	14.98	73.20	49.95	25	26
26	高新技术产品出口额占商品出口额比重	%	100.00	78.18	100.00	97.72	1	11
27	高新技术产品销售收入占主营业务收入比重	%	57.39	74.59	63.77	82.88	34	18
产业化效益					52.14	64.81	26	19
28	高新技术企业劳动生产率	万元/人	116.55	94.12	97.13	78.44	16	22
29	高新技术企业利润率	%	0.00	7.35	0.00	49.02	33	13
科技促进经济发展					61.10	57.24	29	31
发展方式转变					57.25	52.92	21	27
30	人均 GDP	万元	7.37	7.14	61.38	59.47	24	24
31	工业企业全员劳动生产率	元/人年	524 221.37	452 362.17	52.42	45.24	11	17
环境改善					64.56	61.13	33	33
32	万元主营业务收入能耗	吨标准煤	0.48	0.75	17.53	11.40	30	32
33	万元地区生产总值用水量	立方米	35.20	37.90	71.02	65.96	33	33
34	环境空气质量指数	%	61.59	60.84	100.00	100.00	1	1
综合指数					49.50	43.14	21	23

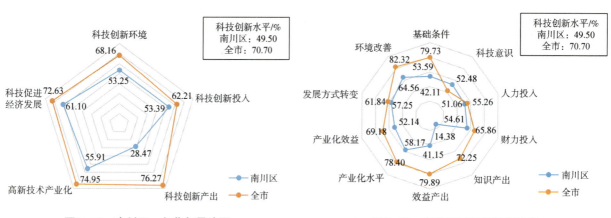

图 3-55　南川区一级指标雷达图　　　　　图 3-56　南川区二级指标雷达图

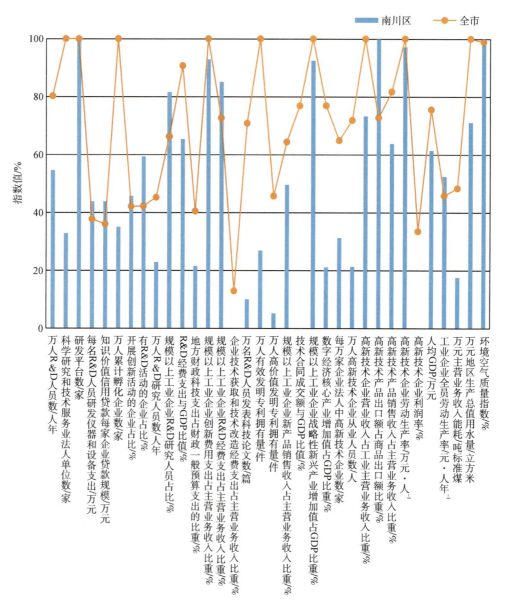

图 3-57　南川区三级指标指数值（监测值/标准值×100%）线柱图

潼南区

潼南区科技创新水平指数为 54.32%，在全市排名第 19 位，与上年相比位次上升 1 位。

潼南区科技创新环境指数为 45.67%，排在全市第 20 位，与上年相比位次下降 1 位。其中，基础条件指数为 42.48%，排在全市第 21 位，与上年相比位次下降 2 位。科技意识指数为 52.86%，排在全市第 1 位，与上年相比位次上升 21 位。三级指标中，表现较为突出的指标为有 R&D 活动的企业占比，其为 56.52%，排在全市第 2 位，与上年相比位次上升 20 位。开展创新活动的企业占比为 49.19%，排在全市第 5 位，与上年相比位次上升 9 位。存在不足的指标为每名 R&D 人员研发仪器和设备支出，其为 0.62 万元，排在全市第 33 位，与上年相比位次下降 10 位。

潼南区科技创新投入指数为 60.59%，排在全市第 12 位，与上年相比位次上升 9 位。其中，人力投入指数为 57.70%，排在全市第 16 位，与上年相比位次上升 13 位。财力投入指数为 62.12%，排在全市第 12 位，与上年相比位次上升 8 位。三级指标中，表现较为突出的指标为规模以上工业企业 R&D 研究人员占比，其为 82.02%，排在全市第 1 位，与上年相比位次上升 24 位。规模以上工业企业 R&D 经费支出占主营业务收入比重为 6.20%，排在全市第 1 位，与上年相比位次上升 22 位。存在不足的指标为企业技术获取和技术改造经费支出占主营业务收入比重，其为 0.05%，排在全市第 28 位，与上年相比位次下降 3 位。

潼南区科技创新产出指数为 33.72%，排在全市第 19 位，与上年相比位次上升 1 位。其中，知识产出指数为 20.06%，排在全市第 20 位，与上年相比位次上升 1 位。效益产出指数为 46.02%，排在全市第 17 位，与上年相比位次上升 4 位。三级指标中，表现较为突出的指标为规模以上工业企业新产品销售收入占主营业务收入比重，其为 20.02%，排在全市第 15 位，与上年相比位次上升 8 位。存在不足的指标为规模以上工业企业战略性新兴产业增加值占 GDP 比重，其为 2.33%，排在全市第 22 位，与上年相比位次下降 1 位。

潼南区高新技术产业化指数为 71.26%，排在全市第 19 位，与上年相比位次上升 2 位。其中，产业化水平指数为 70.30%，排在全市第 19 位，与上年相比位次上升 2 位。产业化效益指数为 72.87%，排在全市第 11 位，与上年相比位次上升 5 位。三级指标中，表现较为突出的指标为高新技术企业营业收入占工业主营业务收入比重，其为 55.84%，排在全市第 1 位，与上年相比位次上升 21 位。高新技术产品出口额占商品出口额比重为 81.43%，排在全市第 1 位，与上年相比位次上升 11 位。存在不足的指标为高新技术企业劳动生产率，其为 104.61 万元/人，排在全市第 20 位，与上年相比位次下降 4 位。

潼南区科技促进经济发展指数为 67.09%，排在全市第 23 位，与上年相比位次下降 5 位。其中，发展方式转变指数为 62.75%，排在全市第 14 位，与上年相比位次上升 7 位。环境改善指数为 70.99%，排在全市第 26 位，与上年相比位次下降 8 位。三级指标中，表现较为突出的指标为工业企业全员劳动生产率，其为 567 454.26 元/人年，排在全市第 9 位，与上年相比位次上升 5 位。存在不足的指标为万元主营业务收入能耗，其为 0.39 吨标准煤，排在全市第 29 位，与上年相比位次下降 10 位。

具体情况如表 3-20、图 3-58、图 3-59、图 3-60 所示。

表 3-20　潼南区各级指标监测值、指数值和位次与上年比较情况

序号	指标名称	单位	监测值		指数值/%		位次	
			2022 年	2021 年	2022 年	2021 年	2022年	2021年
	科技创新环境				**45.67**	**42.14**	**20**	**19**
	基础条件				42.48	41.27	21	19
1	万人 R&D 人员数	人年	25.90	20.37	51.80	40.75	19	20
2	科学研究和技术服务业法人单位数	家	768	466	76.80	46.60	11	17
3	研发平台数	家	18	38	18.00	38.00	30	22
4	每名 R&D 人员研发仪器和设备支出	万元	0.62	1.47	10.36	24.50	33	23
5	知识价值信用贷款每家企业贷款规模	万元	151.14	136.00	30.23	27.20	24	29
6	万人累计孵化企业数	家	0.63	0.61	63.13	61.04	13	13
	科技意识				52.86	44.10	1	22
7	开展创新活动的企业占比	%	49.19	46.57	49.19	46.57	5	14
8	有 R&D 活动的企业占比	%	56.52	41.62	56.52	41.62	2	22
	科技创新投入				**60.59**	**42.76**	**12**	**21**
	人力投入				57.70	45.18	16	29
9	万人 R&D 研究人员数	人年	7.43	6.82	18.57	17.04	21	21
10	规模以上工业企业 R&D 研究人员占比	%	82.02	43.07	100.00	61.53	1	25
	财力投入				62.12	41.49	12	20
11	R&D 经费支出与 GDP 比值	%	1.50	1.12	57.87	42.92	19	19
12	地方财政科技支出占财政一般预算支出的比重	%	2.35	2.83	46.97	56.66	5	3
13	规模以上工业企业创新费用支出占主营业务收入比重	%	7.25	1.67	100.00	55.76	1	18
14	规模以上工业企业 R&D 经费支出占主营业务收入比重	%	6.20	1.13	100.00	45.10	1	23
15	企业技术获取和技术改造经费支出占主营业务收入比重	%	0.05	0.04	1.93	1.51	28	25
	科技创新产出				**33.72**	**25.31**	**19**	**20**
	知识产出				20.06	18.35	20	21
16	万名 R&D 人员发表科技论文数	篇	0.00	4.91	0.00	0.14	29	33
17	万人有效发明专利拥有量	件	6.79	6.35	45.27	42.34	17	17
18	万人高价值发明专利拥有量	件	1.26	1.03	10.52	8.58	18	19
	效益产出				46.02	31.56	17	21
19	规模以上工业企业新产品销售收入占主营业务收入比重	%	20.02	12.28	50.06	30.70	15	23
20	技术合同成交额与 GDP 比值	%	0.08	0.01	3.37	0.21	19	25
21	规模以上工业企业战略性新兴产业增加值占 GDP 比重	%	2.33	3.03	37.05	48.08	22	21
22	数字经济核心产业增加值占 GDP 比重	%	8.12	4.08	81.16	40.82	9	14
	高新技术产业化				**71.26**	**62.30**	**19**	**21**
	产业化水平				70.30	59.12	19	21
23	每万家企业法人中高新技术企业数	家	52.47	46.37	37.48	33.12	22	22
24	万人高新技术企业从业人员数	人	99.97	110.41	24.99	27.60	20	20
25	高新技术企业营业收入占工业主营业务收入比重	%	55.84	18.13	100.00	60.44	1	22
26	高新技术产品出口额占商品出口额比重	%	81.43	76.23	100.00	95.28	1	12
27	高新技术产品销售收入占主营业务收入比重	%	80.55	77.71	89.50	86.34	12	14
	产业化效益				72.87	67.63	11	16
28	高新技术企业劳动生产率	万元/人	104.61	104.97	87.18	87.47	20	16
29	高新技术企业利润率	%	8.44	6.69	56.29	44.63	10	17
	科技促进经济发展				**67.09**	**72.40**	**23**	**18**
	发展方式转变				62.75	57.74	14	21
30	人均 GDP	万元	8.14	7.84	67.87	65.32	17	16
31	工业企业全员劳动生产率	元/人年	567 454.26	488 631.08	56.75	48.86	9	14
	环境改善				70.99	85.57	26	18
32	万元主营业务收入能耗	吨标准煤	0.39	0.13	21.89	67.80	29	19
33	万元地区生产总值用水量	立方米	27.90	28.79	89.61	86.84	24	22
34	环境空气质量指数	%	59.81	59.86	99.69	99.77	19	18
	综合指数				**54.32**	**46.99**	**19**	**20**

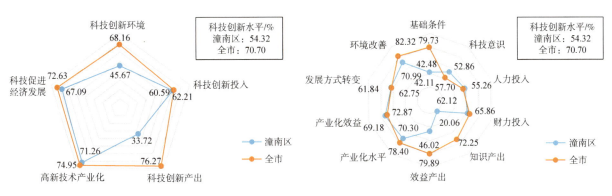

图 3-58 潼南区一级指标雷达图　　　　　　图 3-59 潼南区二级指标雷达图

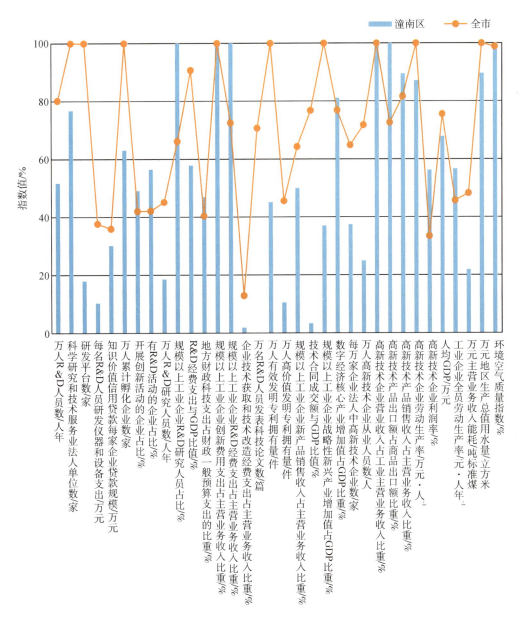

图 3-60 潼南区三级指标指数值（监测值/标准值×100%）线柱图

铜梁区

铜梁区科技创新水平指数为 62.73%，在全市排名第 15 位，与上年相比位次上升 1 位。

铜梁区科技创新环境指数为 54.55%，排在全市第 15 位，与上年相比位次下降 1 位。其中，基础条件指数为 56.64%，排在全市第 16 位，与上年相比位次下降 2 位。科技意识指数为 49.83%，排在全市第 5 位，与上年相比位次上升 1 位。三级指标中，表现较为突出的指标为开展创新活动的企业占比，其为 47.86%，排在全市第 6 位，与上年相比位次上升 4 位。存在不足的指标为万人 R&D 人员数，其为 47.91 人年，排在全市第 13 位，与上年相比位次下降 12 位。每名 R&D 人员研发仪器和设备支出为 1.18 万元，排在全市第 25 位，与上年相比位次下降 5 位。

铜梁区科技创新投入指数为 65.96%，排在全市第 11 位，与上年相比位次上升 3 位。其中，人力投入指数为 65.81%，排在全市第 11 位，与上年相比位次上升 11 位。财力投入指数为 66.03%，排在全市第 11 位，与上年相比位次下降 1 位。三级指标中，表现较为突出的指标为规模以上工业企业 R&D 研究人员占比，其为 75.35%，排在全市第 1 位，与上年相比位次上升 11 位。万人 R&D 研究人员数为 13.68 人年，排在全市第 14 位，与上年相比位次上升 2 位。存在不足的指标为规模以上工业企业创新费用支出占主营业务收入比重，其为 2.67%，排在全市第 19 位，与上年相比位次下降 12 位。

铜梁区科技创新产出指数为 38.55%，排在全市第 17 位，与上年相比位次上升 1 位。其中，知识产出指数为 26.68%，排在全市第 18 位，与上年相比位次上升 1 位。效益产出指数为 49.24%，排在全市第 15 位，与上年相比位次上升 2 位。三级指标中，表现较为突出的指标为规模以上工业企业新产品销售收入占主营业务收入比重，其为 24.01%，排在全市第 13 位，与上年相比位次上升 7 位。存在不足的指标为规模以上工业企业战略性新兴产业增加值占 GDP 比重，其为 3.95%，排在全市第 19 位，与上年相比位次下降 2 位。

铜梁区高新技术产业化指数为 81.14%，排在全市第 8 位，与上年相比位次上升 4 位。其中，产业化水平指数为 95.29%，排在全市第 1 位，与上年相比位次上升 3 位。产业化效益指数为 57.47%，排在全市第 24 位，与上年相比位次下降 1 位。三级指标中，表现较为突出的指标为高新技术企业营业收入占工业主营业务收入比重，其为 32.37%，排在全市第 1 位，与上年相比位次上升 15 位。存在不足的指标为高新技术企业劳动生产率，其为 92.00 万元/人，排在全市第 25 位，与上年相比位次下降 2 位。

铜梁区科技促进经济发展指数为 82.40%，排在全市第 7 位，与上年相比位次上升 2 位。其中，发展方式转变指数为 65.82%，排在全市第 13 位，与上年相比位次上升 3 位。环境改善指数为 97.30%，排在全市第 6 位，与上年相比位次下降 2 位。三级指标中，表现较为突出的指标为万元主营业务收入能耗，其为 0.08 吨标准煤，排在全市第 1 位，与上年相比位次上升 11 位。万元地区生产总值用水量为 22.80 立方米，排在全市第 1 位，与上年位次持平。存在不足的指标为环境空气质量指数，其为 55.87%，排在全市第 28 位，与上年相比位次下降 3 位。

具体情况如表 3-21、图 3-61、图 3-62、图 3-63 所示。

表 3-21　铜梁区各级指标监测值、指数值和位次与上年比较情况

序号	指标名称	单位	监测值		指数值/%		位次	
			2022 年	2021 年	2022 年	2021 年	2022年	2021年
	科技创新环境				54.55	55.88	15	14
	基础条件				56.64	58.36	16	14
1	万人 R&D 人员数	人年	47.91	57.42	95.81	100.00	13	1
2	科学研究和技术服务业法人单位数	家	282	259	28.20	25.90	30	30
3	研发平台数	家	162	107	100.00	100.00	1	1
4	每名 R&D 人员研发仪器和设备支出	万元	1.18	1.61	19.61	26.78	25	20
5	知识价值信用贷款每家企业贷款规模	万元	193.40	196.00	38.68	39.20	10	10
6	万人累计孵化企业数	家	0.32	0.32	31.98	32.08	20	16
	科技意识				49.83	50.29	5	6
7	开展创新活动的企业占比	%	47.86	48.05	47.86	48.05	6	10
8	有 R&D 活动的企业占比	%	51.79	52.52	51.79	52.52	8	8
	科技创新投入				65.96	53.29	11	14
	人力投入				65.81	50.48	11	22
9	万人 R&D 研究人员数	人年	13.68	13.83	34.19	34.56	14	16
10	规模以上工业企业 R&D 研究人员占比	%	75.35	64.98	100.00	92.83	1	12
	财力投入				66.03	54.77	11	10
11	R&D 经费支出与 GDP 比值	%	2.39	2.04	91.79	78.38	12	14
12	地方财政科技支出占财政一般预算支出的比重	%	1.68	1.22	33.52	24.44	11	18
13	规模以上工业企业创新费用支出占主营业务收入比重	%	2.67	2.43	88.94	81.14	19	7
14	规模以上工业企业 R&D 经费支出占主营业务收入比重	%	2.29	1.80	91.49	72.11	12	10
15	企业技术获取和技术改造经费支出占主营业务收入比重	%	0.08	0.05	3.35	1.91	26	24
	科技创新产出				38.55	33.53	17	18
	知识产出				26.68	23.66	18	19
16	万名 R&D 人员发表科技论文数	篇	212.85	122.33	6.08	3.50	22	27
17	万人有效发明专利拥有量	件	7.69	6.80	51.27	45.31	16	16
18	万人高价值发明专利拥有量	件	2.18	2.13	18.17	17.75	14	13
	效益产出				49.24	42.42	15	17
19	规模以上工业企业新产品销售收入占主营业务收入比重	%	24.01	17.71	60.01	44.27	13	20
20	技术合同成交额与 GDP 比值	%	0.16	0.09	6.39	3.42	15	18
21	规模以上工业企业战略性新兴产业增加值占 GDP 比重	%	3.95	3.82	62.64	60.69	19	17
22	数字经济核心产业增加值占 GDP 比重	%	6.06	5.36	60.57	53.64	12	11
	高新技术产业化				81.14	74.65	8	12
	产业化水平				95.29	85.40	1	4
23	每万家企业法人中高新技术企业数	家	136.09	109.39	97.20	78.14	5	6
24	万人高新技术企业从业人员数	人	372.03	320.62	93.01	80.16	10	10
25	高新技术企业营业收入占工业主营业务收入比重	%	32.37	28.45	100.00	94.82	1	16
26	高新技术产品出口额占商品出口额比重	%	78.02	74.18	97.52	92.72	14	15
27	高新技术产品销售收入占主营业务收入比重	%	76.09	70.30	84.54	78.11	17	20
	产业化效益				57.47	56.67	24	23
28	高新技术企业劳动生产率	万元/人	92.00	89.27	76.67	74.39	25	23
29	高新技术企业利润率	%	5.28	5.42	35.23	36.14	17	22
	科技促进经济发展				82.40	80.86	7	9
	发展方式转变				65.82	62.17	13	16
30	人均 GDP	万元	10.65	10.27	88.77	85.62	8	8
31	工业企业全员劳动生产率	元/人年	389 368.16	347 058.19	38.94	34.71	26	30
	环境改善				97.30	97.64	6	4
32	万元主营业务收入能耗	吨标准煤	0.08	0.09	100.00	98.29	1	12
33	万元地区生产总值用水量	立方米	22.80	22.38	100.00	100.00	1	1
34	环境空气质量指数	%	55.87	57.27	93.11	95.45	28	25
	综合指数				62.73	57.79	15	16

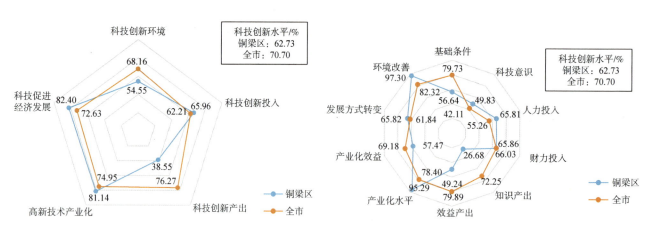

图 3-61 铜梁区一级指标雷达图

图 3-62 铜梁区二级指标雷达图

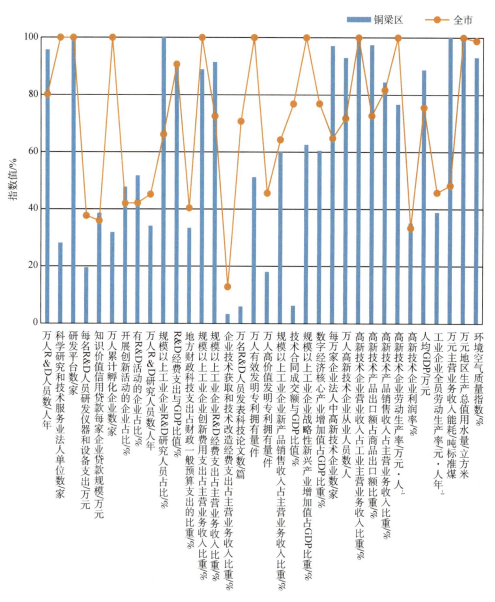

图 3-63 铜梁区三级指标指数值（监测值/标准值×100%）线柱图

荣昌区

荣昌区科技创新水平指数为 70.90%，在全市排名第 9 位，与上年相比位次上升 3 位。

荣昌区科技创新环境指数为 67.54%，排在全市第 5 位，与上年相比位次上升 2 位。其中，基础条件指数为 77.59%，排在全市第 6 位，与上年相比位次上升 2 位。科技意识指数为 44.89%，排在全市第 11 位，与上年相比位次下降 2 位。三级指标中，表现较为突出的指标为研发平台数，其为 167 家，排在全市第 1 位，与上年相比位次不变。万人累计孵化企业数为 2.57 家，排在全市第 1 位，与上年相比位次不变。每名 R&D 人员研发仪器和设备支出为 2.14 万元，排在全市第 13 位，与上年相比位次上升 16 位。存在不足的指标为有 R&D 活动的企业占比，其为 39.49%，排在全市第 20 位，与上年相比位次下降 1 位。

荣昌区科技创新投入指数为 67.70%，排在全市第 9 位，与上年相比位次上升 6 位。其中，人力投入指数为 68.15%，排在全市第 9 位，与上年相比位次上升 3 位。财力投入指数为 67.46%，排在全市第 9 位，与上年相比位次上升 8 位。三级指标中，表现较为突出的指标为规模以上工业企业 R&D 经费支出占主营业务收入比重，其为 3.33%，排在全市第 1 位，与上年相比位次上升 25 位。规模以上工业企业创新费用支出占主营业务收入比重为 4.50%，排在全市第 1 位，与上年相比位次上升 21 位。存在不足的指标为企业技术获取和技术改造经费支出占主营业务收入比重，其为 0.07%，排在全市第 27 位，与上年相比位次下降 1 位。

荣昌区科技创新产出指数为 50.45%，排在全市第 14 位，与上年相比位次上升 1 位。其中，知识产出指数为 38.56%，排在全市第 16 位，与上年相比位次不变。效益产出指数为 61.15%，排在全市第 11 位，与上年相比位次上升 3 位。三级指标中，表现较为突出的指标为规模以上工业企业战略性新兴产业增加值占 GDP 比重，其为 7.77%，排在全市第 1 位，与上年相比位次不变。规模以上工业企业新产品销售收入占主营业务收入比重为 53.30%，排在全市第 1 位，与上年相比位次上升 13 位。存在不足的指标为数字经济核心产业增加值占 GDP 比重，其为 3.54%，排在全市第 21 位，与上年相比位次下降 4 位。

荣昌区高新技术产业化指数为 91.26%，排在全市第 1 位，与上年相比位次上升 3 位。其中，产业化水平指数为 93.22%，排在全市第 2 位，与上年相比位次上升 3 位。产业化效益指数为 87.99%，排在全市第 3 位，与上年相比位次上升 1 位。三级指标中，表现较为突出的指标为高新技术产品出口额占商品出口额比重，其为 89.38%，排在全市第 1 位，与上年相比位次不变。高新技术企业营业收入占工业主营业务收入比重为 65.68%，排在全市第 1 位，与上年相比位次上升 18 位。存在不足的指标为高新技术产品销售收入占主营业务收入比重，其为70.35%，排在全市第26位，与上年相比位次下降7位。

荣昌区科技促进经济发展指数为84.09%，排在全市第6位，与上年相比位次下降2位。其中，发展方式转变指数为73.58%，排在全市第6位，与上年相比位次不变。环境改善指数为93.54%，排在全市第14位，与上年相比位次下降2位。三级指标中，表现较为突出的指标为人均GDP，其为12.22万元，万元地区生产总值用水量为14.30立方米，以上指标均排在全市第1位，与上年相比位次不变。存在不足的指标为万元主营业务收入能耗，其为0.09吨标准煤，排在全市第15位，与上年相比位次下降14位。

具体情况如表3-22、图3-64、图3-65、图3-66所示。

表3-22　荣昌区各级指标监测值、指数值和位次与上年比较情况

序号	指标名称	单位	监测值		指数值/%		位次	
			2022年	2021年	2022年	2021年	2022年	2021年
	科技创新环境				67.54	65.33	5	7
	基础条件				77.59	72.47	6	8
1	万人R&D人员数	人年	43.91	40.06	87.81	80.12	14	15
2	科学研究和技术服务业法人单位数	家	716	659	71.60	65.90	13	13
3	研发平台数	家	167	128	100.00	100.00	1	1
4	每名R&D人员研发仪器和设备支出	万元	2.14	1.14	35.63	18.92	13	29
5	知识价值信用贷款每家企业贷款规模	万元	206.33	197.75	41.27	39.55	7	9
6	万人累计孵化企业数	家	2.57	2.36	100.00	100.00	1	1
	科技意识				44.89	49.24	11	9
7	开展创新活动的企业占比	%	50.30	53.72	50.30	53.72	3	3
8	有R&D活动的企业占比	%	39.49	44.77	39.49	44.77	20	19
	科技创新投入				67.70	52.89	9	15
	人力投入				68.15	70.18	9	12
9	万人R&D研究人员数	人年	15.48	14.95	38.70	37.37	13	13
10	规模以上工业企业R&D研究人员占比	%	72.44	70.00	100.00	100.00	1	1
	财力投入				67.46	43.79	9	17
11	R&D经费支出与GDP比值	%	2.19	1.83	84.18	70.54	14	16
12	地方财政科技支出占财政一般预算支出的比重	%	1.76	1.79	35.13	35.84	10	7
13	规模以上工业企业创新费用支出占主营业务收入比重	%	4.50	1.36	100.00	45.45	1	22
14	规模以上工业企业R&D经费支出占主营业务收入比重	%	3.33	1.12	100.00	44.74	1	26
15	企业技术获取和技术改造经费支出占主营业务收入比重	%	0.07	0.03	2.75	1.38	27	26

表3-22（续）

序号	指标名称	单位	监测值		指数值/%		位次	
			2022年	2021年	2022年	2021年	2022年	2021年
	科技创新产出				50.45	43.83	14	15
	知识产出				38.56	35.13	16	16
16	万名R&D人员发表科技论文数	篇	369.94	315.50	10.57	9.01	16	22
17	万人有效发明专利拥有量	件	10.99	10.04	73.27	66.97	14	13
18	万人高价值发明专利拥有量	件	3.08	2.84	25.70	23.67	13	11
	效益产出				61.15	51.66	11	14
19	规模以上工业企业新产品销售收入占主营业务收入比重	%	53.30	21.90	100.00	54.75	1	14
20	技术合同成交额与GDP比值	%	0.26	0.41	10.44	16.39	13	11
21	规模以上工业企业战略性新兴产业增加值占GDP比重	%	7.77	6.91	100.00	100.00	1	1
22	数字经济核心产业增加值占GDP比重	%	3.54	3.39	35.44	33.93	21	17
	高新技术产业化				91.26	84.79	1	4
	产业化水平				93.22	84.80	2	5
23	每万家企业法人中高新技术企业数	家	125.02	106.72	89.30	76.23	9	8
24	万人高新技术企业从业人员数	人	375.76	358.65	93.94	89.66	9	9
25	高新技术企业营业收入占工业主营业务收入比重	%	65.68	23.69	100.00	78.96	1	19
26	高新技术产品出口额占商品出口额比重	%	89.38	92.98	100.00	100.00	1	1
27	高新技术产品销售收入占主营业务收入比重	%	70.35	72.03	78.17	80.03	26	19
	产业化效益				87.99	84.78	3	4
28	高新技术企业劳动生产率	万元/人	114.90	102.50	95.75	85.42	17	17
29	高新技术企业利润率	%	11.85	12.61	78.99	84.04	3	4
	科技促进经济发展				84.09	84.62	6	4
	发展方式转变				73.58	72.92	6	6
30	人均GDP	万元	12.22	12.16	100.00	100.00	1	1
31	工业企业全员劳动生产率	元/人年	426 399.39	412 057.34	42.64	41.21	23	24
	环境改善				93.54	95.13	14	12
32	万元主营业务收入能耗	吨标准煤	0.09	0.05	91.91	100.00	15	1
33	万元地区生产总值用水量	立方米	14.30	14.01	100.00	100.00	1	1
34	环境空气质量指数	%	54.24	52.55	90.39	87.59	33	36
	综合指数				70.90	64.67	9	12

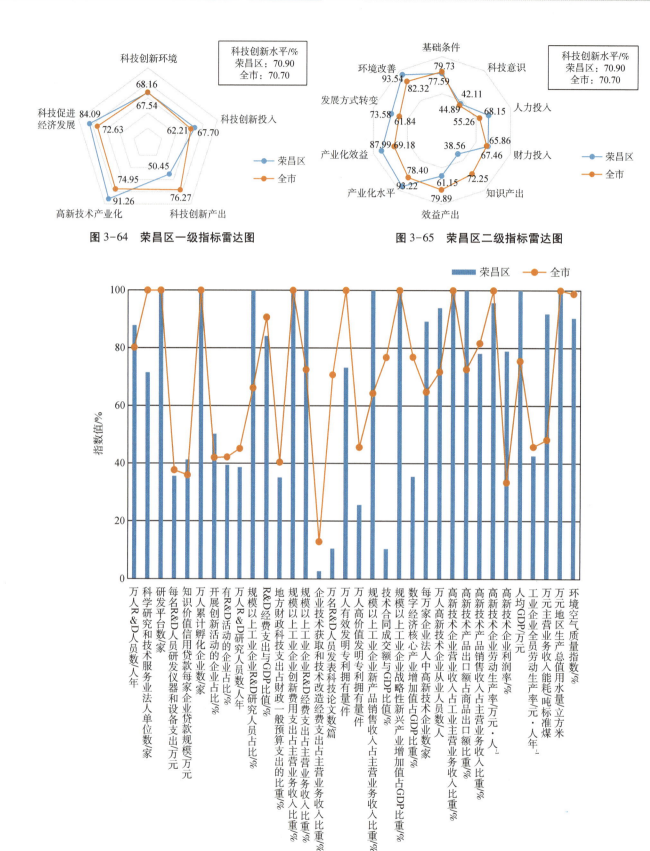

图 3-64　荣昌区一级指标雷达图　　　　图 3-65　荣昌区二级指标雷达图

图 3-66　荣昌区三级指标指数值（监测值/标准值×100%）线柱图

璧山区

璧山区科技创新水平指数为 71.79%，在全市排名第 7 位，与上年相比位次上升 1 位。

璧山区科技创新环境指数为 66.04%，排在全市第 6 位，与上年相比位次上升 5 位。其中，基础条件指数为 72.79%，排在全市第 10 位，与上年相比位次上升 1 位。科技意识指数为 50.85%，排在全市第 3 位，与上年相比位次不变。三级指标中，表现较为突出的指标为万人 R&D 人员数，其为 74.35 人年，排在全市第 1 位，与上年相比位次不变。研发平台数为 172 家，排在全市第 1 位，与上年相比位次不变。存在不足的指标为科学研究和技术服务业法人单位数，其为 615 家，排在全市第 16 位。

璧山区科技创新投入指数为 72.82%，排在全市第 3 位，与上年相比位次上升 2 位。其中，人力投入指数为 78.25%，排在全市第 4 位，与上年相比位次上升 3 位。财力投入指数为 69.97%，排在全市第 6 位，与上年相比位次下降 1 位。三级指标中，表现较为突出的指标为规模以上工业企业 R&D 研究人员占比，其为 86.36%，R&D 经费支出与 GDP 比值为 2.82%，以上指标均排在全市第 1 位，与上年位次持平。存在不足的指标为规模以上工业企业创新费用支出占主营业务收入比重，其为 2.80%，排在全市第 17 位，与上年相比位次下降 12 位。规模以上工业企业 R&D 经费支出占主营业务收入比重为 2.14%，排在全市第 14 位，与上年相比位次下降 13 位。

璧山区科技创新产出指数为 58.86%，排在全市第 9 位，与上年相比位次不变。其中，知识产出指数为 52.60%，排在全市第 12 位，与上年相比位次上升 2 位。效益产出指数为 64.49%，排在全市第 9 位，与上年相比位次下降 1 位。三级指标中，表现较为突出的指标为万人有效发明专利拥有量，其为 16.38 件，排在全市第 1 位，与上年相比位次上升 10 位。规模以上工业企业战略性新兴产业增加值占 GDP 比重为 12.93%，排在全市第 1 位，与上年相比位次不变。存在不足的指标为规模以上工业企业新产品销售收入占主营业务收入比重，其为 24.82%，排在全市第 12 位，与上年相比位次下降 8 位。

璧山区高新技术产业化指数为 84.00%，排在全市第 6 位，与上年相比位次下降 3 位。其中，产业化水平指数为 93.16%，排在全市第 3 位，与上年相比位次下降 2 位。产业化效益指数为 68.67%，排在全市第 13 位，与上年相比位次上升 5 位。三级指标中，表现较为突出的指标为每万家企业法人中高新技术企业数，其为 214.62 家，万人高新技术企业从业人员数为 675.86 人、高新技术企业营业收入占工业主营业务收入比重为 44.91%，以上指标均排在全市第 1 位，与上年相比位次不变。存在不足的指标为高新技术企业劳动生产率，其为 97.36 万元/人，排在全市第 22 位，与上年相比位次下降 4 位。

璧山区科技促进经济发展指数为 82.31%，排在全市第 8 位，与上年相比位次不变。其中，发展方式转变指数为 68.61%，排在全市第 11 位，与上年相比位次不变。环境改善指数为 94.62%，排在全市第 12 位，与上年相比位次下降 1 位。三级指标中，表现较为突出的指标为人均 GDP，其为 12.11 万元，排在全市第 1 位，与上年相比位次上升 5 位。存在不足的指标为环境空气质量指数，其为 51.77%，排在全市第 38 位，与上年相比位次下降 4 位。

具体情况如表 3-23、图 3-67、图 3-68、图 3-69 所示。

表 3-23 璧山区各级指标监测值、指数值和位次与上年比较情况

序号	指标名称	单位	监测值		指数值/%		位次	
			2022 年	2021 年	2022 年	2021 年	2022 年	2021 年
	科技创新环境				**66.04**	**59.31**	**6**	**11**
	基础条件				72.79	62.67	10	11
1	万人 R&D 人员数	人年	74.35	84.78	100.00	100.00	1	1
2	科学研究和技术服务业法人单位数	家	615	464	61.50	46.40	16	19
3	研发平台数	家	172	163	100.00	100.00	1	1
4	每名 R&D 人员研发仪器和设备支出	万元	3.28	2.28	54.67	38.04	4	9
5	知识价值信用贷款每家企业贷款规模	万元	221.95	264.13	44.39	52.83	4	1
6	万人累计孵化企业数	家	0.55	0.24	55.05	23.81	14	19
	科技意识				50.85	51.76	3	3
7	开展创新活动的企业占比	%	50.20	51.11	50.20	51.11	4	6
8	有 R&D 活动的企业占比	%	51.50	52.40	51.50	52.40	9	9
	科技创新投入				**72.82**	**73.12**	**3**	**5**
	人力投入				78.25	77.21	4	7
9	万人 R&D 研究人员数	人年	23.25	24.84	58.13	62.10	11	8
10	规模以上工业企业 R&D 研究人员占比	%	86.36	82.64	100.00	100.00	1	1
	财力投入				69.97	70.96	6	5
11	R&D 经费支出与 GDP 比值	%	2.82	3.10	100.00	100.00	1	1
12	地方财政科技支出占财政一般预算支出的比重	%	2.12	1.78	42.33	35.52	6	8
13	规模以上工业企业创新费用支出占主营业务收入比重	%	2.80	2.71	93.39	90.36	17	5
14	规模以上工业企业 R&D 经费支出占主营业务收入比重	%	2.14	2.58	85.51	100.00	14	1
15	企业技术获取和技术改造经费支出占主营业务收入比重	%	0.17	0.10	6.82	3.88	14	17
	科技创新产出				**58.86**	**59.93**	**9**	**9**
	知识产出				52.60	42.05	12	14
16	万名 R&D 人员发表科技论文数	篇	116.14	205.72	3.32	5.88	24	23
17	万人有效发明专利拥有量	件	16.38	13.40	100.00	89.33	1	11
18	万人高价值发明专利拥有量	件	5.24	2.76	43.69	23.00	9	12
	效益产出				64.49	76.02	9	8
19	规模以上工业企业新产品销售收入占主营业务收入比重	%	24.82	34.65	62.04	86.62	12	4
20	技术合同成交额与 GDP 比值	%	0.41	0.14	16.32	5.76	9	16
21	规模以上工业企业战略性新兴产业增加值占 GDP 比重	%	12.93	8.71	100.00	100.00	1	1
22	数字经济核心产业增加值占 GDP 比重	%	7.10	9.83	71.01	98.27	11	8
	高新技术产业化				**84.00**	**85.09**	**6**	**3**
	产业化水平				93.16	95.82	3	1
23	每万家企业法人中高新技术企业数	家	214.62	197.35	100.00	100.00	1	1
24	万人高新技术企业从业人员数	人	675.86	586.97	100.00	100.00	1	1
25	高新技术企业营业收入占工业主营业务收入比重	%	44.91	47.32	100.00	100.00	1	1
26	高新技术产品出口额占商品出口额比重	%	64.61	73.39	80.76	91.74	20	16
27	高新技术产品销售收入占主营业务收入比重	%	72.44	74.82	80.49	83.13	21	17
	产业化效益				68.67	67.14	13	18
28	高新技术企业劳动生产率	万元/人	97.36	100.27	81.14	83.56	22	18
29	高新技术企业利润率	%	8.13	7.22	54.21	48.12	11	15
	科技促进经济发展				**82.31**	**81.13**	**8**	**8**
	发展方式转变				68.61	65.29	11	11
30	人均 GDP	万元	12.11	11.57	100.00	96.40	1	6
31	工业企业全员劳动生产率	元/人年	318 443.52	288 511.34	31.84	28.85	35	35
	环境改善				94.62	95.37	12	11
32	万元主营业务收入能耗	吨标准煤	0.04	0.05	100.00	100.00	1	1
33	万元地区生产总值用水量	立方米	14.20	14.11	100.00	100.00	1	1
34	环境空气质量指数	%	51.77	52.92	86.28	88.20	38	34
	综合指数				**71.79**	**70.60**	**7**	**8**

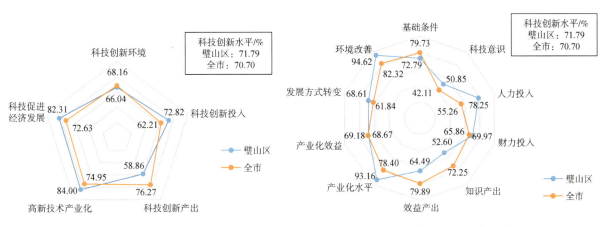

图 3-67　璧山区一级指标雷达图　　　　　图 3-68　璧山区二级指标雷达图

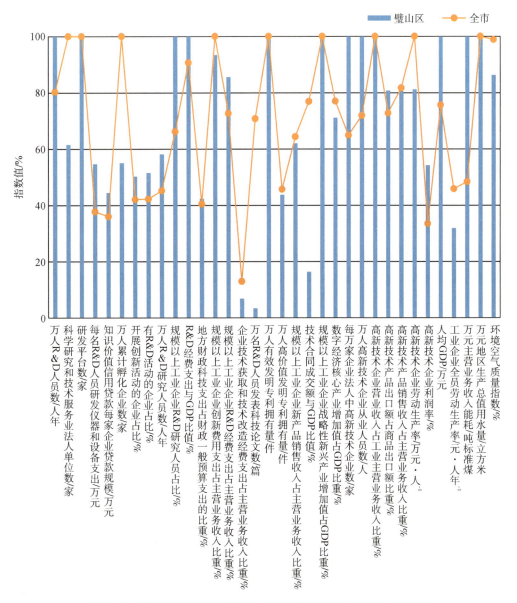

图 3-69　璧山区三级指标指数值（监测值／标准值×100%）线柱图

梁平区

梁平区科技创新水平指数为45.86%，在全市排名第22位，与上年相比位次不变。

梁平区科技创新环境指数为33.74%，排在全市第23位，与上年相比位次不变。其中，基础条件指数为31.79%，排在全市第23位，与上年相比位次上升1位。科技意识指数为38.12%，排在全市第23位，与上年相比位次下降8位。三级指标中，表现较为突出的指标为万人累计孵化企业数，其为0.40家，排在全市第18位。存在不足的指标为有R&D活动的企业占比，其为41.54%，排在全市第17位，与上年相比位次下降11位。每名R&D人员研发仪器和设备支出为1.18万元，排在全市第24位，与上年相比位次下降8位。

梁平区科技创新投入指数为49.76%，排在全市第19位，与上年相比位次上升3位。其中，人力投入指数为53.65%，排在全市第18位，与上年相比位次不变。财力投入指数为47.71%，排在全市第20位，与上年相比位次上升3位。三级指标中，表现较为突出的指标为规模以上工业企业R&D经费支出占主营业务收入比重，其为2.56%，排在全市第1位，与上年相比位次上升11位。规模以上工业企业创新费用支出占主营业务收入比重为3.66%，排在全市第1位，与上年相比位次上升7位。存在不足的指标为企业技术获取和技术改造经费支出占主营业务收入比重，其为0.01%，排在全市第31位。

梁平区科技创新产出指数为23.52%，排在全市第25位，与上年相比位次上升1位。其中，知识产出指数为8.55%，排在全市第28位，与上年相比位次上升2位。效益产出指数为37.00%，排在全市第21位，与上年相比位次上升2位。三级指标中，表现较为突出的指标为规模以上工业企业新产品销售收入占主营业务收入比重，其为26.39%，排在全市第11位，与上年相比位次上升10位。存在不足的指标为技术合同成交额与GDP比值，其为0.01%，排在全市第26位，与上年相比位次下降3位。

梁平区高新技术产业化指数为56.39%，排在全市第26位，与上年相比位次不变。其中，产业化水平指数为64.53%，排在全市第21位，与上年相比位次上升3位。产业化效益指数为42.79%，排在全市第30位，与上年相比位次不变。三级指标中，表现较为突出的指标为高新技术产品出口额占商品出口额比重，其为67.39%，排在全市第19位，与上年相比位次上升2位。存在不足的指标为高新技术企业劳动生产率，其为73.69万元/人，排在全市第30位，与上年相比位次下降3位。

梁平区科技促进经济发展指数为78.36%，排在全市第13位，与上年相比位次上升1位。其中，发展方式转变指数为71.25%，排在全市第8位，与上年相比位次上升5位。环境改善指数为84.74%，排在全市第17位，与上年相比位次下降1位。三级指标中，表现较为突出的指标为环境空气质量指数，其为63.46%，排在全市第1位，与上年相比位次不变。工业企业全员劳动生产率为672 569.46元/人年，排在全市第6位，与上年相比位次上升5位。存在不足的指标为万元地区生产总值用水量，其为27.30立方米，排在全市第23位，与上年相比位次不变。

具体情况如表3-24、图3-70、图3-71、图3-72所示。

表 3-24 梁平区各级指标监测值、指数值和位次与上年比较情况

序号	指标名称	单位	监测值		指数值/%		位次	
			2022 年	2021 年	2022 年	2021 年	2022年	2021年
	科技创新环境				33.74	38.42	23	23
	基础条件				31.79	34.88	23	24
1	万人 R&D 人员数	人年	13.09	15.73	26.19	31.46	23	22
2	科学研究和技术服务业法人单位数	家	175	172	17.50	17.20	35	36
3	研发平台数	家	48	52	48.00	52.00	20	19
4	每名 R&D 人员研发仪器和设备支出	万元	1.18	1.92	19.65	31.97	24	16
5	知识价值信用贷款每家企业贷款规模	万元	164.41	181.48	32.88	36.30	21	17
6	万人累计孵化企业数	家	0.40	0.36	40.44	35.64	18	15
	科技意识				38.12	46.40	23	15
7	开展创新活动的企业占比	%	34.69	39.46	34.69	39.46	27	29
8	有 R&D 活动的企业占比	%	41.54	53.33	41.54	53.33	17	6
	科技创新投入				49.76	41.67	19	22
	人力投入				53.65	52.73	18	18
9	万人 R&D 研究人员数	人年	4.31	4.54	10.77	11.35	24	23
10	规模以上工业企业 R&D 研究人员占比	%	83.03	86.01	100.00	100.00	1	1
	财力投入				47.71	35.84	20	23
11	R&D 经费支出与 GDP 比值	%	0.82	0.81	31.58	31.21	22	21
12	地方财政科技支出占财政一般预算支出的比重	%	0.69	0.68	13.77	13.63	27	25
13	规模以上工业企业创新费用支出占主营业务收入比重	%	3.66	2.27	100.00	75.61	1	8
14	规模以上工业企业 R&D 经费支出占主营业务收入比重	%	2.56	1.55	100.00	62.17	1	12
15	企业技术获取和技术改造经费支出占主营业务收入比重	%	0.01	0.01	0.59	0.44	31	32
	科技创新产出				23.52	18.45	25	26
	知识产出				8.55	7.69	28	30
16	万名 R&D 人员发表科技论文数	篇	0.00	0.00	0.00	0.00	29	34
17	万人有效发明专利拥有量	件	2.77	2.49	18.47	16.63	27	27
18	万人高价值发明专利拥有量	件	0.64	0.57	5.31	4.75	25	26
	效益产出				37.00	28.14	21	23
19	规模以上工业企业新产品销售收入占主营业务收入比重	%	26.39	15.03	65.96	37.57	11	21
20	技术合同成交额与 GDP 比值	%	0.01	0.02	0.52	0.78	26	23
21	规模以上工业企业战略性新兴产业增加值占 GDP 比重	%	2.27	2.29	36.07	36.42	23	22
22	数字经济核心产业增加值占 GDP 比重	%	4.21	3.37	42.07	33.68	17	18
	高新技术产业化				56.39	53.04	26	26
	产业化水平				64.53	55.61	21	24
23	每万家企业法人中高新技术企业数	家	91.23	86.61	65.16	61.86	16	14
24	万人高新技术企业从业人员数	人	85.75	87.26	21.44	21.82	23	22
25	高新技术企业营业收入占工业主营业务收入比重	%	23.63	15.53	78.76	51.78	23	25
26	高新技术产品出口额占商品出口额比重	%	67.39	61.23	84.23	76.54	19	21
27	高新技术产品销售收入占主营业务收入比重	%	60.30	58.15	67.01	64.61	32	34
	产业化效益				42.79	48.72	30	30
28	高新技术企业劳动生产率	万元/人	73.69	74.71	61.40	62.26	30	27
29	高新技术企业利润率	%	3.18	4.96	21.21	33.04	25	27
	科技促进经济发展				78.36	76.96	13	14
	发展方式转变				71.25	63.91	8	13
30	人均 GDP	万元	8.96	8.51	74.66	70.95	13	14
31	工业企业全员劳动生产率	元/人年	672 569.46	556 515.99	67.26	55.65	6	11
	环境改善				84.74	88.68	17	16
32	万元主营业务收入能耗	吨标准煤	0.14	0.11	61.14	78.40	19	16
33	万元地区生产总值用水量	立方米	27.30	29.42	91.58	84.98	23	23
34	环境空气质量指数	%	63.46	61.70	100.00	100.00	1	1
	综合指数				45.86	43.26	22	22

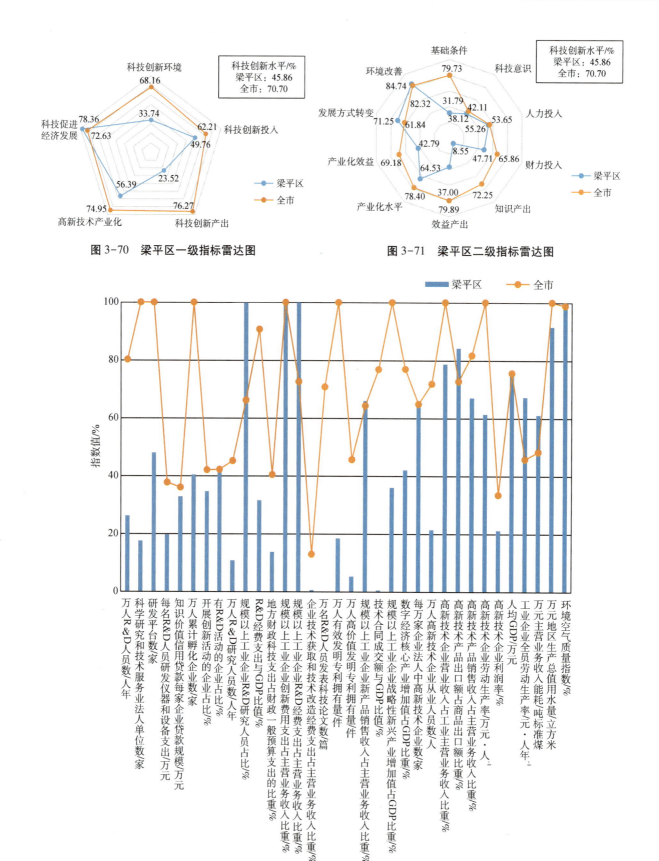

图 3-70　梁平区一级指标雷达图　　　　**图 3-71　梁平区二级指标雷达图**

图 3-72　梁平区三级指标指数值（监测值/标准值×100%）线柱图

城口县

城口县科技创新水平指数为 22.14%，在全市排名第 37 位，与上年相比位次上升 1 位。

城口县科技创新环境指数为 24.63%，排在全市第 30 位，与上年相比位次上升 8 位。其中，基础条件指数为 24.93%，排在全市第 28 位，与上年相比位次上升 7 位。科技意识指数为 23.95%，排在全市第 37 位，与上年相比位次上升 1 位。三级指标中，表现较为突出的指标为每名 R&D 人员研发仪器和设备支出，其为 8.29 万元，排在全市第 1 位，与上年相比位次上升 5 位。开展创新活动的企业占比为 41.67%，排在全市第 20 位，与上年相比位次上升 5 位。存在不足的指标为有 R&D 活动的企业占比，其为 6.25%，排在全市第 38 位。

城口县科技创新投入指数为 7.68%，排在全市第 38 位，与上年相比位次不变。其中，人力投入指数为 8.72%，排在全市第 37 位，与上年相比位次上升 1 位。财力投入指数为 7.14%，排在全市第 38 位，与上年相比位次不变。三级指标中，表现较为突出的指标为 R&D 经费支出与 GDP 比值，其为 0.52%，排在全市第 26 位，与上年相比位次上升 6 位。万人 R&D 研究人员数为 2.57 人年，排在全市第 30 位，与上年相比位次上升 5 位。存在不足的指标中，城口县无企业技术获取和技术改造经费支出，企业技术获取和技术改造经费支出占主营业务收入比重排在全市第 35 位，与上年相比位次下降 2 位。

城口县科技创新产出指数为 8.87%，排在全市第 34 位，与上年相比位次上升 2 位。其中，知识产出指数为 2.36%，排在全市第 35 位，与上年相比位次上升 2 位。效益产出指数为 14.73%，排在全市第 33 位，与上年相比位次不变。三级指标中，表现较为突出的指标为数字经济核心产业增加值占 GDP 比重，其为 3.65%，排在全市第 19 位，与上年相比位次上升 7 位。存在不足的指标为规模以上工业企业战略性新兴产业增加值占 GDP 比重，其为 0.92%，排在全市第 31 位，与上年相比位次下降 2 位。万人高价值发明专利拥有量为 0.10 件，排在全市第 35 位，与上年相比位次下降 2 位。

城口县高新技术产业化指数为 21.26%，排在全市第 36 位，与上年相比位次上升 2 位。其中，产业化水平指数为 20.92%，排在全市第 34 位，与上年相比位次上升 4 位。产业化效益指数为 21.82%，排在全市第 37 位，与上年相比位次下降 1 位。三级指标中，表现较为突出的指标为高新技术产品销售收入占主营业务收入比重，其为 79.40%，排在全市第 13 位，与上年相比位次上升 23 位。存在不足的指标为高新技术企业利润率，其为 1.51%，排在全市第 31 位，与上年相比位次下降 3 位。

城口县科技促进经济发展指数为 59.53%，排在全市第 31 位，与上年相比位次上升 6 位。其中，发展方式转变指数为 31.90%，排在全市第 37 位，与上年相比位次下降 1 位。环境改善指数为 84.35%，排在全市第 18 位，与上年相比位次上升 19 位。三级指标中，表现较为突出的指标为万元主营业务收入能耗，其为 0.08 吨标准煤，排在全市第 1 位，与上年相比位次上升 27 位。环境空气质量指数为 69.08%，排在全市第 1 位，与上年相比位次不变。存在不足的指标为工业企业全员劳动生产率，其为 366 081.13 元/人年，排在全市第 31 位，与上年相比位次下降 9 位。

具体情况如表 3-25、图 3-73、图 3-74、图 3-75 所示。

表 3-25 城口县各级指标监测值、指数值和位次与上年比较情况

序号	指标名称	单位	监测值 2022 年	监测值 2021 年	指数值/% 2022 年	指数值/% 2021 年	位次 2022年	位次 2021年
	科技创新环境				**24.63**	**13.84**	**30**	**38**
	基础条件				24.93	11.01	28	35
1	万人 R&D 人员数	人年	3.48	2.33	6.95	4.66	35	37
2	科学研究和技术服务业法人单位数	家	66	83	6.60	8.30	38	38
3	研发平台数	家	1	1	1.00	1.00	37	37
4	每名 R&D 人员研发仪器和设备支出	万元	8.29	2.60	100.00	43.33	1	6
5	知识价值信用贷款每家企业贷款规模	万元	95.24	100.00	19.05	20.00	34	34
6	万人累计孵化企业数	家	0.25	0.00	25.19	0.00	23	24
	科技意识				23.95	20.23	37	38
7	开展创新活动的企业占比	%	41.67	40.48	41.67	40.48	20	25
8	有 R&D 活动的企业占比	%	6.25	0.00	6.25	0.00	38	38
	科技创新投入				**7.68**	**3.56**	**38**	**38**
	人力投入				8.72	1.32	37	38
9	万人 R&D 研究人员数	人年	2.57	1.32	6.42	3.29	30	35
10	规模以上工业企业 R&D 研究人员占比	%	7.84	0.00	11.20	0.00	37	38
	财力投入				7.14	4.75	38	38
11	R&D 经费支出与 GDP 比值	%	0.52	0.37	20.02	14.26	26	32
12	地方财政科技支出占财政一般预算支出的比重	%	0.16	0.16	3.22	3.20	38	37
13	规模以上工业企业创新费用支出占主营业务收入比重	%	0.00	0.00	0.00	0.00	38	38
14	规模以上工业企业 R&D 经费支出占主营业务收入比重	%	0.08	0.00	3.28	0.00	38	38
15	企业技术获取和技术改造经费支出占主营业务收入比重	%	0.00	0.00	0.00	0.00	35	33
	科技创新产出				**8.87**	**5.58**	**34**	**36**
	知识产出				2.36	1.88	35	37
16	万名 R&D 人员发表科技论文数	篇	0.00	0.00	0.00	0.00	29	34
17	万人有效发明专利拥有量	件	0.86	0.66	5.73	4.39	35	35
18	万人高价值发明专利拥有量	件	0.10	0.10	0.84	0.83	35	33
	效益产出				14.73	8.92	33	33
19	规模以上工业企业新产品销售收入占主营业务收入比重	%	0.00	0.00	0.00	0.00	37	37
20	技术合同成交额与 GDP 比值	%	0.00	0.00	0.00	0.00	31	31
21	规模以上工业企业战略性新兴产业增加值占 GDP 比重	%	0.92	1.00	14.64	15.81	31	29
22	数字经济核心产业增加值占 GDP 比重	%	3.65	1.63	36.53	16.28	19	26
	高新技术产业化				**21.26**	**16.69**	**36**	**38**
	产业化水平				20.92	10.80	34	38
23	每万家企业法人中高新技术企业数	家	16.78	6.47	11.98	4.62	30	36
24	万人高新技术企业从业人员数	人	10.93	5.37	2.73	1.34	34	36
25	高新技术企业营业收入占工业主营业务收入比重	%	6.08	2.10	20.27	6.99	36	37
26	高新技术产品出口额占商品出口额比重	%	0.00	0.00	0.00	0.00	30	31
27	高新技术产品销售收入占主营业务收入比重	%	79.40	48.25	88.23	53.61	13	36
	产业化效益				21.82	26.55	37	36
28	高新技术企业劳动生产率	万元/人	38.36	26.82	31.97	22.35	37	38
29	高新技术企业利润率	%	1.51	4.71	10.06	31.41	31	28
	科技促进经济发展				**59.53**	**45.21**	**31**	**37**
	发展方式转变				31.90	33.06	37	36
30	人均 GDP	万元	3.34	3.07	27.87	25.58	37	38
31	工业企业全员劳动生产率	元/人年	366 081.13	418 252.50	36.61	41.83	31	22
	环境改善				84.35	56.11	18	37
32	万元主营业务收入能耗	吨标准煤	0.08	0.40	100.00	21.01	1	28
33	万元地区生产总值用水量	立方米	58.20	69.45	42.96	36.00	37	37
34	环境空气质量指数	%	69.08	67.77	100.00	100.00	1	1
	综合指数				**22.14**	**15.08**	**37**	**38**

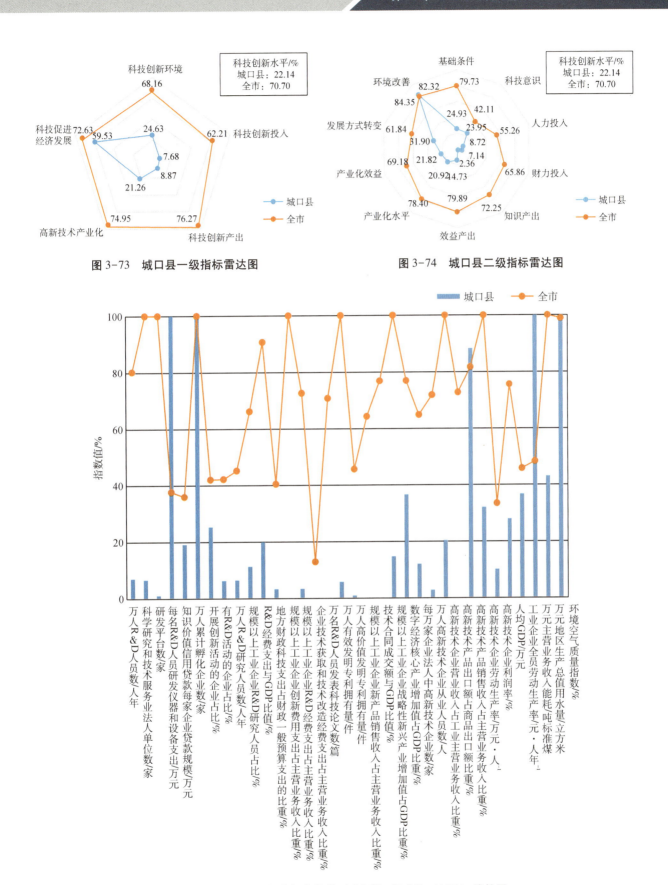

图 3-73 城口县一级指标雷达图

图 3-74 城口县二级指标雷达图

图 3-75 城口县三级指标指数值（监测值/标准值×100%）线柱图

丰都县

丰都县科技创新水平指数为 24.10%，在全市排名第 34 位，与上年相比位次上升 1 位。

丰都县科技创新环境指数为 20.91%，排在全市第 33 位，与上年相比位次下降 1 位。其中，基础条件指数为 15.80%，排在全市第 34 位，与上年相比位次下降 2 位。科技意识指数为 32.43%，排在全市第 30 位，与上年相比位次下降 4 位。三级指标中，表现较为突出的指标为开展创新活动的企业占比，其为 42.92%，排在全市第 16 位，与上年相比位次上升 11 位。存在不足的指标为有 R&D 活动的企业占比，其为 21.95%，排在全市第 34 位，与上年相比位次下降 8 位。

丰都县科技创新投入指数为 21.47%，排在全市第 34 位，与上年相比位次下降 3 位。其中，人力投入指数为 22.90%，排在全市第 33 位，与上年相比位次下降 3 位。财力投入指数为 20.72%，排在全市第 34 位，与上年相比位次不变。三级指标中，表现较为突出的指标为规模以上工业企业 R&D 经费支出占主营业务收入比重，其为 0.88%，排在全市第 32 位，与上年相比位次上升 2 位。存在不足的指标为规模以上工业企业 R&D 研究人员占比，其为 27.03%，排在全市第 29 位，与上年相比位次下降 7 位。

丰都县科技创新产出指数为 7.20%，排在全市第 35 位，与上年相比位次下降 2 位。其中，知识产出指数为 3.95%，排在全市第 32 位，与上年相比位次上升 1 位。效益产出指数为 10.13%，排在全市第 36 位，与上年相比位次下降 8 位。三级指标中，存在不足的指标为数字经济核心产业增加值占 GDP 比重，其为 2.03%，排在全市第 33 位，与上年相比位次下降 12 位。

丰都县高新技术产业化指数为 23.57%，排在全市第 35 位，与上年相比位次上升 2 位。其中，产业化水平指数为 18.92%，排在全市第 37 位，与上年相比位次下降 2 位。产业化效益指数为 31.35%，排在全市第 33 位，与上年相比位次上升 4 位。三级指标中，表现较为突出的指标为高新技术企业利润率，其为 2.78%，排在全市第 27 位，与上年相比位次上升 9 位。存在不足的指标为高新技术产品销售收入占主营业务收入比重，其为 56.87%，排在全市第 35 位，与上年相比位次下降 2 位。

丰都县科技促进经济发展指数为 58.54%，排在全市第 32 位，与上年相比位次下降 5 位。其中，发展方式转变指数为 54.98%，排在全市第 25 位，与上年相比位次下降 6 位。环境改善指数为 61.74%，排在全市第 34 位，与上年相比位次下降 2 位。三级指标中，表现较为突出的指标为环境空气质量指数，其为 62.28%，排在全市第 1 位，与上年相比位次保持不变。存在不足的指标为工业企业全员劳动生产率，其为 505 246.64 元/人年，排在全市第 15 位，与上年相比位次下降 7 位。

具体情况如表 3-26、图 3-76、图 3-77、图 3-78 所示。

表 3-26　丰都县各级指标监测值、指数值和位次与上年比较情况

序号	指标名称	单位	监测值		指数值/%		位次	
			2022 年	2021 年	2022 年	2021 年	2022 年	2021 年
	科技创新环境				20.91	23.10	33	32
	基础条件				15.80	15.75	34	32
1	万人 R&D 人员数	人年	6.38	6.10	12.77	12.20	30	29
2	科学研究和技术服务业法人单位数	家	221	195	22.10	19.50	33	33
3	研发平台数	家	23	23	23.00	23.00	28	27
4	每名 R&D 人员研发仪器和设备支出	万元	1.05	1.34	17.46	22.28	26	24
5	知识价值信用贷款每家企业贷款规模	万元	125.00	127.78	25.00	25.56	32	32
6	万人累计孵化企业数	家	0.02	0.00	1.81	0.00	27	24
	科技意识				32.43	39.65	30	26
7	开展创新活动的企业占比	%	42.92	40.28	42.92	40.28	16	27
8	有 R&D 活动的企业占比	%	21.95	39.02	21.95	39.02	34	26
	科技创新投入				21.47	26.25	34	31
	人力投入				22.90	44.35	33	30
9	万人 R&D 研究人员数	人年	3.35	2.37	8.36	5.92	27	28
10	规模以上工业企业 R&D 研究人员占比	%	27.03	47.73	38.61	68.18	29	22
	财力投入				20.72	16.72	34	34
11	R&D 经费支出与 GDP 比值	%	0.36	0.36	13.96	13.94	34	34
12	地方财政科技支出占财政一般预算支出的比重	%	0.29	0.17	5.81	3.46	35	36
13	规模以上工业企业创新费用支出占主营业务收入比重	%	1.71	1.21	56.92	40.38	31	27
14	规模以上工业企业 R&D 经费支出占主营业务收入比重	%	0.88	0.72	35.03	28.86	32	34
15	企业技术获取和技术改造经费支出占主营业务收入比重	%	0.01	0.02	0.28	0.82	32	29
	科技创新产出				7.20	8.88	35	33
	知识产出				3.95	3.79	32	33
16	万名 R&D 人员发表科技论文数	篇	0.00	72.64	0.00	2.08	29	28
17	万人有效发明专利拥有量	件	1.42	1.11	9.47	7.42	31	30
18	万人高价值发明专利拥有量	件	0.18	0.18	1.51	1.50	32	30
	效益产出				10.13	13.46	36	28
19	规模以上工业企业新产品销售收入占主营业务收入比重	%	2.19	4.94	5.48	12.36	35	31
20	技术合同成交额与 GDP 比值	%	0.00	0.00	0.00	0.00	31	31
21	规模以上工业企业战略性新兴产业增加值占 GDP 比重	%	0.69	0.89	10.91	14.08	32	30
22	数字经济核心产业增加值占 GDP 比重	%	2.03	2.34	20.28	23.43	33	21
	高新技术产业化				23.57	18.74	35	37
	产业化水平				18.92	16.98	37	35
23	每万家企业法人中高新技术企业数	家	18.48	14.01	13.20	10.01	29	30
24	万人高新技术企业从业人员数	人	26.22	23.90	6.56	5.97	30	31
25	高新技术企业营业收入占工业主营业务收入比重	%	6.97	5.07	23.23	16.90	34	34
26	高新技术产品出口额占商品出口额比重	%	0.00	0.00	0.00	0.00	30	31
27	高新技术产品销售收入占主营业务收入比重	%	56.87	59.19	63.19	65.76	35	33
	产业化效益				31.35	21.70	33	37
28	高新技术企业劳动生产率	万元/人	50.90	46.36	42.42	38.63	35	37
29	高新技术企业利润率	%	2.78	0.31	18.53	2.07	27	36
	科技促进经济发展				58.54	60.30	32	27
	发展方式转变				54.98	58.77	25	19
30	人均 GDP	万元	7.05	6.74	58.79	56.13	28	28
31	工业企业全员劳动生产率	元/人年	505 246.64	618 666.20	50.52	61.87	15	8
	环境改善				61.74	61.68	34	32
32	万元主营业务收入能耗	吨标准煤	1.25	0.89	6.83	9.55	37	36
33	万元地区生产总值用水量	立方米	33.90	35.61	73.75	70.20	31	31
34	环境空气质量指数	%	62.28	60.07	100.00	100.00	1	1
	综合指数				24.10	25.28	34	35

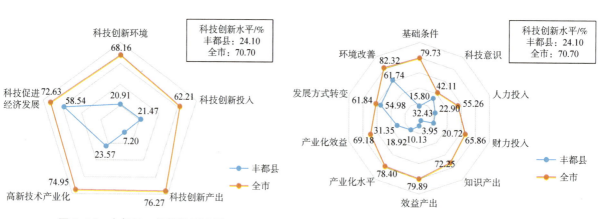

图 3-76　丰都县一级指标雷达图　　　　　图 3-77　丰都县二级指标雷达图

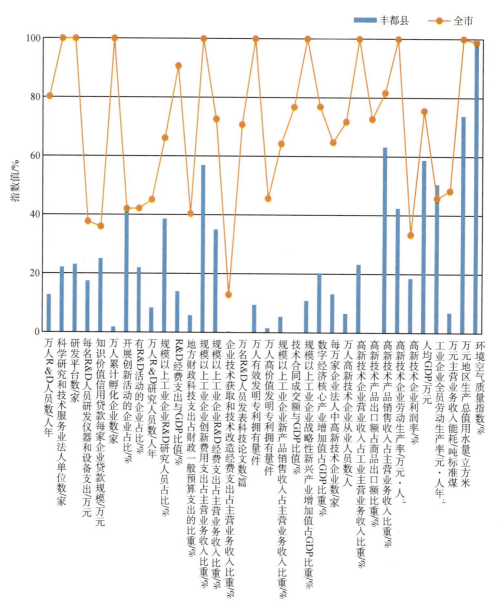

图 3-78　丰都县三级指标指数值（监测值/标准值×100%）线柱图

垫江县

垫江县科技创新水平指数为41.39%，在全市排名第25位，与上年相比位次保持不变。

垫江县科技创新环境指数为29.90%，排在全市第28位，与上年相比位次下降3位。其中，基础条件指数为24.03%，排在全市第30位，与上年相比位次下降4位。科技意识指数为43.12%，排在全市第15位，与上年相比位次下降7位。三级指标中，表现较为突出的指标为每名R&D人员研发仪器和设备支出，其为0.83万元，排在全市第30位，与上年相比位次上升4位。存在不足的指标为万人R&D人员数，其为12.01人年，排在全市第24位，与上年相比位次下降3位。研发平台数为30家，排在全市第26位，与上年相比位次下降3位。

垫江县科技创新投入指数为37.93%，排在全市第26位，与上年相比位次下降2位。其中，人力投入指数为52.71%，排在全市第19位，与上年相比位次下降4位。财力投入指数为30.15%，排在全市第28位，与上年相比位次下降4位。三级指标中，表现较为突出的指标为企业技术获取和技术改造经费支出占主营业务收入比重，其为0.15%，排在全市第16位，与上年相比位次上升14位。规模以上工业企业R&D研究人员占比为83.19%，排在全市第1位，与上年相比位次上升9位。存在不足的指标为规模以上工业企业R&D经费支出占主营业务收入比重，其为1.07%，排在全市第26位，与上年相比位次下降7位。

垫江县科技创新产出指数为16.99%，排在全市第28位，与上年相比位次不变。其中，知识产出指数为10.06%，排在全市第26位，与上年相比位次上升1位。效益产出指数为23.23%，排在全市第27位，与上年相比位次下降1位。三级指标中，表现较为突出的指标为数字经济核心产业增加值占GDP比重，其为2.31%，排在全市第29位，与上年相比位次上升9位。存在不足的指标为规模以上工业企业新产品销售收入占主营业务收入比重，其为21.24%，排在全市第14位，与上年相比位次下降1位。规模以上工业企业战略性新兴产业增加值占GDP比重为1.02%，排在全市第30位。

垫江县高新技术产业化指数为64.92%，排在全市第23位，与上年相比位次保持不变。其中，产业化水平指数为52.48%，排在全市第27位，与上年相比位次上升1位。产业化效益指数为85.73%，排在全市第5位，与上年相比位次上升6位。三级指标中，表现较为突出的指标为高新技术企业利润率，其为14.30%，排在全市第2位，与上年相比位次上升3位。高新技术产品销售收入占主营业务收入比重为87.92%，排在全市第6位，与上年相比位次上升3位。存在不足的指标为高新技术企业营业收入占工业主营业务收入比重，其为27.15%，排在全市第21位，与上年相比位次下降4位。

垫江县科技促进经济发展指数为69.18%，排在全市第21位，与上年相比位次上升3位。其中，发展方式转变指数为58.86%，排在全市第18位，与上年相比位次上升7位。环境改善指数为78.45%，排在全市第20位，与上年相比位次上升2位。三级指标中，表现较为突出的指标为环境空气质量指数，其为63.17%，排在全市第1位，与上年相比位次上升18位。存在不足的指标为万元地区生产总值用水量，其为32.20立方米，排在全市第28位。

具体情况如表3-27、图3-79、图3-80、图3-81所示。

表 3-27　垫江县各级指标监测值、指数值和位次与上年比较情况

序号	指标名称	单位	监测值		指数值/%		位次	
			2022 年	2021 年	2022 年	2021 年	2022 年	2021 年
	科技创新环境				**29.90**	**32.56**	**28**	**25**
	基础条件				24.03	24.79	30	26
1	万人 R&D 人员数	人年	12.01	16.35	24.02	32.70	24	21
2	科学研究和技术服务业法人单位数	家	529	441	52.90	44.10	19	20
3	研发平台数	家	30	37	30.00	37.00	26	23
4	每名 R&D 人员研发仪器和设备支出	万元	0.83	0.74	13.79	12.40	30	34
5	知识价值信用贷款每家企业贷款规模	万元	136.67	136.11	27.33	27.22	29	28
6	万人累计孵化企业数	家	0.05	0.00	4.64	0.00	26	24
	科技意识				43.12	50.05	15	8
7	开展创新活动的企业占比	%	50.63	58.15	50.63	58.15	2	1
8	有 R&D 活动的企业占比	%	35.62	41.96	35.62	41.96	25	21
	科技创新投入				**37.93**	**40.46**	**26**	**24**
	人力投入				52.71	60.61	19	15
9	万人 R&D 研究人员数	人年	3.59	4.47	8.98	11.18	26	24
10	规模以上工业企业 R&D 研究人员占比	%	83.19	68.38	100.00	97.69	1	10
	财力投入				30.15	29.85	28	24
11	R&D 经费支出与 GDP 比值	%	0.50	0.65	19.18	25.05	28	24
12	地方财政科技支出占财政一般预算支出的比重	%	1.26	1.27	25.27	25.44	19	15
13	规模以上工业企业创新费用支出占主营业务收入比重	%	2.02	1.31	67.17	43.68	27	24
14	规模以上工业企业 R&D 经费支出占主营业务收入比重	%	1.07	1.30	42.84	51.81	26	19
15	企业技术获取和技术改造经费支出占主营业务收入比重	%	0.15	0.02	6.18	0.80	16	30
	科技创新产出				**16.99**	**13.60**	**28**	**28**
	知识产出				10.06	8.81	26	27
16	万名 R&D 人员发表科技论文数	篇	45.13	23.78	1.29	0.68	26	31
17	万人有效发明专利拥有量	件	3.00	2.66	20.00	17.72	26	26
18	万人高价值发明专利拥有量	件	0.84	0.75	6.96	6.25	22	22
	效益产出				23.23	17.91	27	26
19	规模以上工业企业新产品销售收入占主营业务收入比重	%	21.24	23.00	53.09	57.49	14	13
20	技术合同成交额与 GDP 比值	%	0.00	0.00	0.12	0.06	29	29
21	规模以上工业企业战略性新兴产业增加值占 GDP 比重	%	1.02	0.63	16.26	10.05	30	32
22	数字经济核心产业增加值占 GDP 比重	%	2.31	0.74	23.10	7.41	29	38
	高新技术产业化				**64.92**	**57.41**	**23**	**23**
	产业化水平				52.48	48.70	27	28
23	每万家企业法人中高新技术企业数	家	42.52	33.31	30.37	23.79	24	25
24	万人高新技术企业从业人员数	人	97.40	92.52	24.35	23.13	21	21
25	高新技术企业营业收入占工业主营业务收入比重	%	27.15	25.73	90.49	85.77	21	17
26	高新技术产品出口额占商品出口额比重	%	21.75	20.74	27.19	25.93	29	30
27	高新技术产品销售收入占主营业务收入比重	%	87.92	83.77	97.69	93.08	6	9
	产业化效益				85.73	71.97	5	11
28	高新技术企业劳动生产率	万元/人	92.94	82.91	77.45	69.09	24	26
29	高新技术企业利润率	%	14.30	11.30	95.33	75.31	2	5
	科技促进经济发展				**69.18**	**64.66**	**21**	**24**
	发展方式转变				58.86	53.70	18	25
30	人均 GDP	万元	8.19	7.72	68.24	64.36	16	18
31	工业企业全员劳动生产率	元/人年	478 798.00	412 048.37	47.88	41.20	18	25
	环境改善				78.45	74.51	20	22
32	万元主营业务收入能耗	吨标准煤	0.16	0.18	53.74	46.01	20	21
33	万元地区生产总值用水量	立方米	32.20	34.23	77.64	73.03	28	28
34	环境空气质量指数	%	63.17	59.85	100.00	99.76	1	19
	综合指数				**41.39**	**39.64**	**25**	**25**

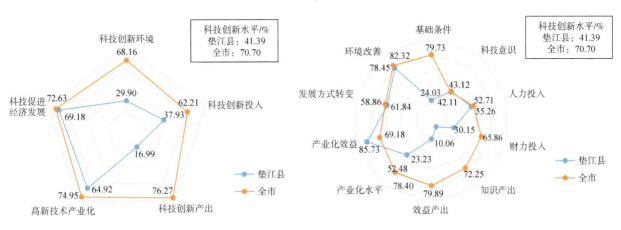

图 3-79　垫江县一级指标雷达图　　　　　　图 3-80　垫江县二级指标雷达图

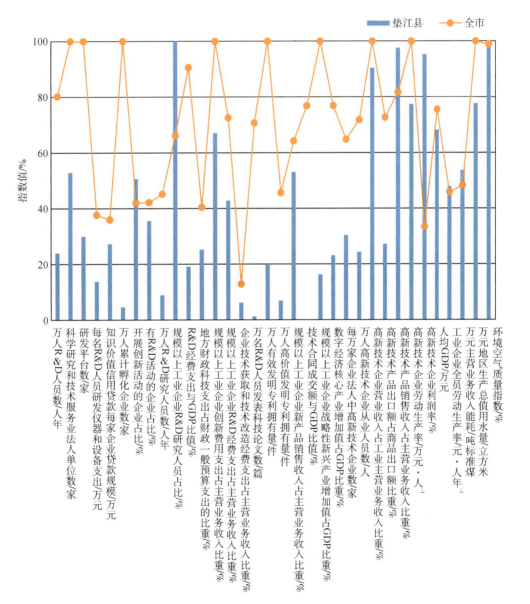

图 3-81　垫江县三级指标指数值（监测值/标准值×100%）线柱图

武隆区

武隆区科技创新水平指数为 27.49%，在全市排名第 33 位，与上年相比位次下降 2 位。

武隆区科技创新环境指数为 15.74%，排在全市第 36 位，与上年相比位次不变。其中，基础条件指数为 10.42%，排在全市第 36 位，与上年相比位次保持不变。科技意识指数为 27.73%，排在全市第 34 位，与上年相比位次上升 2 位。三级指标中，表现较为突出的指标为有 R&D 活动的企业占比，其为 25.53%，排在全市第 32 位，与上年相比位次上升 2 位。武隆区无科技企业孵化器孵化企业、累计毕业企业，万人累计孵化企业数排在全市第 29 位，与上年相比位次下降 5 位。

武隆区科技创新投入指数为 25.08%，排在全市第 32 位，与上年相比位次上升 1 位。其中，人力投入指数为 28.56%，排在全市第 32 位，与上年相比位次上升 2 位。财力投入指数为 23.26%，排在全市第 33 位，与上年相比位次下降 3 位。三级指标中，表现较为突出的指标为企业技术获取和技术改造经费支出占主营业务收入比重，其为 0.11%，排在全市第 21 位，与上年相比位次上升 12 位。存在不足的指标为 R&D 经费支出与 GDP 比值，其为 0.37%，排在全市第 33 位，与上年相比位次下降 4 位。

武隆区科技创新产出指数为 12.05%，排在全市第 31 位，与上年相比位次上升 1 位。其中，知识产出指数为 8.38%，排在全市第 29 位，与上年相比位次下降 1 位。效益产出指数为 15.35%，排在全市第 32 位，与上年相比位次下降 2 位。三级指标中，表现较为突出的指标为技术合同成交额与 GDP 比值，其为 0.02%，排在全市第 25 位，与上年相比位次上升 6 位。存在不足的指标为万人高价值发明专利拥有量，其为 0.06 件，排在全市第 38 位，与上年相比位次下降 1 位。

武隆区高新技术产业化指数为 29.82%，排在全市第 32 位，与上年相比位次下降 4 位。其中，产业化水平指数为 25.15%，排在全市第 32 位，与上年相比位次下降 7 位。产业化效益指数为 37.65%，排在全市第 31 位，与上年相比位次上升 1 位。三级指标中，表现较为突出的指标为高新技术企业劳动生产率，其为 84.16 万元/人，排在全市第 28 位，与上年相比位次上升 3 位。武隆区无高新技术产品出口额，高新技术产品出口额占商品出口额比重排在全市第 30 位，与上年相比位次下降 29 位。

武隆区科技促进经济发展指数为 68.82%，排在全市第 22 位，与上年相比位次不变。其中，发展方式转变指数为 60.94%，排在全市第 16 位，与上年相比位次上升 1 位。环境改善指数为 75.90%，排在全市第 22 位，与上年相比位次下降 1 位。三级指标中，表现较为突出的指标为环境空气质量指数，其为 65.16%，排在全市第 1 位，与上年位次持平。工业企业全员劳动生产率为 596 225.05 元/人年，排在全市第 8 位，与上年相比位次上升 2 位。存在不足的指标为万元地区生产总值用水量，其为 31.40 立方米，排在全市第 27 位。

具体情况如表 3-28、图 3-82、图 3-83、图 3-84 所示。

表 3-28　武隆区各级指标监测值、指数值和位次与上年比较情况

序号	指标名称	单位	监测值		指数值/%		位次	
			2022 年	2021 年	2022 年	2021 年	2022年	2021年
	科技创新环境				15.74	14.95	36	36
	基础条件				10.42	8.81	36	36
1	万人 R&D 人员数	人年	8.22	7.46	16.44	14.91	26	27
2	科学研究和技术服务业法人单位数	家	192	180	19.20	18.00	34	34
3	研发平台数	家	10	4	10.00	4.00	32	33
4	每名 R&D 人员研发仪器和设备支出	万元	0.23	0.31	3.83	5.09	37	36
5	知识价值信用贷款每家企业贷款规模	万元	87.50	80.00	17.50	16.00	35	36
6	万人累计孵化企业数	家	0.00	0.00	0.00	0.00	29	24
	科技意识				27.73	28.77	34	36
7	开展创新活动的企业占比	%	29.93	30.71	29.93	30.71	35	37
8	有 R&D 活动的企业占比	%	25.53	26.83	25.53	26.83	32	34
	科技创新投入				25.08	22.99	32	33
	人力投入				28.56	29.27	32	34
9	万人 R&D 研究人员数	人年	2.77	2.64	6.92	6.59	28	27
10	规模以上工业企业 R&D 研究人员占比	%	36.36	27.66	51.95	39.51	25	31
	财力投入				23.26	19.69	33	30
11	R&D 经费支出与 GDP 比值	%	0.37	0.41	14.14	15.62	33	29
12	地方财政科技支出占财政一般预算支出的比重	%	0.94	0.93	18.88	18.59	24	24
13	规模以上工业企业创新费用支出占主营业务收入比重	%	1.51	0.85	50.37	28.45	34	32
14	规模以上工业企业 R&D 经费支出占主营业务收入比重	%	0.89	0.86	35.70	34.32	31	30
15	企业技术获取和技术改造经费支出占主营业务收入比重	%	0.11	0.00	4.25	0.00	21	33
	科技创新产出				12.05	9.81	31	32
	知识产出				8.38	8.11	29	28
16	万名 R&D 人员发表科技论文数	篇	828.88	803.11	23.68	22.95	13	14
17	万人有效发明专利拥有量	件	0.65	0.62	4.33	4.11	36	36
18	万人高价值发明专利拥有量	件	0.06	0.06	0.47	0.50	38	37
	效益产出				15.35	11.35	32	30
19	规模以上工业企业新产品销售收入占主营业务收入比重	%	6.29	5.54	15.73	13.84	29	29
20	技术合同成交额与 GDP 比值	%	0.02	0.00	0.66	0.00	25	31
21	规模以上工业企业战略性新兴产业增加值占 GDP 比重	%	1.76	1.34	27.89	21.29	25	27
22	数字经济核心产业增加值占 GDP 比重	%	1.51	0.92	15.05	9.24	37	37
	高新技术产业化				29.82	49.22	32	28
	产业化水平				25.15	53.18	32	25
23	每万家企业法人中高新技术企业数	家	11.48	12.33	8.20	8.81	35	32
24	万人高新技术企业从业人员数	人	20.81	43.79	5.20	10.95	32	27
25	高新技术企业营业收入占工业主营业务收入比重	%	11.27	19.34	37.57	64.47	31	21
26	高新技术产品出口额占商品出口额比重	%	0.00	100.00	0.00	100.00	30	1
27	高新技术产品销售收入占主营业务收入比重	%	83.20	82.67	92.45	91.86	10	11
	产业化效益				37.65	42.58	31	32
28	高新技术企业劳动生产率	万元/人	84.16	63.54	70.14	52.95	28	31
29	高新技术企业利润率	%	0.00	4.58	0.00	30.57	33	29
	科技促进经济发展				68.82	68.64	22	22
	发展方式转变				60.94	61.13	16	17
30	人均 GDP	万元	7.45	7.35	62.07	61.24	23	21
31	工业企业全员劳动生产率	元/人年	596 225.05	610 002.05	59.62	61.00	8	10
	环境改善				75.90	75.39	22	21
32	万元主营业务收入能耗	吨标准煤	0.19	0.18	44.47	47.66	21	20
33	万元地区生产总值用水量	立方米	31.40	33.84	79.62	73.88	27	27
34	环境空气质量指数	%	65.16	62.74	100.00	100.00	1	1
	综合指数				27.49	30.15	33	31

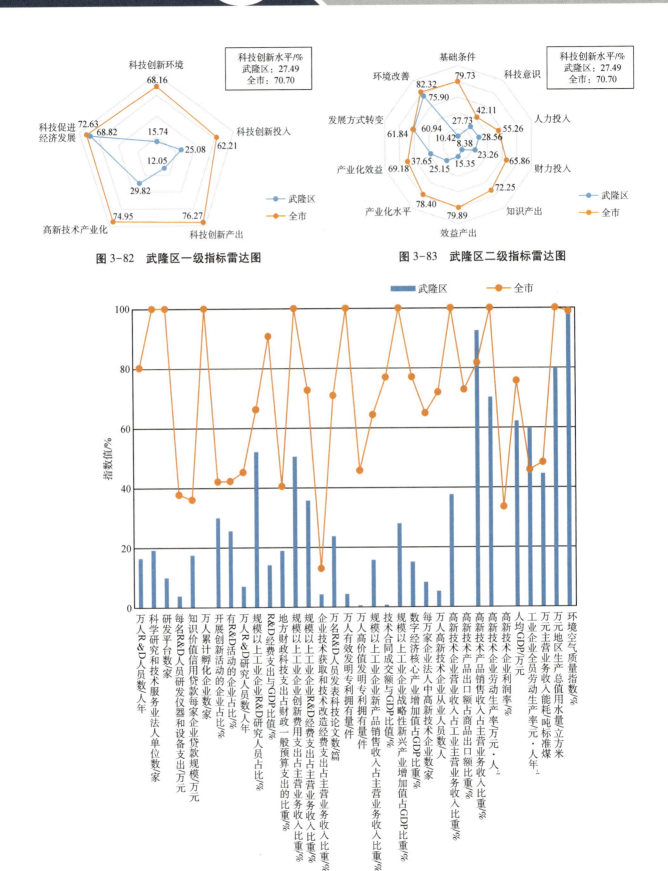

图 3-82　武隆区一级指标雷达图

图 3-83　武隆区二级指标雷达图

图 3-84　武隆区三级指标指数值（监测值/标准值×100%）线柱图

忠县

忠县科技创新水平指数为 44.78%，在全市排名第 23 位，与上年相比位次上升 1 位。

忠县科技创新环境指数为 24.51%，排在全市第 31 位，与上年相比位次上升 2 位。其中，基础条件指数为 18.88%，排在全市第 32 位，与上年相比位次上升 1 位。科技意识指数为 37.18%，排在全市第 25 位，与上年相比位次上升 3 位。三级指标中，表现较为突出的指标为有 R&D 活动的企业占比，其为 37.65%，排在全市第 21 位，与上年相比位次上升 8 位。研发平台数为 32 家，排在全市第 25 位，与上年相比位次上升 5 位。存在不足的指标为知识价值信用贷款每家企业贷款规模，其为 124.00 万元，排在全市第 33 位，与上年相比位次下降 3 位。

忠县科技创新投入指数为 42.33%，排在全市第 24 位，与上年相比位次上升 3 位。其中，人力投入指数为 49.65%，排在全市第 22 位，与上年相比位次上升 6 位。财力投入指数为 38.48%，排在全市第 24 位，与上年相比位次上升 4 位。三级指标中，表现较为突出的指标为规模以上工业企业 R&D 经费支出占主营业务收入比重，其为 1.93%，排在全市第 16 位，与上年相比位次上升 9 位。存在不足的指标为企业技术获取和技术改造经费支出占主营业务收入比重，其为 0.14%，排在全市第 17 位，与上年相比位次下降 5 位。地方财政科技支出占财政一般预算支出的比重为 0.53%，排在全市第 28 位，与上年相比位次保持不变。

忠县科技创新产出指数为 24.80%，排在全市第 24 位，与上年相比位次下降 2 位。其中，知识产出指数为 5.45%，排在全市第 30 位，与上年相比位次上升 4 位。效益产出指数为 42.21%，排在全市第 18 位，与上年相比位次下降 2 位。三级指标中，表现较为突出的指标为规模以上工业企业战略性新兴产业增加值占 GDP 比重，其为 6.21%，排在全市第 15 位。存在不足的指标为数字经济核心产业增加值占 GDP 比重，其为 3.89%，排在全市第 18 位，与上年相比位次下降 2 位。

忠县高新技术产业化指数为 72.55%，排在全市第 17 位，与上年相比位次下降 2 位。其中，产业化水平指数为 64.01%，排在全市第 23 位，与上年相比位次下降 4 位。产业化效益指数为 86.83%，排在全市第 4 位，与上年相比位次上升 1 位。三级指标中，表现较为突出的指标为高新技术企业营业收入占工业主营业务收入比重，其为 45.24%，高新技术产品出口额占商品出口额比重为 98.57%、高新技术产品销售收入占主营业务收入比重为 94.87%、高新技术企业劳动生产率为 292.16 万元/人，以上指标均排在全市第 1 位，与上年位次持平。存在不足的指标为每万家企业法人中高新技术企业数，其为 20.84 家，排在全市第 28 位，与上年相比位次下降 1 位。

忠县科技促进经济发展指数为 72.48%，排在全市第 18 位，与上年相比位次下降 1 位。其中，发展方式转变指数为 70.57%，排在全市第 10 位，与上年相比位次下降 3 位。环境改善指数为 74.20%，排在全市第 24 位，与上年相比位次下降 1 位。三级指标中，表现较为突出的指标为万元地区生产总值用水量，其为 16.70 立方米，环境空气质量指数为 64.45%，以上指标均排在全市第 1 位，与上年位次持平。工业企业全员劳动生产率为 841 933.04 元/人年，排在全市第 3 位，与上年位次持平。存在不足的指标为人均 GDP，其为 7.07 万元，排在全市第 27 位。万元主营业务收入能耗为 0.38 吨标准煤，排在全市第 28 位。

具体情况如表 3-29、图 3-85、图 3-86、图 3-87 所示。

表 3-29　忠县各级指标监测值、指数值和位次与上年比较情况

序号	指标名称	单位	监测值		指数值/%		位次	
			2022 年	2021 年	2022 年	2021 年	2022年	2021年
	科技创新环境				24.51	21.90	31	33
	基础条件				18.88	15.11	32	33
1	万人 R&D 人员数	人年	6.57	5.26	13.14	10.51	29	30
2	科学研究和技术服务业法人单位数	家	362	286	36.20	28.60	27	29
3	研发平台数	家	32	15	32.00	15.00	25	30
4	每名 R&D 人员研发仪器和设备支出	万元	0.93	1.32	15.46	22.05	28	25
5	知识价值信用贷款每家企业贷款规模	万元	124.00	129.06	24.80	25.81	33	30
6	万人累计孵化企业数	家	0.00	0.00	0.00	0.00	29	24
	科技意识				37.18	37.19	25	28
7	开展创新活动的企业占比	%	36.70	41.06	36.70	41.06	26	22
8	有 R&D 活动的企业占比	%	37.65	33.33	37.65	33.33	21	29
	科技创新投入				42.33	31.53	24	27
	人力投入				49.65	45.94	22	28
9	万人 R&D 研究人员数	人年	1.64	1.35	4.09	3.36	32	34
10	规模以上工业企业 R&D 研究人员占比	%	69.23	60.82	98.90	86.89	16	17
	财力投入				38.48	23.95	24	28
11	R&D 经费支出与 GDP 比值	%	0.75	0.44	29.03	16.93	23	28
12	地方财政科技支出占财政一般预算支出的比重	%	0.53	0.58	10.58	11.68	28	28
13	规模以上工业企业创新费用支出占主营业务收入比重	%	2.20	1.24	73.46	41.19	21	25
14	规模以上工业企业 R&D 经费支出占主营业务收入比重	%	1.93	1.12	77.32	44.74	16	25
15	企业技术获取和技术改造经费支出占主营业务收入比重	%	0.14	0.20	5.66	7.88	17	12
	科技创新产出				24.80	24.49	24	22
	知识产出				5.45	3.65	30	34
16	万名 R&D 人员发表科技论文数	篇	12.27	53.62	0.35	1.53	28	29
17	万人有效发明专利拥有量	件	1.90	1.08	12.67	7.21	30	31
18	万人高价值发明专利拥有量	件	0.27	0.21	2.21	1.75	28	29
	效益产出				42.21	43.24	18	16
19	规模以上工业企业新产品销售收入占主营业务收入比重	%	9.48	11.36	23.70	28.39	25	24
20	技术合同成交额与 GDP 比值	%	0.00	0.00	0.16	0.02	28	30
21	规模以上工业企业战略性新兴产业增加值占 GDP 比重	%	6.21	6.26	98.58	99.35	15	14
22	数字经济核心产业增加值占 GDP 比重	%	3.89	3.82	38.93	38.25	18	16
	高新技术产业化				72.55	70.99	17	15
	产业化水平				64.01	63.26	23	19
23	每万家企业法人中高新技术企业数	家	20.84	18.99	14.88	13.56	28	27
24	万人高新技术企业从业人员数	人	43.00	33.23	10.75	8.31	28	28
25	高新技术企业营业收入占工业主营业务收入比重	%	45.24	38.98	100.00	100.00	1	1
26	高新技术产品出口额占商品出口额比重	%	98.57	100.00	100.00	100.00	1	1
27	高新技术产品销售收入占主营业务收入比重	%	94.87	95.16	100.00	100.00	1	1
	产业化效益				86.83	83.91	4	5
28	高新技术企业劳动生产率	万元/人	292.16	272.76	100.00	100.00	1	1
29	高新技术企业利润率	%	10.73	9.79	71.56	65.27	5	7
	科技促进经济发展				72.48	73.00	18	17
	发展方式转变				70.57	72.74	10	7
30	人均 GDP	万元	7.07	6.78	58.94	56.47	27	27
31	工业企业全员劳动生产率	元/人年	841 933.04	918 051.66	84.19	91.81	3	3
	环境改善				74.20	73.24	24	23
32	万元主营业务收入能耗	吨标准煤	0.38	0.43	22.59	19.70	28	29
33	万元地区生产总值用水量	立方米	16.70	16.75	100.00	100.00	1	1
34	环境空气质量指数	%	64.45	63.35	100.00	100.00	1	1
	综合指数				44.78	41.64	23	24

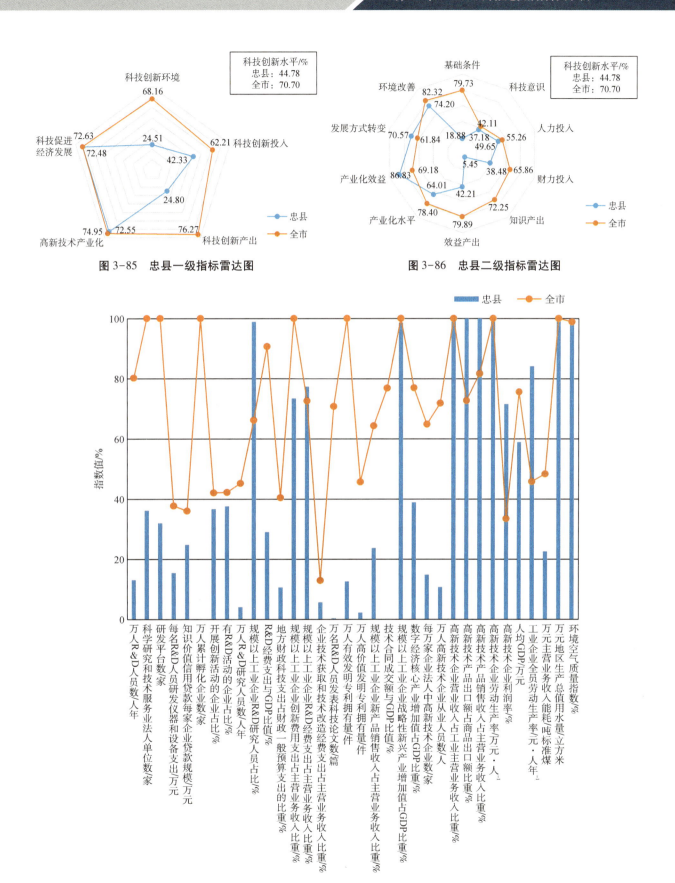

图 3-85　忠县一级指标雷达图

图 3-86　忠县二级指标雷达图

图 3-87　忠县三级指标指数值（监测值/标准值×100%）线柱图

开州区

开州区科技创新水平指数为 37.81%，在全市排名第 27 位，与上年相比位次不变。

开州区科技创新环境指数为 32.49%，排在全市第 24 位，与上年相比位次上升 3 位。其中，基础条件指数为 30.85%，排在全市第 24 位，与上年相比位次上升 3 位。科技意识指数为 36.17%，排在全市第 27 位，与上年相比位次下降 2 位。三级指标中，表现较为突出的指标为开展创新活动的企业占比，其为 37.57%，排在全市第 25 位，与上年相比位次上升 8 位。存在不足的指标为有 R&D 活动的企业占比，其为 34.78%，排在全市第 26 位，与上年相比位次下降 6 位。知识价值信用贷款每家企业贷款规模为 187.18 万元，排在全市第 16 位，与上年相比位次下降 4 位。

开州区科技创新投入指数为 33.68%，排在全市第 28 位，与上年相比位次下降 2 位。其中，人力投入指数为 49.88%，排在全市第 21 位，与上年相比位次上升 5 位。财力投入指数为 25.16%，排在全市第 31 位，与上年相比位次下降 5 位。三级指标中，表现较为突出的指标为规模以上工业企业 R&D 研究人员占比，其为 92.31%，排在全市第 1 位，与上年位次持平。存在不足的指标为 R&D 经费支出与 GDP 比值，其为 0.47%，排在全市第 30 位，与上年相比位次下降 5 位。规模以上工业企业创新费用支出占主营业务收入比重为 1.62%，排在全市第 32 位，与上年相比位次下降 3 位。

开州区科技创新产出指数为 21.30%，排在全市第 27 位，与上年相比位次下降 2 位。其中，知识产出指数为 5.37%，排在全市第 31 位，与上年相比位次保持不变。效益产出指数为 35.65%，排在全市第 22 位，与上年相比位次下降 3 位。三级指标中，表现较为突出的指标为万人高价值发明专利拥有量，其为 0.19 件，排在全市第 30 位，与上年相比位次上升 2 位。存在不足的指标为技术合同成交额与 GDP 比值，其为 0.05%，排在全市第 23 位，与上年相比位次下降 8 位。规模以上工业企业战略性新兴产业增加值占 GDP 比重为 1.27%，排在全市第 29 位，与上年相比位次下降 3 位。

开州区高新技术产业化指数为 52.55%，排在全市第 28 位，与上年相比位次下降 1 位。其中，产业化水平指数为 55.62%，排在全市第 26 位，与上年相比位次上升 1 位。产业化效益指数为 47.42%，排在全市第 29 位，与上年相比位次下降 1 位。三级指标中，表现较为突出的指标为高新技术企业利润率，其为 3.61%，排在全市第 22 位，与上年相比位次上升 8 位。存在不足的指标为高新技术企业劳动生产率，其为 81.11 万元/人，排在全市第 29 位，与上年相比位次下降 4 位。每万家企业法人中高新技术企业数为 39.14 家，排在全市第 26 位，与上年相比位次下降 3 位。

开州区科技促进经济发展指数为 56.90%，排在全市第 34 位，与上年相比位次下降 4 位。其中，发展方式转变指数为 43.93%，排在全市第 33 位，与上年相比位次下降 1 位。环境改善指数为 68.55%，排在全市第 29 位，与上年相比位次下降 5 位。三级指标中，表现较为突出的指标为环境空气质量指数，其为 65.73%，排在全市第 1 位，与上年位次持平。存在不足的指标为工业企业全员劳动生产率，其为 416 248.73 元/人年，排在全市第 25 位，与上年相比位次下降 7 位。万元主营业务收入能耗为 0.30 吨标准煤，排在全市第 26 位，与上年相比位次下降 4 位。

具体情况如表 3-30、图 3-88、图 3-89、图 3-90 所示。

表 3-30 开州区各级指标监测值、指数值和位次与上年比较情况

序号	指标名称	单位	监测值		指数值/%		位次	
			2022 年	2021 年	2022 年	2021 年	2022 年	2021 年
	科技创新环境				32.49	29.43	24	27
	基础条件				30.85	24.40	24	27
1	万人 R&D 人员数	人年	5.33	7.32	10.65	14.64	31	28
2	科学研究和技术服务业法人单位数	家	571	533	57.10	53.30	18	16
3	研发平台数	家	46	28	46.00	28.00	21	26
4	每名 R&D 人员研发仪器和设备支出	万元	0.71	0.25	11.84	4.18	31	37
5	知识价值信用贷款每家企业贷款规模	万元	187.18	192.94	37.44	38.59	16	12
6	万人累计孵化企业数	家	0.30	0.19	30.01	19.11	21	21
	科技意识				36.17	40.76	27	25
7	开展创新活动的企业占比	%	37.57	37.07	37.57	37.07	25	33
8	有 R&D 活动的企业占比	%	34.78	44.44	34.78	44.44	26	20
	科技创新投入				33.68	32.62	28	26
	人力投入				49.88	48.13	21	26
9	万人 R&D 研究人员数	人年	1.41	1.45	3.52	3.62	33	32
10	规模以上工业企业 R&D 研究人员占比	%	92.31	95.40	100.00	100.00	1	1
	财力投入				25.16	24.46	31	26
11	R&D 经费支出与 GDP 比值	%	0.47	0.61	17.98	23.55	30	25
12	地方财政科技支出占财政一般预算支出的比重	%	0.40	0.40	7.96	8.07	33	33
13	规模以上工业企业创新费用支出占主营业务收入比重	%	1.62	1.16	54.06	38.74	32	29
14	规模以上工业企业 R&D 经费支出占主营业务收入比重	%	1.07	1.05	42.66	41.89	27	27
15	企业技术获取和技术改造经费支出占主营业务收入比重	%	0.26	0.24	10.26	9.74	9	10
	科技创新产出				21.30	19.88	27	25
	知识产出				5.37	5.39	31	31
16	万名 R&D 人员发表科技论文数	篇	17.67	159.57	0.50	4.56	27	25
17	万人有效发明专利拥有量	件	1.94	1.54	12.93	10.25	29	29
18	万人高价值发明专利拥有量	件	0.19	0.14	1.60	1.17	30	32
	效益产出				35.65	32.93	22	19
19	规模以上工业企业新产品销售收入占主营业务收入比重	%	35.89	31.93	89.74	79.83	6	5
20	技术合同成交额与 GDP 比值	%	0.05	0.20	1.88	7.85	23	15
21	规模以上工业企业战略性新兴产业增加值占 GDP 比重	%	1.27	1.54	20.08	24.42	29	26
22	数字经济核心产业增加值占 GDP 比重	%	3.21	2.26	32.10	22.64	24	22
	高新技术产业化				52.55	50.97	28	27
	产业化水平				55.62	50.62	26	27
23	每万家企业法人中高新技术企业数	家	39.14	36.77	27.95	26.27	26	23
24	万人高新技术企业从业人员数	人	60.94	55.15	15.24	13.79	26	26
25	高新技术企业营业收入占工业主营业务收入比重	%	21.06	15.73	70.19	52.44	26	24
26	高新技术产品出口额占商品出口额比重	%	71.54	74.63	89.42	93.29	16	14
27	高新技术产品销售收入占主营业务收入比重	%	70.93	64.71	78.81	71.90	24	28
	产业化效益				47.42	51.58	29	28
28	高新技术企业劳动生产率	万元/人	81.11	86.03	67.59	71.69	29	25
29	高新技术企业利润率	%	3.61	4.24	24.05	28.26	22	30
	科技促进经济发展				56.90	58.12	34	30
	发展方式转变				43.93	42.65	33	32
30	人均 GDP	万元	5.51	4.99	45.89	41.57	31	33
31	工业企业全员劳动生产率	元/人年	416 248.73	439 187.23	41.62	43.92	25	18
	环境改善				68.55	72.02	29	24
32	万元主营业务收入能耗	吨标准煤	0.30	0.19	27.97	44.00	26	22
33	万元地区生产总值用水量	立方米	34.30	37.86	72.89	66.03	32	32
34	环境空气质量指数	%	65.73	64.75	100.00	100.00	1	1
	综合指数				37.81	36.45	27	27

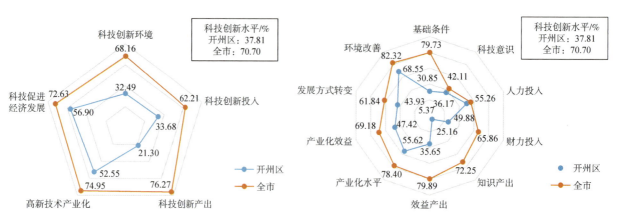

图 3-88　开州区一级指标雷达图　　　　　　图 3-89　开州区二级指标雷达图

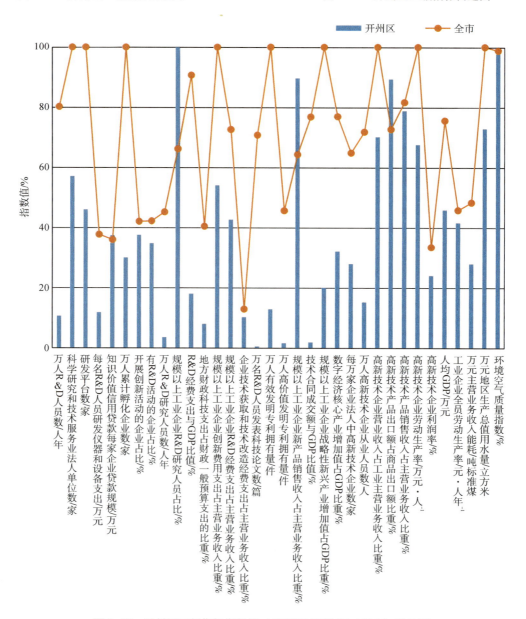

图 3-90　开州区三级指标指数值（监测值／标准值×100%）线柱图

云阳县

云阳县科技创新水平指数为 28.05%，在全市排名第 32 位，与上年相比位次上升 1 位。

云阳县科技创新环境指数为 19.52%，排在全市第 35 位，与上年相比位次不变。其中，基础条件指数为 17.27%，排在全市第 33 位，与上年相比位次上升 1 位。科技意识指数为 24.57%，排在全市第 36 位，与上年相比位次上升 1 位。三级指标中，表现较为突出的指标为科学研究和技术服务业法人单位数，其为 368 家，排在全市第 25 位，与上年相比位次上升 3 位。云阳县无科技企业孵化器孵化企业、累计毕业企业，万人累计孵化企业数排在全市第 29 位，与上年相比位次下降 5 位。每名 R&D 人员研发仪器和设备支出为 0.87 万元，排在全市第 29 位，与上年相比位次下降 2 位。

云阳县科技创新投入指数为 23.69%，排在全市第 33 位，与上年相比位次上升 2 位。其中，人力投入指数为 19.17%，排在全市第 35 位，与上年相比位次不变。财力投入指数为 26.07%，排在全市第 29 位，与上年相比位次不变。三级指标中，表现较为突出的指标为规模以上工业企业 R&D 研究人员占比，其为 24.42%，排在全市第 31 位，与上年相比位次上升 3 位。规模以上工业企业 R&D 经费支出占主营业务收入比重为 0.92%，排在全市第 30 位，与上年相比位次上升 3 位。存在不足的指标为企业技术获取和技术改造经费支出占主营业务收入比重，其为 0.42%，排在全市第 6 位，与上年相比位次下降 2 位。规模以上工业企业创新费用支出占主营业务收入比重为 1.83%，排在全市第 29 位，与上年相比位次下降 1 位。

云阳县科技创新产出指数为 10.08%，排在全市第 33 位，与上年相比位次下降 2 位。其中，知识产出指数为 1.79%，排在全市第 38 位，与上年相比位次下降 6 位。效益产出指数为 17.55%，排在全市第 30 位，与上年相比位次下降 3 位。三级指标中，表现较为突出的指标为数字经济核心产业增加值占 GDP 比重，其为 2.51%，排在全市第 27 位，与上年相比位次上升 8 位。云阳县无 R&D 人员发表科技论文，万名 R&D 人员发表科技论文数排在全市第 29 位，与上年相比位次下降 8 位。规模以上工业企业新产品销售收入占主营业务收入比重为 6.82%，排在全市第 28 位，与上年相比位次下降 6 位。

云阳县高新技术产业化指数为 24.65%，排在全市第 33 位，与上年相比位次上升 2 位。其中，产业化水平指数为 19.64%，排在全市第 36 位，与上年相比位次保持不变。产业化效益指数为 33.03%，排在全市第 32 位，与上年相比位次上升 2 位。三级指标中，表现较为突出的指标为高新技术产品销售收入占主营业务收入比重，其为 76.80%，排在全市第 15 位，与上年相比位次上升 10 位。存在不足的指标为高新技术企业利润率，其为 2.82%，排在全市第 26 位，与上年相比位次下降 3 位。

云阳县科技促进经济发展指数为 78.50%，排在全市第 12 位，与上年相比位次上升 3 位。其中，发展方式转变指数为 56.29%，排在全市第 23 位，与上年相比位次上升 1 位。环境改善指数为 98.45%，排在全市第 3 位，与上年相比位次上升 3 位。三级指标中，表现较为突出的指标为万元主营业务收入能耗，其为 0.05 吨标准煤，环境空气质量指数为 65.63%，以上指标均排在全市第 1 位，与上年位次持平。工业企业全员劳动生产率为 636 042.59 元/人年，排在全市第 7 位，与上年相比位次上升 2 位。存在不足的指标为人均 GDP，其为 6.01 万元，排在全市第 29 位，与上年相比位次保持不变。

具体情况如表 3-31、图 3-91、图 3-92、图 3-93 所示。

表 3-31　云阳县各级指标监测值、指数值和位次与上年比较情况

序号	指标名称	单位	监测值 2022 年	监测值 2021 年	指数值/% 2022 年	指数值/% 2021 年	位次 2022 年	位次 2021 年
	科技创新环境				19.52	17.99	35	35
	基础条件				17.27	14.38	33	34
1	万人 R&D 人员数	人年	3.55	2.67	7.10	5.34	34	34
2	科学研究和技术服务业法人单位数	家	368	316	36.80	31.60	25	28
3	研发平台数	家	29	16	29.00	16.00	27	29
4	每名 R&D 人员研发仪器和设备支出	万元	0.87	1.16	14.48	19.32	29	27
5	知识价值信用贷款每家企业贷款规模	万元	137.84	136.36	27.57	27.27	28	27
6	万人累计孵化企业数	家	0.00	0.00	0.00	0.00	29	24
	科技意识				24.57	26.11	36	37
7	开展创新活动的企业占比	%	28.29	31.90	28.29	31.90	36	36
8	有 R&D 活动的企业占比	%	20.86	20.33	20.86	20.33	35	35
	科技创新投入				23.69	21.10	33	35
	人力投入				19.17	17.99	35	35
9	万人 R&D 研究人员数	人年	1.86	1.69	4.64	4.22	31	30
10	规模以上工业企业 R&D 研究人员占比	%	24.42	23.57	34.88	33.67	31	34
	财力投入				26.07	22.73	29	29
11	R&D 经费支出与 GDP 比值	%	0.47	0.37	18.09	14.38	29	31
12	地方财政科技支出占财政一般预算支出的比重	%	0.44	0.49	8.86	9.84	30	31
13	规模以上工业企业创新费用支出占主营业务收入比重	%	1.83	1.19	61.11	39.59	29	28
14	规模以上工业企业 R&D 经费支出占主营业务收入比重	%	0.92	0.78	36.89	31.11	30	33
15	企业技术获取和技术改造经费支出占主营业务收入比重	%	0.42	0.70	16.89	28.08	6	4
	科技创新产出				10.08	10.58	33	31
	知识产出				1.79	3.96	38	32
16	万名 R&D 人员发表科技论文数	篇	0.00	346.82	0.00	9.91	29	21
17	万人有效发明专利拥有量	件	0.57	0.37	3.80	2.44	38	38
18	万人高价值发明专利拥有量	件	0.14	0.10	1.17	0.83	33	33
	效益产出				17.55	16.54	30	27
19	规模以上工业企业新产品销售收入占主营业务收入比重	%	6.82	12.32	17.06	30.80	28	22
20	技术合同成交额与 GDP 比值	%	0.00	0.00	0.00	0.00	31	31
21	规模以上工业企业战略性新兴产业增加值占 GDP 比重	%	1.51	1.61	23.99	25.62	26	25
22	数字经济核心产业增加值占 GDP 比重	%	2.51	1.00	25.09	9.99	27	35
	高新技术产业化				24.65	25.29	33	35
	产业化水平				19.64	16.92	36	36
23	每万家企业法人中高新技术企业数	家	13.52	9.99	9.66	7.14	33	34
24	万人高新技术企业从业人员数	人	22.62	18.08	5.65	4.52	31	32
25	高新技术企业营业收入占工业主营业务收入比重	%	4.98	4.66	16.61	15.53	37	35
26	高新技术产品出口额占商品出口额比重	%	0.00	0.00	0.00	0.00	30	31
27	高新技术产品销售收入占主营业务收入比重	%	76.80	66.49	85.34	73.88	15	25
	产业化效益				33.03	39.28	32	34
28	高新技术企业劳动生产率	万元/人	54.35	52.92	45.29	44.10	33	35
29	高新技术企业利润率	%	2.82	5.06	18.81	33.70	26	23
	科技促进经济发展				78.50	76.56	12	15
	发展方式转变				56.29	53.92	23	24
30	人均 GDP	万元	6.01	5.68	50.05	47.37	29	29
31	工业企业全员劳动生产率	元/人年	636 042.59	615 911.28	63.60	61.59	7	9
	环境改善				98.45	96.90	3	6
32	万元主营业务收入能耗	吨标准煤	0.05	0.05	100.00	100.00	1	1
33	万元地区生产总值用水量	立方米	26.50	28.18	94.34	88.70	21	21
34	环境空气质量指数	%	65.63	64.35	100.00	100.00	1	1
	综合指数				28.05	27.11	32	33

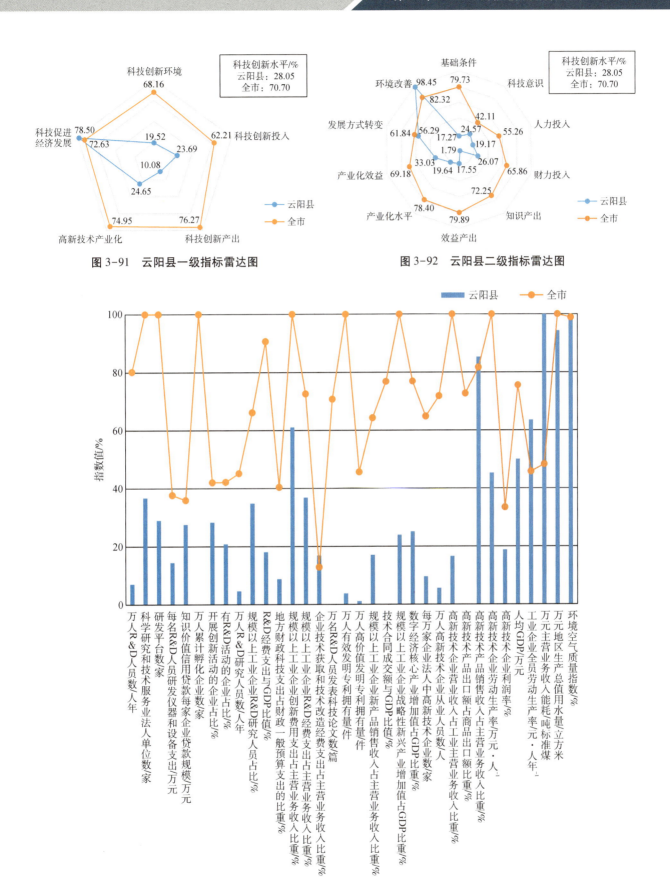

图 3-91　云阳县一级指标雷达图

图 3-92　云阳县二级指标雷达图

图 3-93　云阳县三级指标指数值（监测值/标准值×100%）线柱图

奉节县

奉节县科技创新水平指数为 33.50%，在全市排名第 31 位，与上年相比位次下降 3 位。

奉节县科技创新环境指数为 31.89%，排在全市第 25 位，与上年相比位次下降 1 位。其中，基础条件指数为 27.41%，排在全市第 26 位，与上年相比位次下降 3 位。科技意识指数为 41.97%，排在全市第 18 位，与上年相比位次下降 1 位。三级指标中，表现较为突出的指标为有 R&D 活动的企业占比，其为 53.49%，排在全市第 6 位，与上年相比位次上升 4 位。存在不足的指标为每名 R&D 人员研发仪器和设备支出，其为 1.71 万元，排在全市第 19 位，与上年相比位次下降 18 位。开展创新活动的企业占比为 30.44%，排在全市第 34 位，与上年相比位次下降 8 位。

奉节县科技创新投入指数为 47.00%，排在全市第 21 位，与上年相比位次上升 2 位。其中，人力投入指数为 44.44%，排在全市第 27 位，与上年相比位次上升 4 位。财力投入指数为 48.35%，排在全市第 19 位，与上年相比位次下降 1 位。三级指标中，表现较为突出的指标为规模以上工业企业创新费用支出占主营业务收入比重，其为 4.38%，排在全市第 1 位，与上年相比位次上升 18 位。存在不足的指标为企业技术获取和技术改造经费支出占主营业务收入比重，其为 0.09%，排在全市第 25 位，与上年相比位次下降 4 位。万人 R&D 研究人员数为 1.32 人年，排在全市第 34 位，与上年相比位次下降 3 位。

奉节县科技创新产出指数为 15.57%，排在全市第 29 位，与上年相比位次上升 1 位。其中，知识产出指数为 14.48%，排在全市第 23 位，与上年相比位次上升 1 位。效益产出指数为 16.55%，排在全市第 31 位，与上年相比位次上升 3 位。三级指标中，表现较为突出的指标为数字经济核心产业增加值占 GDP 比重，其为 3.53%，排在全市第 22 位，与上年相比位次上升 10 位。万名 R&D 人员发表科技论文数为 148.81 篇，排在全市第 23 位，与上年相比位次上升 9 位。存在不足的指标为技术合同成交额与 GDP 比值，其为 0.03%，排在全市第 24 位，与上年相比位次下降 4 位。

奉节县高新技术产业化指数为 24.60%，排在全市第 34 位，与上年相比位次上升 2 位。其中，产业化水平指数为 21.28%，排在全市第 33 位，与上年相比位次保持不变。产业化效益指数为 30.14%，排在全市第 34 位，与上年相比位次上升 1 位。三级指标中，表现较为突出的指标为高新技术企业利润率，其为 3.59%，排在全市第 23 位，与上年相比位次上升 9 位。存在不足的指标为每万家企业法人中高新技术企业数，其为 16.49 家，排在全市第 31 位，与上年相比位次下降 3 位。

奉节县科技促进经济发展指数为 55.42%，排在全市第 35 位，与上年相比位次保持不变。其中，发展方式转变指数为 41.24%，排在全市第 34 位，与上年相比位次不变。环境改善指数为 68.17%，排在全市第 30 位，与上年相比位次下降 1 位。三级指标中，表现较为突出的指标为万元地区生产总值用水量，其为 23.90 立方米，排在全市第 1 位，与上年相比位次上升 18 位。环境空气质量指数为 64.60%，排在全市第 1 位，与上年位次持平。存在不足的指标为人均 GDP，其为 5.30 万元，排在全市第 34 位，与上年相比位次下降 2 位。

具体情况如表 3-32、图 3-94、图 3-95、图 3-96 所示。

表 3-32 奉节县各级指标监测值、指数值和位次与上年比较情况

序号	指标名称	单位	监测值		指数值/%		位次	
			2022 年	2021 年	2022 年	2021 年	2022 年	2021 年
	科技创新环境				31.89	38.24	25	24
	基础条件				27.41	35.16	26	23
1	万人 R&D 人员数	人年	4.89	4.74	9.78	9.48	33	31
2	科学研究和技术服务业法人单位数	家	453	414	45.30	41.40	22	22
3	研发平台数	家	46	37	46.00	37.00	21	23
4	每名 R&D 人员研发仪器和设备支出	万元	1.71	6.53	28.45	100.00	19	1
5	知识价值信用贷款每家企业贷款规模	万元	188.99	188.46	37.80	37.69	14	13
6	万人累计孵化企业数	家	0.09	0.05	9.41	5.37	25	23
	科技意识				41.97	45.17	18	17
7	开展创新活动的企业占比	%	30.44	40.34	30.44	40.34	34	26
8	有 R&D 活动的企业占比	%	53.49	50.00	53.49	50.00	6	10
	科技创新投入				47.00	40.69	21	23
	人力投入				44.44	37.43	27	31
9	万人 R&D 研究人员数	人年	1.32	1.61	3.29	4.03	34	31
10	规模以上工业企业 R&D 研究人员占比	%	62.24	51.67	88.92	73.81	18	20
	财力投入				48.35	42.41	19	18
11	R&D 经费支出与 GDP 比值	%	0.51	0.61	19.67	23.32	27	26
12	地方财政科技支出占财政一般预算支出的比重	%	1.60	1.43	31.96	28.52	13	12
13	规模以上工业企业创新费用支出占主营业务收入比重	%	4.38	1.62	100.00	54.00	1	19
14	规模以上工业企业 R&D 经费支出占主营业务收入比重	%	2.97	2.96	100.00	100.00	1	1
15	企业技术获取和技术改造经费支出占主营业务收入比重	%	0.09	0.08	3.47	3.00	25	21
	科技创新产出				15.57	10.63	29	30
	知识产出				14.48	13.12	23	24
16	万名 R&D 人员发表科技论文数	篇	148.81	15.95	4.25	0.46	23	32
17	万人有效发明专利拥有量	件	4.55	4.43	30.33	29.54	19	19
18	万人高价值发明专利拥有量	件	0.79	0.79	6.61	6.58	23	21
	效益产出				16.55	8.39	31	34
19	规模以上工业企业新产品销售收入占主营业务收入比重	%	6.89	5.31	17.23	13.27	27	30
20	技术合同成交额与 GDP 比值	%	0.03	0.07	1.22	2.69	24	20
21	规模以上工业企业战略性新兴产业增加值占 GDP 比重	%	0.43	0.40	6.75	6.31	34	34
22	数字经济核心产业增加值占 GDP 比重	%	3.53	1.06	35.30	10.55	22	32
	高新技术产业化				24.60	24.05	34	36
	产业化水平				21.28	19.69	33	33
23	每万家企业法人中高新技术企业数	家	16.49	17.69	11.78	12.64	31	28
24	万人高新技术企业从业人员数	人	17.40	13.25	4.35	3.31	33	33
25	高新技术企业营业收入占工业主营业务收入比重	%	8.79	7.51	29.29	25.04	32	33
26	高新技术产品出口额占商品出口额比重	%	0.00	0.00	0.00	0.00	30	31
27	高新技术产品销售收入占主营业务收入比重	%	67.21	63.47	74.68	70.52	29	29
	产业化效益				30.14	31.35	34	35
28	高新技术企业劳动生产率	万元/人	42.56	48.11	35.47	40.09	36	36
29	高新技术企业利润率	%	3.59	3.18	23.96	21.21	23	32
	科技促进经济发展				55.42	53.63	35	35
	发展方式转变				41.24	40.41	34	34
30	人均 GDP	万元	5.30	5.00	44.17	41.68	34	32
31	工业企业全员劳动生产率	元/人年	378 071.55	389 175.54	37.81	38.92	27	27
	环境改善				68.17	65.52	30	29
32	万元主营业务收入能耗	吨标准煤	1.89	1.61	4.49	5.28	38	38
33	万元地区生产总值用水量	立方米	23.90	27.97	100.00	89.38	1	19
34	环境空气质量指数	%	64.60	63.52	100.00	100.00	1	1
	综合指数				33.50	32.17	31	28

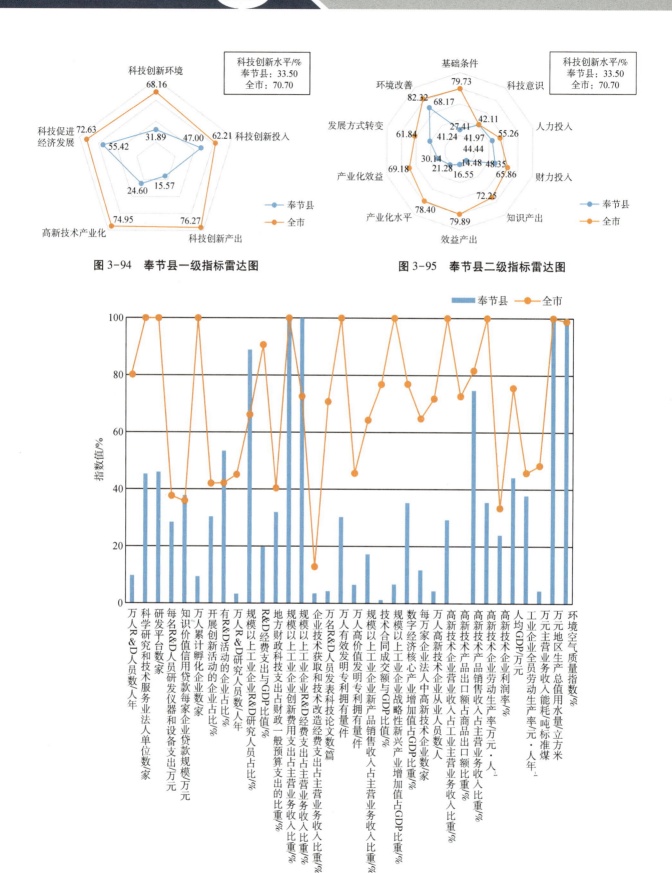

图 3-94　奉节县一级指标雷达图

图 3-95　奉节县二级指标雷达图

图 3-96　奉节县三级指标指数值（监测值/标准值×100%）线柱图

巫山县

巫山县科技创新水平指数为 21.30%，在全市排名第 38 位，与上年相比位次下降 2 位。

巫山县科技创新环境指数为 15.12%，排在全市第 37 位，与上年相比位次下降 3 位。其中，基础条件指数为 7.55%，排在全市第 37 位，与上年相比位次不变。科技意识指数为 32.16%，排在全市第 31 位，与上年相比位次下降 11 位。三级指标中，表现较为突出的指标为万人 R&D 人员数，其为 7.14 人年，排在全市第 28 位，与上年相比位次上升 4 位。存在不足的指标为每名 R&D 人员研发仪器和设备支出，其为 0.26 万元，排在全市第 36 位，与上年相比位次下降 4 位。有 R&D 活动的企业占比为 37.04%，排在全市第 22 位，与上年相比位次下降 19 位。

巫山县科技创新投入指数为 17.79%，排在全市第 35 位，与上年相比位次上升 1 位。其中，人力投入指数为 13.83%，排在全市第 36 位，与上年相比位次不变。财力投入指数为 19.88%，排在全市第 35 位，与上年相比位次下降 3 位。三级指标中，表现较为突出的指标为规模以上工业企业创新费用支出占主营业务收入比重，其为 2.18%，排在全市第 22 位，与上年相比位次上升 11 位。万人 R&D 研究人员数为 2.74 人年，排在全市第 29 位，与上年相比位次上升 4 位。存在不足的指标为规模以上工业企业 R&D 经费支出占主营业务收入比重，其为 0.71%，排在全市第 35 位，与上年相比位次下降 15 位。地方财政科技支出占财政一般预算支出的比重为 0.21%，排在全市第 37 位，与上年相比位次下降 2 位。

巫山县科技创新产出指数为 5.45%，排在全市第 38 位，与上年相比位次下降 1 位。其中，知识产出指数为 1.83%，排在全市第 37 位，与上年相比位次上升 1 位。效益产出指数为 8.71%，排在全市第 37 位，与上年相比位次下降 1 位。三级指标中，表现较为突出的指标为万人高价值发明专利拥有量，其为 0.13 件，排在全市第 34 位，与上年相比位次上升 3 位。存在不足的指标为数字经济核心产业增加值占 GDP 比重，其为 1.59%，排在全市第 36 位，与上年相比位次下降 8 位。

巫山县高新技术产业化指数为 17.65%，排在全市第 38 位，与上年相比位次下降 7 位。其中，产业化水平指数为 20.67%，排在全市第 35 位，与上年相比位次上升 2 位。产业化效益指数为 12.59%，排在全市第 38 位，与上年相比位次下降 21 位。三级指标中，表现较为突出的指标为高新技术企业营业收入占工业主营业务收入比重，其为 6.25%，排在全市第 35 位，与上年相比位次上升 3 位。巫山县高新技术企业利润总额处于亏损状态，高新技术企业利润率排在全市第 33 位，与上年相比位次下降 31 位。高新技术企业劳动生产率为 28.15 万元/人，排在全市第 38 位，与上年相比位次下降 4 位。

巫山县科技促进经济发展指数为 64.13%，排在全市第 25 位，与上年相比位次不变。其中，发展方式转变指数为 33.72%，排在全市第 35 位，与上年相比位次不变。环境改善指数为 91.45%，排在全市第 15 位，与上年相比位次下降 1 位。三级指标中，表现较为突出的指标为环境空气质量指数，其为 65.76%，在全市排名第 1 位，与上年位次持平。存在不足的指标为万元主营业务收入能耗，其为 0.11 吨标准煤，排在全市第 17 位，与上年相比位次下降 2 位。万元地区生产总值用水量为 26.80 立方米，排在全市第 22 位，与上年相比位次下降 6 位。

具体情况如表 3-33、图 3-97、图 3-98、图 3-99 所示。

表 3-33　巫山县各级指标监测值、指数值和位次与上年比较情况

序号	指标名称	单位	监测值		指数值/%		位次	
			2022 年	2021 年	2022 年	2021 年	2022 年	2021 年
	科技创新环境				15.12	18.97	37	34
	基础条件				7.55	7.62	37	37
1	万人 R&D 人员数	人年	7.14	3.59	14.28	7.18	28	32
2	科学研究和技术服务业法人单位数	家	241	236	24.10	23.60	31	31
3	研发平台数	家	3	2	3.00	2.00	35	35
4	每名 R&D 人员研发仪器和设备支出	万元	0.26	0.97	4.32	16.15	36	32
5	知识价值信用贷款每家企业贷款规模	万元	0.00	0.00	0.00	0.00	37	37
6	万人累计孵化企业数	家	0.00	0.00	0.00	0.00	29	24
	科技意识				32.16	44.51	31	20
7	开展创新活动的企业占比	%	27.27	30.67	27.27	30.67	37	38
8	有 R&D 活动的企业占比	%	37.04	58.33	37.04	58.33	22	3
	科技创新投入				17.79	16.04	35	36
	人力投入				13.83	13.99	36	36
9	万人 R&D 研究人员数	人年	2.74	1.36	6.85	3.41	29	33
10	规模以上工业企业 R&D 研究人员占比	%	14.96	19.05	21.37	27.21	35	35
	财力投入				19.88	17.12	35	32
11	R&D 经费支出与 GDP 比值	%	0.26	0.20	10.06	7.51	36	37
12	地方财政科技支出占财政一般预算支出的比重	%	0.21	0.20	4.13	4.02	37	35
13	规模以上工业企业创新费用支出占主营业务收入比重	%	2.18	0.79	72.75	26.41	22	33
14	规模以上工业企业 R&D 经费支出占主营业务收入比重	%	0.71	1.19	28.31	47.59	35	20
15	企业技术获取和技术改造经费支出占主营业务收入比重	%	0.00	0.00	0.00	0.00	35	33
	科技创新产出				5.45	4.55	38	37
	知识产出				1.83	1.42	37	38
16	万名 R&D 人员发表科技论文数	篇	0.00	0.00	0.00	0.00	29	34
17	万人有效发明专利拥有量	件	0.60	0.52	4.00	3.46	37	37
18	万人高价值发明专利拥有量	件	0.13	0.06	1.08	0.50	34	37
	效益产出				8.71	7.37	37	36
19	规模以上工业企业新产品销售收入占主营业务收入比重	%	4.94	3.84	12.34	9.59	32	32
20	技术合同成交额与 GDP 比值	%	0.00	0.00	0.00	0.00	31	31
21	规模以上工业企业战略性新兴产业增加值占 GDP 比重	%	0.27	0.21	4.32	3.40	36	35
22	数字经济核心产业增加值占 GDP 比重	%	1.59	1.43	15.92	14.33	36	28
	高新技术产业化				17.65	35.71	38	31
	产业化水平				20.67	16.81	35	37
23	每万家企业法人中高新技术企业数	家	4.64	3.23	3.31	2.31	38	38
24	万人高新技术企业从业人员数	人	8.98	1.43	2.24	0.36	36	38
25	高新技术企业营业收入占工业主营业务收入比重	%	6.25	2.00	20.84	6.66	35	38
26	高新技术产品出口额占商品出口额比重	%	0.00	0.00	0.00	0.00	30	31
27	高新技术产品销售收入占主营业务收入比重	%	89.87	91.10	99.86	100.00	4	1
	产业化效益				12.59	67.34	38	17
28	高新技术企业劳动生产率	万元/人	28.15	55.09	23.46	45.91	38	34
29	高新技术企业利润率	%	0.00	13.83	0.00	92.18	33	2
	科技促进经济发展				64.13	64.17	25	25
	发展方式转变				33.72	33.22	35	35
30	人均 GDP	万元	4.79	4.51	39.93	37.62	35	35
31	工业企业全员劳动生产率	元/人年	264 460.61	280 753.55	26.45	28.08	36	37
	环境改善				91.45	91.98	15	14
32	万元主营业务收入能耗	吨标准煤	0.11	0.10	79.89	82.97	17	15
33	万元地区生产总值用水量	立方米	26.80	27.34	93.28	91.45	22	16
34	环境空气质量指数	%	65.76	65.43	100.00	100.00	1	1
	综合指数				21.30	25.15	38	36

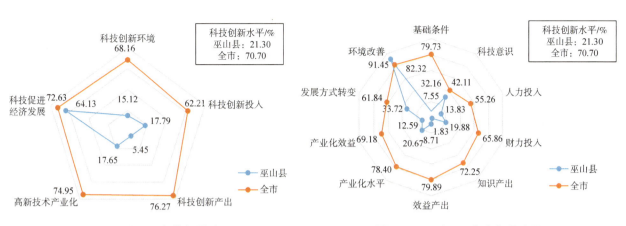

图 3-97　巫山县一级指标雷达图　　　　　图 3-98　巫山县二级指标雷达图

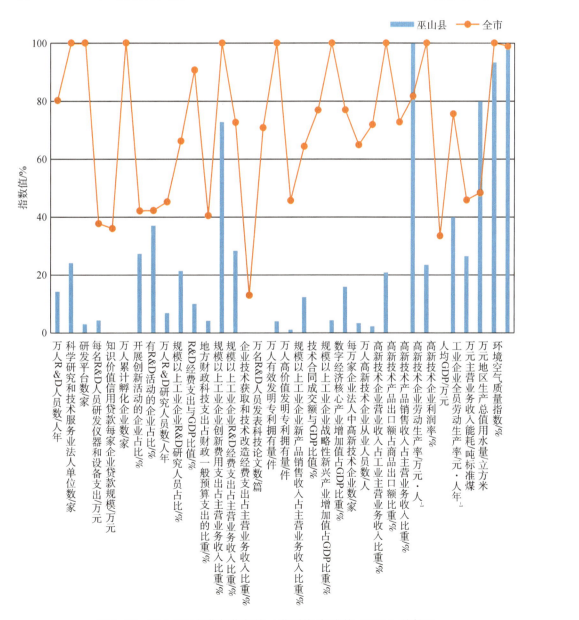

图 3-99　巫山县三级指标指数值（监测值／标准值×100%）线柱图

巫溪县

巫溪县科技创新水平指数为 33.54%，在全市排名第 30 位，与上年相比位次上升 2 位。

巫溪县科技创新环境指数为 30.85%，排在全市第 27 位，与上年相比位次上升 1 位。其中，基础条件指数为 25.13%，排在全市第 27 位，与上年相比位次上升 3 位。科技意识指数为 43.74%，排在全市第 12 位，与上年相比位次上升 9 位。三级指标中，表现较为突出的指标为有 R&D 活动的企业占比，其为 53.85%，排在全市第 5 位，与上年相比位次上升 10 位。存在不足的指标为开展创新活动的企业占比，其为 33.62%，排在全市第 30 位，与上年相比位次下降 7 位。每名 R&D 人员研发仪器和设备支出为 0.94 万元，排在全市第 27 位，与上年相比位次下降 6 位。

巫溪县科技创新投入指数为 41.41%，排在全市第 25 位，与上年相比位次上升 7 位。其中，人力投入指数为 48.75%，排在全市第 24 位，与上年相比位次上升 1 位。财力投入指数为 37.54%，排在全市第 25 位，与上年相比位次上升 12 位。三级指标中，表现较为突出的指标为规模以上工业企业创新费用支出占主营业务收入比重，其为 3.39%，排在全市第 1 位，与上年相比位次上升 30 位。规模以上工业企业 R&D 经费支出占主营业务收入比重为 2.27%，排在全市第 13 位，与上年相比位次上升 19 位。巫溪县无企业技术获取和技术改造经费支出，企业技术获取和技术改造经费支出占主营业务收入比重排在全市第 35 位，与上年相比位次下降 7 位。

巫溪县科技创新产出指数为 11.93%，排在全市第 32 位，与上年相比位次上升 2 位。其中，知识产出指数为 8.95%，排在全市第 27 位，与上年相比位次上升 2 位。效益产出指数为 14.62%，排在全市第 34 位，与上年相比位次上升 1 位。三级指标中，表现较为突出的指标为数字经济核心产业增加值占 GDP 比重，其为 3.02%，排在全市第 25 位，与上年相比位次上升 6 位。规模以上工业企业新产品销售收入占主营业务收入比重为 6.29%，排在全市第 30 位，与上年相比位次上升 3 位。存在不足的指标为万人高价值发明专利拥有量，其为 0.23 件，排在全市第 29 位，与上年相比位次下降 1 位。

巫溪县高新技术产业化指数为 37.16%，排在全市第 29 位，与上年相比位次上升 5 位。其中，产业化水平指数为 28.70%，排在全市第 30 位，与上年相比位次上升 2 位。产业化效益指数为 51.32%，排在全市第 27 位，与上年相比位次上升 6 位。三级指标中，表现较为突出的指标为高新技术企业利润率，其为 6.48%，排在全市第 13 位，与上年相比位次上升 8 位。高新技术产品销售收入占主营业务收入比重为 74.23%，排在全市第 18 位，与上年相比位次上升 8 位。存在不足的指标为每万家企业法人中高新技术企业数，其为 12.87 家，排在全市第 34 位，与上年相比位次下降 3 位。

巫溪县科技促进经济发展指数为 53.94%，排在全市第 37 位，与上年相比位次下降 3 位。其中，发展方式转变指数为 26.22%，排在全市第 38 位，与上年相比位次不变。环境改善指数为 78.85%，排在全市第 19 位，与上年相比位次保持不变。三级指标中，表现较为突出的指标为环境空气质量指数，其为 63.05%，排在全市第 1 位，与上年相比位次上升 19 位。存在不足的指标为人均 GDP，其为 3.19 万元，排在全市第 38 位，与上年相比位次下降 1 位。万元地区生产总值用水量为 41.10 立方米，排在全市第 35 位，与上年相比位次不变。

具体情况如表 3-34、图 3-100、图 3-101、图 3-102 所示。

表 3-34　巫溪县各级指标监测值、指数值（％）和位次与上年比较情况

序号	指标名称	单位	监测值		指数值/%		位次	
			2022 年	2021 年	2022 年	2021 年	2022 年	2021 年
	科技创新环境				30.85	28.79	27	28
	基础条件				25.13	21.86	27	30
1	万人 R&D 人员数	人年	3.40	1.96	6.81	3.91	36	38
2	科学研究和技术服务业法人单位数	家	107	120	10.70	12.00	37	37
3	研发平台数	家	4	5	4.00	5.00	34	32
4	每名 R&D 人员研发仪器和设备支出	万元	0.94	1.59	15.69	26.58	27	21
5	知识价值信用贷款每家企业贷款规模	万元	83.33	85.71	16.67	17.14	36	35
6	万人累计孵化企业数	家	0.85	0.62	85.10	61.74	12	12
	科技意识				43.74	44.41	12	21
7	开展创新活动的企业占比	%	33.62	40.82	33.62	40.82	30	23
8	有 R&D 活动的企业占比	%	53.85	48.00	53.85	48.00	5	15
	科技创新投入				41.41	25.15	25	32
	人力投入				48.75	48.22	24	25
9	万人 R&D 研究人员数	人年	0.54	0.26	1.35	0.64	37	38
10	规模以上工业企业 R&D 研究人员占比	%	76.19	90.00	100.00	100.00	1	1
	财力投入				37.54	13.02	25	37
11	R&D 经费支出与 GDP 比值	%	0.27	0.11	10.36	4.06	35	38
12	地方财政科技支出占财政一般预算支出的比重	%	0.21	0.15	4.21	2.94	36	38
13	规模以上工业企业创新费用支出占主营业务收入比重	%	3.39	0.92	100.00	30.78	1	31
14	规模以上工业企业 R&D 经费支出占主营业务收入比重	%	2.27	0.78	90.76	31.18	13	32
15	企业技术获取和技术改造经费支出占主营业务收入比重	%	0.00	0.03	0.00	1.03	35	28
	科技创新产出				11.93	7.71	32	34
	知识产出				8.95	7.85	27	29
16	万名 R&D 人员发表科技论文数	篇	0.00	0.00	0.00	0.00	29	34
17	万人有效发明专利拥有量	件	3.44	2.98	22.93	19.90	24	23
18	万人高价值发明专利拥有量	件	0.23	0.23	1.93	1.92	29	28
	效益产出				14.62	7.58	34	35
19	规模以上工业企业新产品销售收入占主营业务收入比重	%	6.29	3.09	15.71	7.73	30	33
20	技术合同成交额与 GDP 比值	%	0.00	0.00	0.00	0.00	31	31
21	规模以上工业企业战略性新兴产业增加值占 GDP 比重	%	0.48	0.56	7.66	8.89	33	33
22	数字经济核心产业增加值占 GDP 比重	%	3.02	1.18	30.15	11.81	25	31
	高新技术产业化				37.16	28.61	29	34
	产业化水平				28.70	20.31	30	32
23	每万家企业法人中高新技术企业数	家	12.87	12.82	9.19	9.15	34	31
24	万人高新技术企业从业人员数	人	9.13	7.82	2.28	1.96	35	34
25	高新技术企业营业收入占工业主营业务收入比重	%	18.13	9.06	60.42	30.19	27	32
26	高新技术产品出口额占商品出口额比重	%	0.00	0.00	0.00	0.00	30	31
27	高新技术产品销售收入占主营业务收入比重	%	74.23	66.35	82.48	73.72	18	26
	产业化效益				51.32	42.51	27	33
28	高新技术企业劳动生产率	万元/人	69.99	56.24	58.33	46.86	31	33
29	高新技术企业利润率	%	6.48	5.62	43.20	37.45	13	21
	科技促进经济发展				53.94	54.58	37	34
	发展方式转变				26.22	25.74	38	38
30	人均 GDP	万元	3.19	3.11	26.56	25.91	38	37
31	工业企业全员劳动生产率	元/人年	258 165.33	255 407.15	25.82	25.54	37	38
	环境改善				78.85	80.50	19	19
32	万元主营业务收入能耗	吨标准煤	0.12	0.11	68.79	77.02	18	17
33	万元地区生产总值用水量	立方米	41.10	43.40	60.83	57.61	35	35
34	环境空气质量指数	%	63.05	59.67	100.00	99.45	1	20
	综合指数				33.54	27.17	30	32

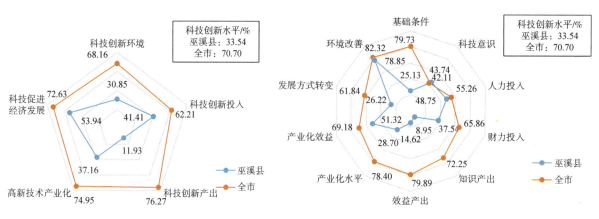

图 3-100　巫溪县一级指标雷达图　　　　　图 3-101　巫溪县二级指标雷达图

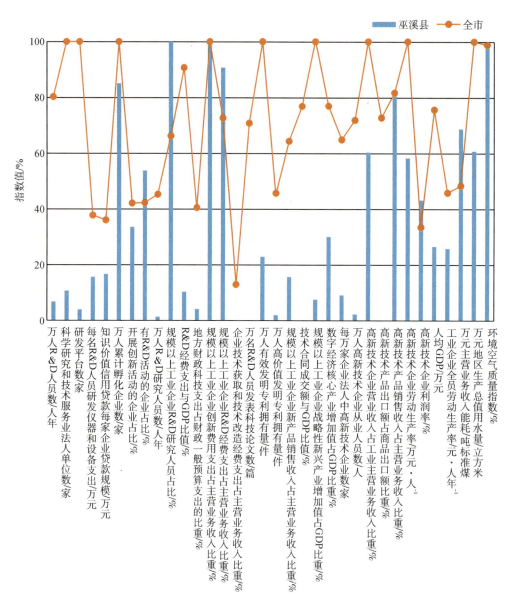

图 3-102　巫溪县三级指标指数值（监测值/标准值×100%）线柱图

石柱县

石柱县科技创新水平指数为 33.76%，在全市排名第 29 位，与上年相比位次上升 1 位。

石柱县科技创新环境指数为 27.91%，排在全市第 29 位，与上年相比位次不变。其中，基础条件指数为 24.46%，排在全市第 29 位，与上年相比位次保持不变。科技意识指数为 35.68%，排在全市第 28 位，与上年相比位次下降 1 位。三级指标中，表现较为突出的指标为每名 R&D 人员研发仪器和设备支出，其为 4.03 万元，排在全市第 2 位，与上年相比位次上升 1 位。石柱县无科技企业孵化器孵化企业、累计毕业企业，万人累计孵化企业数排在全市第 29 位，与上年相比位次下降 5 位。研发平台数为 19 家，排在全市第 29 位，与上年相比位次下降 1 位。

石柱县科技创新投入指数为 33.34%，排在全市第 30 位，与上年相比位次保持不变。其中，人力投入指数为 30.73%，排在全市第 30 位，与上年相比位次上升 3 位。财力投入指数为 34.72%，排在全市第 26 位，与上年相比位次上升 1 位。三级指标中，表现较为突出的指标为规模以上工业企业创新费用支出占主营业务收入比重，其为 2.22%，排在全市第 20 位，与上年相比位次上升 10 位。规模以上工业企业 R&D 经费支出占主营业务收入比重为 1.09%，排在全市第 25 位，与上年相比位次上升 6 位。存在不足的指标为地方财政科技支出占财政一般预算支出的比重，其为 0.42%，排在全市第 32 位，与上年相比位次下降 2 位。

石柱县科技创新产出指数为 25.66%，排在全市第 23 位，与上年相比位次上升 1 位。其中，知识产出指数为 16.93%，排在全市第 21 位，与上年相比位次上升 1 位。效益产出指数为 33.51%，排在全市第 23 位，与上年相比位次上升 1 位。三级指标中，表现较为突出的指标为数字经济核心产业增加值占 GDP 比重，其为 3.56%，排在全市第 20 位，与上年相比位次上升 10 位。存在不足的指标为万人有效发明专利拥有量，其为 3.38 件，排在全市第 25 位，与上年相比位次下降 3 位。石柱县技术市场成交额为 100 万元，技术合同成交额与 GDP 比值排在全市第 27 位，与上年相比位次下降 5 位。

石柱县高新技术产业化指数为 34.86%，排在全市第 31 位，与上年相比位次上升 1 位。其中，产业化水平指数为 26.72%，排在全市第 31 位，与上年相比位次保持不变。产业化效益指数为 48.48%，排在全市第 28 位，与上年相比位次下降 3 位。三级指标中，表现较为突出的指标为高新技术企业劳动生产率，其为 84.27 万元/人，排在全市第 27 位，与上年相比位次上升 3 位。存在不足的指标为高新技术产品销售收入占主营业务收入比重，其为 59.86%，排在全市第 33 位，与上年相比位次下降 1 位。高新技术企业利润率为 3.49%，排在全市第 24 位，与上年相比位次下降 10 位。

石柱县科技促进经济发展指数为 53.98%，排在全市第 36 位，与上年相比位次保持不变。其中，发展方式转变指数为 46.95%，排在全市第 31 位，与上年相比位次上升 2 位。环境改善指数为 60.29%，排在全市第 36 位，与上年相比位次下降 1 位。三级指标中，表现较为突出的指标为环境空气质量指数，其为 67.16%，排在全市第 1 位，与上年位次持平。工业企业全员劳动生产率为 492 827.14 元/人年，排在全市第 16 位，与上年相比位次上升 3 位。存在不足的指标为万元主营业务收入能耗，其为 0.84 吨标准煤，排在全市第 36 位，与上年相比位次下降 2 位。

具体情况如表 3-35、图 3-103、图 3-104、图 3-105 所示。

表 3-35　石柱县各级指标监测值、指数值和位次与上年比较情况

序号	指标名称	单位	监测值 2022 年	监测值 2021 年	指数值/% 2022 年	指数值/% 2021 年	位次 2022年	位次 2021年
	科技创新环境				**27.91**	**27.16**	**29**	**29**
	基础条件				24.46	22.44	29	29
1	万人 R&D 人员数	人年	11.66	10.31	23.31	20.62	25	25
2	科学研究和技术服务业法人单位数	家	175	178	17.50	17.80	35	35
3	研发平台数	家	19	20	19.00	20.00	29	28
4	每名 R&D 人员研发仪器和设备支出	万元	4.03	3.34	67.11	55.65	2	3
5	知识价值信用贷款每家企业贷款规模	万元	157.14	160.00	31.43	32.00	22	23
6	万人累计孵化企业数	家	0.00	0.00	0.00	0.00	29	24
	科技意识				35.68	37.79	28	27
7	开展创新活动的企业占比	%	41.96	42.25	41.96	42.25	18	20
8	有 R&D 活动的企业占比	%	29.41	33.33	29.41	33.33	29	29
	科技创新投入				**33.34**	**26.45**	**30**	**30**
	人力投入				30.73	30.29	30	33
9	万人 R&D 研究人员数	人年	4.68	4.22	11.70	10.54	22	25
10	规模以上工业企业 R&D 研究人员占比	%	35.91	37.80	51.30	54.01	26	27
	财力投入				34.72	24.43	26	27
11	R&D 经费支出与 GDP 比值	%	0.89	0.78	34.28	29.83	21	22
12	地方财政科技支出占财政一般预算支出的比重	%	0.42	0.51	8.35	10.11	32	30
13	规模以上工业企业创新费用支出占主营业务收入比重	%	2.22	1.14	73.93	38.15	20	30
14	规模以上工业企业 R&D 经费支出占主营业务收入比重	%	1.09	0.79	43.45	31.43	25	31
15	企业技术获取和技术改造经费支出占主营业务收入比重	%	0.57	0.27	22.64	10.77	4	9
	科技创新产出				**25.66**	**20.76**	**23**	**24**
	知识产出				16.93	16.46	21	22
16	万名 R&D 人员发表科技论文数	篇	809.79	786.29	23.14	22.47	14	15
17	万人有效发明专利拥有量	件	3.38	3.39	22.53	22.62	25	22
18	万人高价值发明专利拥有量	件	0.78	0.67	6.46	5.58	24	25
	效益产出				33.51	24.62	23	24
19	规模以上工业企业新产品销售收入占主营业务收入比重	%	10.12	8.98	25.29	22.46	24	26
20	技术合同成交额与 GDP 比值	%	0.00	0.04	0.19	1.72	27	22
21	规模以上工业企业战略性新兴产业增加值占 GDP 比重	%	4.21	3.81	66.77	60.44	18	18
22	数字经济核心产业增加值占 GDP 比重	%	3.56	1.25	35.63	12.53	20	30
	高新技术产业化				**34.86**	**34.50**	**31**	**32**
	产业化水平				26.72	22.82	31	31
23	每万家企业法人中高新技术企业数	家	20.85	15.12	14.90	10.80	27	29
24	万人高新技术企业从业人员数	人	37.74	32.06	9.43	8.01	29	29
25	高新技术企业营业收入占工业主营业务收入比重	%	15.21	11.56	50.70	38.55	29	30
26	高新技术产品出口额占商品出口额比重	%	0.00	0.00	0.00	0.00	30	31
27	高新技术产品销售收入占主营业务收入比重	%	59.86	60.71	66.51	67.46	33	32
	产业化效益				48.48	54.02	28	25
28	高新技术企业劳动生产率	万元/人	84.27	70.78	70.22	58.99	27	30
29	高新技术企业利润率	%	3.49	7.24	23.29	48.27	24	14
	科技促进经济发展				**53.98**	**50.86**	**36**	**36**
	发展方式转变				46.95	41.46	31	33
30	人均 GDP	万元	5.40	4.80	44.97	39.96	32	34
31	工业企业全员劳动生产率	元/人年	492 827.14	432 157.07	49.28	43.22	16	19
	环境改善				60.29	59.31	36	35
32	万元主营业务收入能耗	吨标准煤	0.84	0.78	10.12	10.92	36	34
33	万元地区生产总值用水量	立方米	38.80	41.73	64.43	59.91	34	34
34	环境空气质量指数	%	67.16	64.98	100.00	100.00	1	1
	综合指数				**33.76**	**30.55**	**29**	**30**

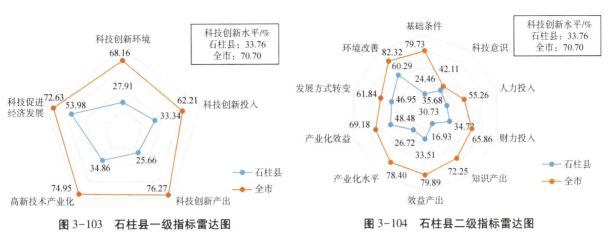

图 3-103　石柱县一级指标雷达图　　　　　　　图 3-104　石柱县二级指标雷达图

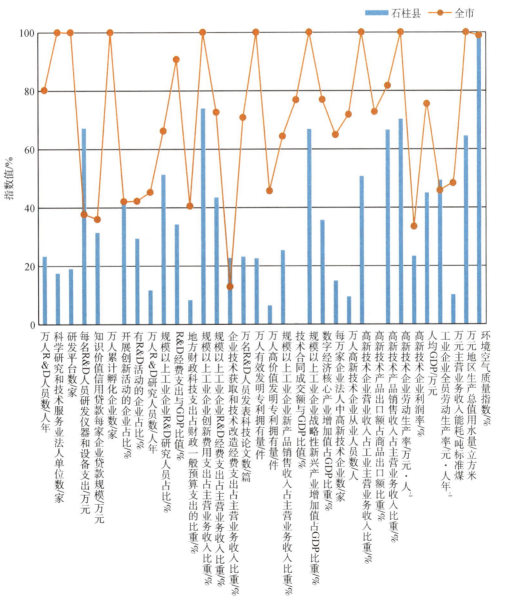

图 3-105　石柱县三级指标指数值（监测值/标准值×100%）线柱图

秀山县

秀山县科技创新水平指数为 37.06%，在全市排名第 28 位，与上年相比位次上升 1 位。

秀山县科技创新环境指数为 19.78%，排在全市第 34 位，与上年相比位次下降 4 位。其中，基础条件指数为 12.10%，排在全市第 35 位，与上年相比位次下降 7 位。科技意识指数为 37.08%，排在全市第 26 位，与上年相比位次上升 9 位。三级指标中，表现较为突出的指标为有 R&D 活动的企业占比，其为 40.74%，排在全市第 18 位，与上年相比位次上升 18 位。存在不足的指标为每名 R&D 人员研发仪器和设备支出，其为 0.04 万元，排在全市第 38 位，与上年相比位次下降 37 位。开展创新活动的企业占比为 33.41%，排在全市第 31 位，与上年相比位次下降 1 位。

秀山县科技创新投入指数为 33.80%，排在全市第 27 位，与上年相比位次上升 1 位。其中，人力投入指数为 48.96%，排在全市第 23 位，与上年相比位次上升 4 位。财力投入指数为 25.81%，排在全市第 30 位，与上年相比位次上升 1 位。三级指标中，表现较为突出的指标为规模以上工业企业 R&D 研究人员占比，其为 94.29%，排在全市第 1 位，与上年相比位次无变化。存在不足的指标为规模以上工业企业创新费用支出占主营业务收入比重，其为 1.76%，排在全市第 30 位，与上年相比位次下降 9 位。

秀山县科技创新产出指数为 14.20%，排在全市第 30 位，与上年相比位次上升 5 位。其中，知识产出指数为 2.63%，排在全市第 33 位，与上年相比位次上升 2 位。效益产出指数为 24.61%，排在全市第 26 位，与上年相比位次上升 5 位。三级指标中，表现较为突出的指标为数字经济核心产业增加值占 GDP 比重，其为 4.83%，排在全市第 15 位，与上年相比位次上升 12 位。存在不足的指标为万人有效发明专利拥有量，其为 0.87 件，排在全市第 34 位，与上年相比位次下降 1 位。

秀山县高新技术产业化指数为 65.92%，排在全市第 21 位，与上年相比位次上升 8 位。其中，产业化水平指数为 48.19%，排在全市第 28 位，与上年相比位次上升 2 位。产业化效益指数为 95.59%，排在全市第 1 位，与上年相比位次上升 26 位。三级指标中，表现较为突出的指标为高新技术企业利润率，其为 16.71%，排在全市第 1 位，与上年相比位次上升 17 位。存在不足的指标为高新技术产品销售收入占主营业务收入比重，其为 73.02%，排在全市第 19 位，与上年相比位次下降 11 位。

秀山县科技促进经济发展指数为 64.11%，排在全市第 26 位，与上年相比位次上升 2 位。其中，发展方式转变指数为 53.75%，排在全市第 26 位，与上年相比位次上升 3 位。环境改善指数为 73.43%，排在全市第 25 位，与上年相比位次上升 3 位。三级指标中，表现较为突出的指标为环境空气质量指数，其为 65.01%，排在全市第 1 位，与上年位次持平。存在不足的指标为人均 GDP，其为 7.21 万元，排在全市第 25 位。

具体情况如表 3-36、图 3-106、图 3-107、图 3-108 所示。

表 3-36　秀山县各级指标监测值、指数值和位次与上年比较情况

序号	指标名称	单位	监测值		指数值/%		位次	
			2022年	2021年	2022年	2021年	2022年	2021年
	科技创新环境				19.78	25.88	34	30
	基础条件				12.10	24.18	35	28
1	万人 R&D 人员数	人年	5.27	2.76	10.53	5.52	32	33
2	科学研究和技术服务业法人单位数	家	352	352	35.20	35.20	28	26
3	研发平台数	家	11	1	11.00	1.00	31	37
4	每名 R&D 人员研发仪器和设备支出	万元	0.04	7.53	0.66	100.00	38	1
5	知识价值信用贷款每家企业贷款规模	万元	134.15	128.57	26.83	25.71	30	31
6	万人累计孵化企业数	家	0.00	0.00	0.00	0.00	29	24
	科技意识				37.08	29.71	26	35
7	开展创新活动的企业占比	%	33.41	39.44	33.41	39.44	31	30
8	有 R&D 活动的企业占比	%	40.74	20.00	40.74	20.00	18	36
	科技创新投入				33.80	29.37	27	28
	人力投入				48.96	48.05	23	27
9	万人 R&D 研究人员数	人年	0.70	0.62	1.76	1.56	36	36
10	规模以上工业企业 R&D 研究人员占比	%	94.29	100.00	100.00	100.00	1	1
	财力投入				25.81	19.54	30	31
11	R&D 经费支出与 GDP 比值	%	0.40	0.25	15.58	9.55	32	35
12	地方财政科技支出占财政一般预算支出的比重	%	0.53	0.58	10.55	11.67	29	29
13	规模以上工业企业创新费用支出占主营业务收入比重	%	1.76	1.37	58.69	45.51	30	21
14	规模以上工业企业 R&D 经费支出占主营业务收入比重	%	1.10	0.93	43.81	37.32	24	29
15	企业技术获取和技术改造经费支出占主营业务收入比重	%	0.25	0.00	9.91	0.00	11	33
	科技创新产出				14.20	6.81	30	35
	知识产出				2.63	2.56	33	35
16	万名 R&D 人员发表科技论文数	篇	0.00	0.00	0.00	0.00	29	34
17	万人有效发明专利拥有量	件	0.87	0.87	5.80	5.78	34	33
18	万人高价值发明专利拥有量	件	0.18	0.16	1.51	1.33	31	31
	效益产出				24.61	10.64	26	31
19	规模以上工业企业新产品销售收入占主营业务收入比重	%	3.64	2.55	9.09	6.36	34	34
20	技术合同成交额与 GDP 比值	%	0.07	0.01	2.77	0.53	20	24
21	规模以上工业企业战略性新兴产业增加值占 GDP 比重	%	1.83	1.08	28.98	17.09	24	28
22	数字经济核心产业增加值占 GDP 比重	%	4.83	1.57	48.35	15.72	15	27
	高新技术产业化				65.92	45.06	21	29
	产业化水平				48.19	40.48	28	30
23	每万家企业法人中高新技术企业数	家	14.17	11.81	10.12	8.44	32	33
24	万人高新技术企业从业人员数	人	43.39	29.63	10.85	7.41	27	30
25	高新技术企业营业收入占工业主营业务收入比重	%	17.44	12.61	58.15	42.04	28	28
26	高新技术产品出口额占商品出口额比重	%	71.36	51.77	89.21	64.71	17	24
27	高新技术产品销售收入占主营业务收入比重	%	73.02	86.02	81.13	95.58	19	8
	产业化效益				95.59	52.72	1	27
28	高新技术企业劳动生产率	万元/人	110.14	72.20	91.78	60.17	18	28
29	高新技术企业利润率	%	16.71	6.61	100.00	44.07	1	18
	科技促进经济发展				64.11	59.05	26	28
	发展方式转变				53.75	50.78	26	29
30	人均 GDP	万元	7.21	6.87	60.08	57.26	25	26
31	工业企业全员劳动生产率	元/人年	463 286.47	431 917.11	46.33	43.19	20	20
	环境改善				73.43	66.48	25	28
32	万元主营业务收入能耗	吨标准煤	0.24	0.36	34.89	23.46	23	26
33	万元地区生产总值用水量	立方米	30.40	35.32	82.24	70.79	26	30
34	环境空气质量指数	%	65.01	64.99	100.00	100.00	1	1
	综合指数				37.06	31.07	28	29

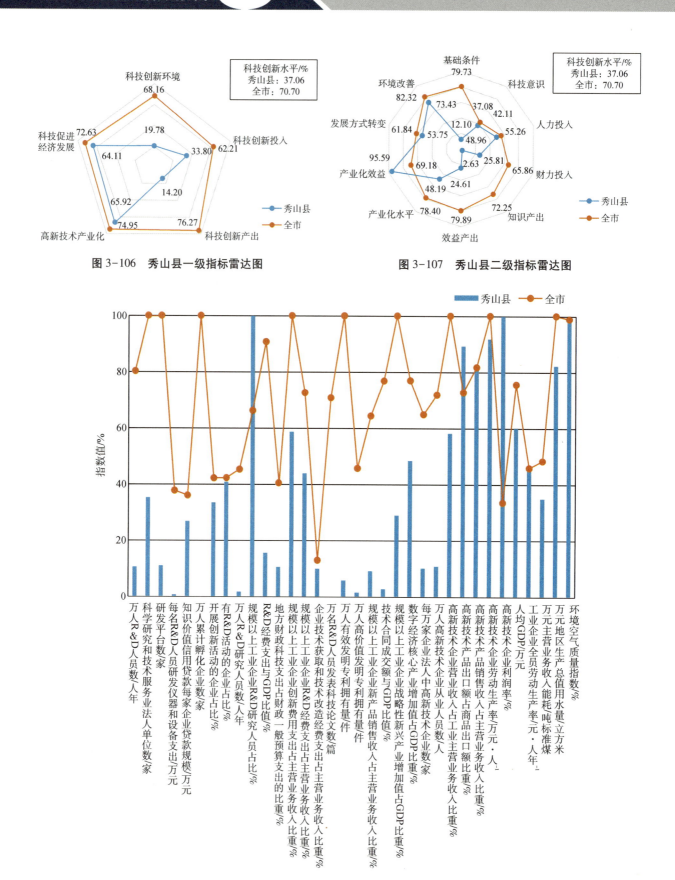

图 3-106　秀山县一级指标雷达图

图 3-107　秀山县二级指标雷达图

图 3-108　秀山县三级指标指数值（监测值／标准值×100%）线柱图

酉阳县

酉阳县科技创新水平指数为 22.19%，在全市排名第 36 位，与上年相比位次上升 1 位。

酉阳县科技创新环境指数为 21.57%，排在全市第 32 位，与上年相比位次下降 1 位。其中，基础条件指数为 19.69%，排在全市第 31 位，与上年相比位次不变。科技意识指数为 25.81%，排在全市第 35 位，与上年相比位次下降 1 位。三级指标中，表现较为突出的指标为每名 R&D 人员研发仪器和设备支出，其为 3.03 万元，排在全市第 6 位。存在不足的指标为知识价值信用贷款每家企业贷款规模，其为 140.23 万元，排在全市第 27 位，与上年相比位次下降 3 位。开展创新活动的企业占比为 39.87%，排在全市第 23 位，与上年相比位次下降 8 位。

酉阳县科技创新投入指数为 8.49%，排在全市第 37 位，与上年相比位次不变。其中，人力投入指数为 7.24%，排在全市第 38 位，与上年相比位次下降 1 位。财力投入指数为 9.15%，排在全市第 37 位，与上年相比位次下降 1 位。三级指标中，表现较为突出的指标为企业技术获取和技术改造经费支出占主营业务收入比重，其为 0.10%，排在全市第 23 位，与上年相比位次上升 8 位。存在不足的指标为 R&D 经费支出与 GDP 比值，其为 0.12%，排在全市第 38 位，与上年相比位次下降 5 位。规模以上工业企业 R&D 经费支出占主营业务收入比重为 0.23%，排在全市第 37 位，与上年相比位次下降 2 位。万人 R&D 研究人员数为 0.94 人年，排在全市第 35 位，与上年相比位次下降 6 位。

酉阳县科技创新产出指数为 6.57%，排在全市第 36 位，与上年相比位次下降 7 位。其中，知识产出指数为 2.43%，排在全市第 34 位，与上年相比位次下降 14 位。效益产出指数为 10.29%，排在全市第 35 位，与上年相比位次上升 2 位。三级指标中，表现较为突出的指标为规模以上工业企业新产品销售收入占主营业务收入比重，其为 4.49%，与上年相比位次上升 2 位。存在不足的指标为万名 R&D 人员发表科技论文数，其为 0 篇，排在全市第 29 位，与上年相比位次下降 20 位。

酉阳县高新技术产业化指数为 36.58%，排在全市第 30 位，与上年相比位次上升 3 位。其中，产业化水平指数为 43.16%，排在全市第 29 位，与上年相比位次不变。产业化效益指数为 25.56%，排在全市第 35 位，与上年相比位次上升 3 位。三级指标中，表现较为突出的指标为高新技术产品销售收入占主营业务收入比重，其为 93.95%，排在全市第 1 位，与上年位次持平。存在不足的指标为万人高新技术企业从业人员数，其为 6.77 人，排在全市第 37 位，与上年相比位次下降 2 位。高新技术企业营业收入占工业主营业务收入比重为 8.23%，排在全市第 33 位，与上年相比位次下降 2 位。

酉阳县科技促进经济发展指数为 46.61%，排在全市第 38 位，与上年相比位次不变。其中，发展方式转变指数为 32.83%，排在全市第 36 位，与上年相比位次上升 1 位。环境改善指数为 58.99%，排在全市第 37 位，与上年相比位次下降 1 位。三级指标中，表现较为突出的指标为环境空气质量指数，其为 67.43%，排在全市第 1 位，与上年位次持平。存在不足的指标为工业企业全员劳动生产率，其为 340 231.13 元/人年，排在全市第 34 位，与上年相比位次下降 2 位。

具体情况如表 3-37、图 3-109、图 3-110、图 3-111 所示。

表 3-37　酉阳县各级指标监测值、指数值和位次与上年比较情况

序号	指标名称	单位	监测值 2022 年	监测值 2021 年	指数值/% 2022 年	指数值/% 2021 年	位次 2022年	位次 2021年
	科技创新环境				**21.57**	**24.09**	**32**	**31**
	基础条件				19.69	20.35	31	31
1	万人 R&D 人员数	人年	1.15	2.39	2.31	4.78	37	36
2	科学研究和技术服务业法人单位数	家	575	582	57.50	58.20	17	14
3	研发平台数	家	3	3	3.00	3.00	35	34
4	每名 R&D 人员研发仪器和设备支出	万元	3.03	2.97	50.57	49.51	6	5
5	知识价值信用贷款每家企业贷款规模	万元	140.23	150.00	28.05	30.00	27	24
6	万人累计孵化企业数	家	0.00	0.00	0.00	0.00	29	24
	科技意识				25.81	32.53	35	34
7	开展创新活动的企业占比	%	39.87	46.56	39.87	46.56	23	15
8	有 R&D 活动的企业占比	%	11.76	18.52	11.76	18.52	36	37
	科技创新投入				**8.49**	**12.23**	**37**	**37**
	人力投入				7.24	10.34	38	37
9	万人 R&D 研究人员数	人年	0.94	1.73	2.35	4.32	35	29
10	规模以上工业企业 R&D 研究人员占比	%	8.77	14.29	12.53	20.41	36	36
	财力投入				9.15	13.22	37	36
11	R&D 经费支出与 GDP 比值	%	0.12	0.36	4.75	13.97	38	33
12	地方财政科技支出占财政一般预算支出的比重	%	0.42	0.44	8.40	8.86	31	32
13	规模以上工业企业创新费用支出占主营业务收入比重	%	0.75	0.37	24.92	12.30	36	37
14	规模以上工业企业 R&D 经费支出占主营业务收入比重	%	0.23	0.64	9.35	25.55	37	35
15	企业技术获取和技术改造经费支出占主营业务收入比重	%	0.10	0.01	4.16	0.52	23	31
	科技创新产出				**6.57**	**12.51**	**36**	**29**
	知识产出				2.43	18.77	34	20
16	万名 R&D 人员发表科技论文数	篇	0.00	2 046.78	0.00	58.48	29	9
17	万人有效发明专利拥有量	件	0.89	0.87	5.93	5.82	32	32
18	万人高价值发明专利拥有量	件	0.10	0.08	0.82	0.67	36	36
	效益产出				10.29	6.88	35	37
19	规模以上工业企业新产品销售收入占主营业务收入比重	%	4.49	1.69	11.23	4.23	33	35
20	技术合同成交额与 GDP 比值	%	0.00	0.00	0.00	0.00	31	31
21	规模以上工业企业战略性新兴产业增加值占 GDP 比重	%	0.31	0.20	4.88	3.22	35	36
22	数字经济核心产业增加值占 GDP 比重	%	2.15	1.69	21.53	16.90	30	25
	高新技术产业化				**36.58**	**34.41**	**30**	**33**
	产业化水平				43.16	45.85	29	29
23	每万家企业法人中高新技术企业数	家	6.88	9.81	4.92	7.00	36	35
24	万人高新技术企业从业人员数	人	6.77	7.74	1.69	1.93	37	35
25	高新技术企业营业收入占工业主营业务收入比重	%	8.23	11.01	27.42	36.71	33	31
26	高新技术产品出口额占商品出口额比重	%	100.00	100.00	100.00	100.00	1	1
27	高新技术产品销售收入占主营业务收入比重	%	93.95	90.56	100.00	100.00	1	1
	产业化效益				25.56	15.27	35	38
28	高新技术企业劳动生产率	万元/人	57.14	61.19	47.62	50.99	32	32
29	高新技术企业利润率	%	0.00	0.00	0.00	−26.13	33	38
	科技促进经济发展				**46.61**	**44.34**	**38**	**38**
	发展方式转变				32.83	30.81	36	37
30	人均 GDP	万元	3.82	3.50	31.81	29.15	36	36
31	工业企业全员劳动生产率	元/人年	340 231.13	327 537.90	34.02	32.75	34	32
	环境改善				58.99	56.49	37	36
32	万元主营业务收入能耗	吨标准煤	0.55	0.70	15.58	12.23	31	31
33	万元地区生产总值用水量	立方米	47.10	52.02	53.08	48.06	36	36
34	环境空气质量指数	%	67.43	68.61	100.00	100.00	1	1
	综合指数				**22.19**	**24.09**	**36**	**37**

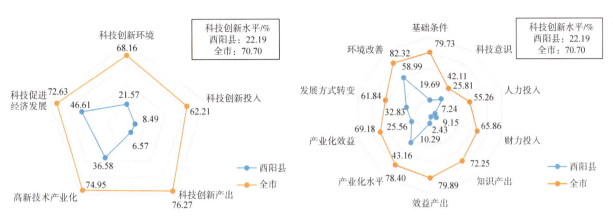

图 3-109　酉阳县一级指标雷达图　　　　　　图 3-110　酉阳县二级指标雷达图

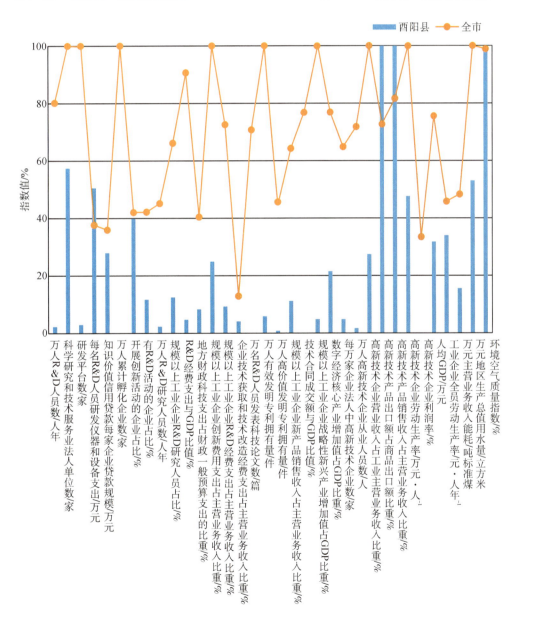

图 3-111　酉阳县三级指标指数值（监测值/标准值×100%）线柱图

彭水县

彭水县科技创新水平指数为23.27%，在全市排名第35位，与上年相比位次下降1位。

彭水县科技创新环境指数为8.09%，排在全市第38位，与上年相比位次下降1位。其中，基础条件指数为4.84%，排在全市第38位，与上年相比位次不变。科技意识指数为15.43%，排在全市第38位，与上年相比位次下降6位。三级指标中，表现较为突出的指标为每名R&D人员研发仪器和设备支出，其为0.37万元，排在全市第35位，与上年相比位次上升3位。存在不足的指标为万人R&D人员数，其为0.84人年，排在全市第38位，与上年相比位次下降3位。有R&D活动的企业占比为11.43%，排在全市第37位，与上年相比位次下降10位。

彭水县科技创新投入指数为32.66%，排在全市第31位，与上年相比位次下降2位。其中，人力投入指数为48.47%，排在全市第26位，与上年相比位次下降2位。财力投入指数为24.34%，排在全市第32位，与上年相比位次上升1位。三级指标中，表现较为突出的指标为规模以上工业企业R&D研究人员占比，其为82.35%，排在全市第1位，与上年相比位次不变。规模以上工业企业创新费用支出占主营业务收入比重为1.92%，排在全市第28位，与上年相比位次上升6位。存在不足的指标为万人R&D研究人员数，其为0.32人年，排在全市第38位，与上年相比位次下降1位。

彭水县科技创新产出指数为5.50%，排在全市第37位，与上年相比位次上升1位。其中，知识产出指数为2.36%，排在全市第36位，与上年相比位次不变。效益产出指数为8.33%，排在全市第38位，与上年相比位次不变。三级指标中，表现较为突出的指标为数字经济核心产业增加值占GDP比重，其为2.54%，排在全市第26位，与上年相比位次上升7位。彭水县无技术合同成交额，技术合同成交额与GDP比值排在全市第31位，与上年相比位次下降12位。

彭水县高新技术产业化指数为17.85%，排在全市第37位，与上年相比位次下降7位。其中，产业化水平指数为14.68%，排在全市第38位，与上年相比位次下降4位。产业化效益指数为23.15%，排在全市第36位，与上年相比位次下降21位。三级指标中，表现较为突出的指标为高新技术产品销售收入占主营业务收入比重，其为72.64%，排在全市第20位。存在不足的指标为高新技术企业营业收入占工业主营业务收入比重，其为2.18%，排在全市第38位。万人高新技术企业从业人员数为4.60人，排在全市第38位。彭水县高新技术企业利润总额处于亏损状态，高新技术企业利润率排在全市第33位，与上年相比位次下降25位。

彭水县科技促进经济发展指数为66.98%，排在全市第24位，与上年相比位次下降1位。其中，发展方式转变指数为57.30%，排在全市第20位，与上年相比位次下降5位。环境改善指数为75.67%，排在全市第23位，与上年相比位次上升2位。三级指标中，表现较为突出的指标为环境空气质量指数，其为69.67%，排在全市第1位，与上年位次持平。工业企业全员劳动生产率为719 094.45元/人年，排在全市第5位，与上年位次持平。万元地区生产总值用水量为24.50立方米，排在全市第1位，与上年相比位次上升16位。存在不足的指标为人均GDP，其为5.38万元，排在全市第33位，与上年相比位次下降2位。

具体情况如表3-38、图3-112、图3-113、图3-114所示。

表 3-38 彭水县各级指标监测值、指数值和位次与上年比较情况

序号	指标名称	单位	监测值		指数值/%		位次	
			2022 年	2021 年	2022 年	2021 年	2022 年	2021 年
	科技创新环境				8.09	14.06	38	37
	基础条件				4.84	4.72	38	38
1	万人 R&D 人员数	人年	0.84	2.47	1.68	4.94	38	35
2	科学研究和技术服务业法人单位数	家	241	227	24.10	22.70	31	32
3	研发平台数	家	1	2	1.00	2.00	37	35
4	每名 R&D 人员研发仪器和设备支出	万元	0.37	0.06	6.16	1.02	35	38
5	知识价值信用贷款每家企业贷款规模	万元	0.00	0.00	0.00	0.00	37	37
6	万人累计孵化企业数	家	0.00	0.00	0.00	0.00	29	24
	科技意识				15.43	35.08	38	32
7	开展创新活动的企业占比	%	19.44	33.50	19.44	33.50	38	35
8	有 R&D 活动的企业占比	%	11.43	36.67	11.43	36.67	37	27
	科技创新投入				32.66	27.97	31	29
	人力投入				48.47	48.72	26	24
9	万人 R&D 研究人员数	人年	0.32	0.60	0.81	1.51	38	37
10	规模以上工业企业 R&D 研究人员占比	%	82.35	90.63	100.00	100.00	1	1
	财力投入				24.34	17.05	32	33
11	R&D 经费支出与 GDP 比值	%	0.25	0.21	9.61	8.04	37	36
12	地方财政科技支出占财政一般预算支出的比重	%	0.31	0.36	6.11	7.10	34	34
13	规模以上工业企业创新费用支出占主营业务收入比重	%	1.92	0.73	63.84	24.36	28	34
14	规模以上工业企业 R&D 经费支出占主营业务收入比重	%	1.29	1.13	51.65	45.10	22	24
15	企业技术获取和技术改造经费支出占主营业务收入比重	%	0.04	0.00	1.47	0.00	30	33
	科技创新产出				5.50	3.51	37	38
	知识产出				2.36	2.43	36	36
16	万名 R&D 人员发表科技论文数	篇	0.00	43.86	0.00	1.25	29	30
17	万人有效发明专利拥有量	件	0.89	0.75	5.93	5.03	32	34
18	万人高价值发明专利拥有量	件	0.08	0.09	0.64	0.75	37	35
	效益产出				8.33	4.47	38	38
19	规模以上工业企业新产品销售收入占主营业务收入比重	%	1.16	1.18	2.89	2.95	36	36
20	技术合同成交额与 GDP 比值	%	0.00	0.07	0.00	2.93	31	19
21	规模以上工业企业战略性新兴产业增加值占 GDP 比重	%	0.00	0.01	0.00	0.15	37	37
22	数字经济核心产业增加值占 GDP 比重	%	2.54	1.04	25.44	10.38	26	33
	高新技术产业化				17.85	36.51	37	30
	产业化水平				14.68	17.25	38	34
23	每万家企业法人中高新技术企业数	家	5.75	3.67	4.11	2.62	37	37
24	万人高新技术企业从业人员数	人	4.60	3.45	1.15	0.86	38	38
25	高新技术企业营业收入占工业主营业务收入比重	%	2.18	2.94	7.27	9.80	38	36
26	高新技术产品出口额占商品出口额比重	%	0.00	0.00	0.00	0.00	30	31
27	高新技术产品销售收入占主营业务收入比重	%	72.64	87.22	80.71	96.91	20	7
	产业化效益				23.15	68.73	36	15
28	高新技术企业劳动生产率	万元/人	51.76	88.73	43.13	73.94	34	24
29	高新技术企业利润率	%	0.00	9.40	0.00	62.70	33	8
	科技促进经济发展				66.98	67.43	24	23
	发展方式转变				57.30	62.53	20	15
30	人均 GDP	万元	5.38	5.09	44.83	42.42	33	31
31	工业企业全员劳动生产率	元/人年	719 094.45	860 739.40	71.91	86.07	5	5
	环境改善				75.67	71.83	23	25
32	万元主营业务收入能耗	吨标准煤	0.31	0.38	27.00	22.66	27	27
33	万元地区生产总值用水量	立方米	24.50	27.39	100.00	91.28	1	17
34	环境空气质量指数	%	69.67	68.36	100.00	100.00	1	1
	综合指数				23.27	26.93	35	34

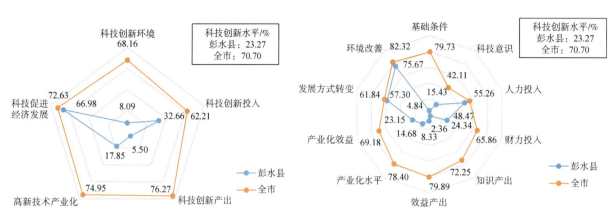

图 3-112　彭水县一级指标雷达图　　　　　图 3-113　彭水县二级指标雷达图

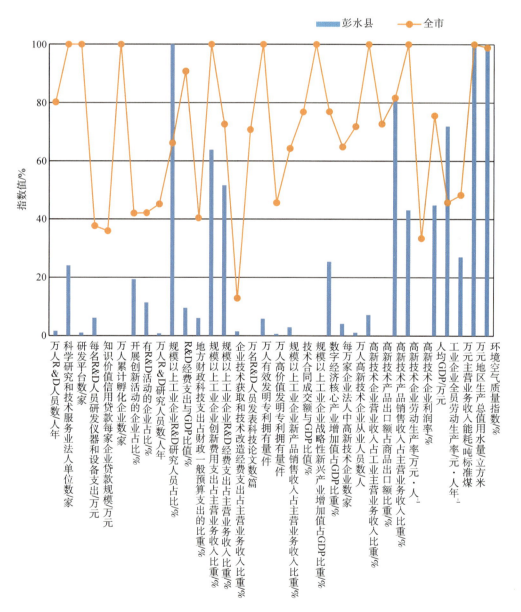

图 3-114　彭水县三级指标指数值（监测值/标准值×100%）线柱图

第四章 区县科技与经济协调发展相关性分析

一、科技创新环境指数与科技创新投入指数

图 4-1 中纵横两条线分别为"科技创新环境"和"科技创新投入"全市水平线,它们将散点图分为四个象限:位于第一象限的地区为科技创新环境和科技创新投入均高于全市水平的地区;位于第二象限的地区为科技创新环境低于全市水平,但科技创新投入高于全市水平的地区;位于第三象限的地区为科技创新环境和科技创新投入均低于全市水平的地区;位于第四象限的地区为科技创新环境高于全市水平,但科技创新投入低于全市水平的地区。

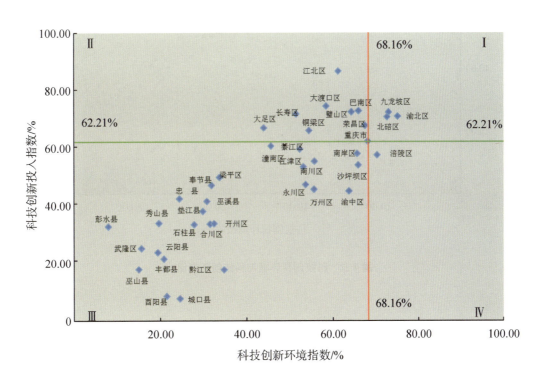

图 4-1 科技创新环境与科技创新投入

二、科技创新环境指数与科技创新产出指数

图 4-2 中纵横两条线分别为"科技创新环境"和"科技创新产出"全市水平线，它们将散点图分为四个象限：位于第一象限的地区为科技创新环境和科技创新产出均高于全市水平的地区；位于第二象限的地区为科技创新环境低于全市水平，但科技创新产出高于全市水平的地区；位于第三象限的地区为科技创新环境和科技创新产出均低于全市水平的地区；位于第四象限的地区为科技创新环境高于全市水平，但科技创新产出低于全市水平的地区。

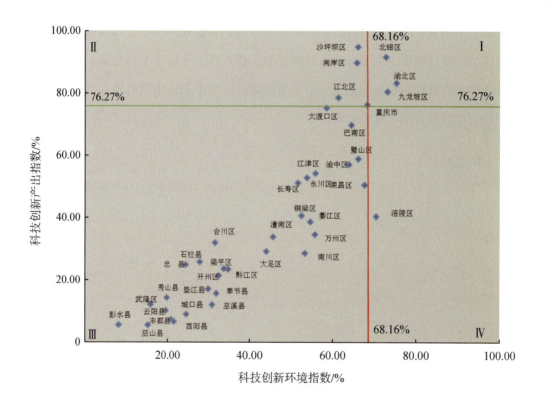

图 4-2　科技创新环境与科技创新产出

三、科技创新环境指数与高新技术产业化指数

图4-3中纵横两条线分别为"科技创新环境"和"高新技术产业化"全市水平线，它们将散点图分为四个象限：位于第一象限的地区为科技创新环境和高新技术产业化均高于全市水平的地区；位于第二象限的地区为科技创新环境低于全市水平，但高新技术产业化高于全市水平的地区；位于第三象限的地区为科技创新环境和高新技术产业化均低于全市水平的地区；位于第四象限的地区为科技创新环境高于全市水平，但高新技术产业化低于全市水平的地区。

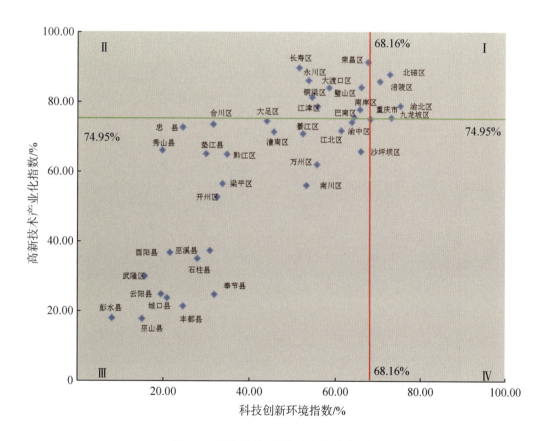

图4-3　科技创新环境与高新技术产业化

四、科技创新环境指数与科技促进经济发展指数

图 4-4 中纵横两条线分别为"科技创新环境"和"科技促进经济发展"全市水平线，它们将散点图分为四个象限：位于第一象限的地区为科技促进经济发展和科技创新环境均高于全市水平的地区；位于第二象限的地区为科技创新环境低于全市水平，但科技促进经济发展高于全市水平的地区；位于第三象限的地区为科技促进经济发展和科技创新环境均低于全市水平的地区；位于第四象限的地区为科技创新环境高于全市水平，但科技促进经济发展低于全市水平的地区。

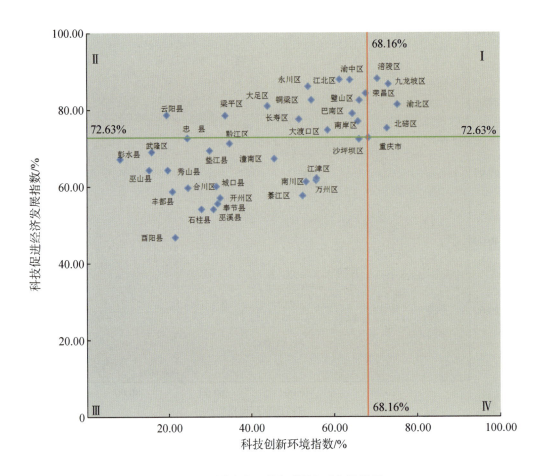

图 4-4　科技创新环境与科技促进经济发展

五、科技创新投入指数与科技创新产出指数

图 4-5 中纵横两条线分别为"科技创新投入"和"科技创新产出"全市水平线，它们将散点图分为四个象限：位于第一象限的地区为科技创新投入和科技创新产出均高于全市水平的地区；位于第二象限的地区为科技创新投入低于全市水平，但科技创新产出高于全市水平的地区；位于第三象限的地区为科技创新投入和科技创新产出均低于全市水平的地区；位于第四象限的地区为科技创新投入高于全市水平，但科技创新产出低于全市水平的地区。

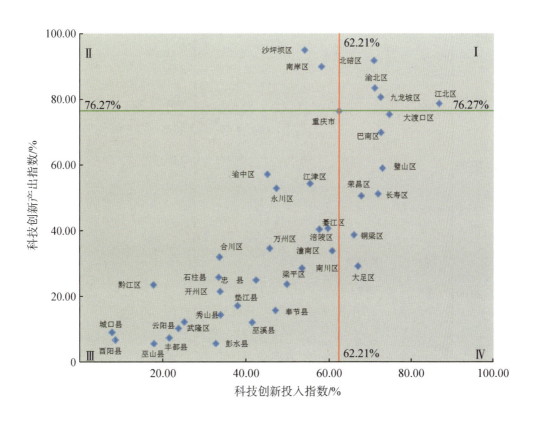

图 4-5　科技创新投入与科技创新产出

六、科技创新投入指数与高新技术产业化指数

图 4-6 中纵横两条线分别为"科技创新投入"和"高新技术产业化"全市水平线，它们将散点图分为四个象限：位于第一象限的地区为科技创新投入和高新技术产业化均高于全市水平的地区；位于第二象限的地区为科技创新投入低于全市水平，但高新技术产业化高于全市水平的地区；位于第三象限的地区为科技创新投入和高新技术产业化均低于全市水平的地区；位于第四象限的地区为科技创新投入高于全市水平，但高新技术产业化低于全市水平的地区。

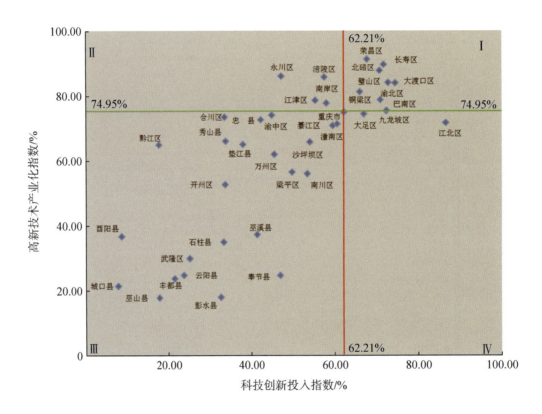

图 4-6　科技创新投入与高新技术产业化

七、科技创新投入指数与科技促进经济发展指数

图4-7中纵横两条线分别为"科技创新投入"和"科技促进经济发展"全市水平线，它们将散点图分为四个象限：位于第一象限的地区为科技创新投入和科技促进经济发展均高于全市水平的地区；位于第二象限的地区为科技创新投入低于全市水平，但科技促进经济发展高于全市水平的地区；位于第三象限的地区为科技创新投入和科技促进经济发展均低于全市水平的地区；位于第四象限的地区为科技创新投入高于全市水平，但科技促进经济发展低于全市水平的地区。

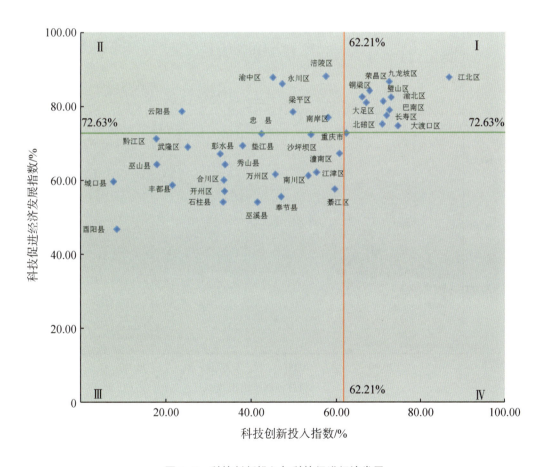

图4-7　科技创新投入与科技促进经济发展

八、科技创新产出指数与高新技术产业化指数

图 4-8 中纵横两条线分别为"科技创新产出"和"高新技术产业化"全市水平线，它们将散点图分为四个象限：位于第一象限的地区为科技创新产出和高新技术产业化均高于全市水平的地区；位于第二象限的地区为科技创新产出低于全市水平，但高新技术产业化高于全市水平的地区；位于第三象限的地区为科技创新产出和高新技术产业化均低于全市水平的地区；位于第四象限的地区为科技创新产出高于全市水平，但高新技术产业化低于全市水平的地区。

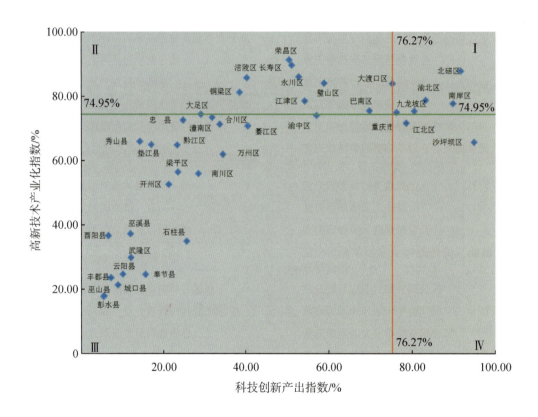

图 4-8　科技创新产出与高新技术产业化

九、科技创新产出指数与科技促进经济发展指数

图4-9中纵横两条线分别为"科技创新产出"和"科技促进经济发展"全市水平线,它们将散点图分为四个象限:位于第一象限的地区为科技创新产出和科技促进经济发展均高于全市水平的地区;位于第二象限的地区为科技创新产出低于全市水平,但科技促进经济发展高于全市水平的地区;位于第三象限的地区为科技创新产出和科技促进经济发展均低于全市水平的地区;位于第四象限的地区为科技创新产出高于全市水平,但科技促进经济发展低于全市水平的地区。

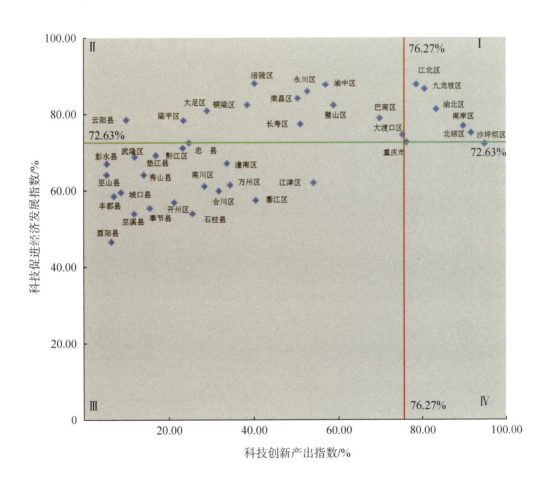

图4-9　科技创新产出与科技促进经济发展

十、高新技术产业化指数与科技促进经济发展指数

图 4-10 中纵横两条线分别为"高新技术产业化"和"科技促进经济发展"全市水平线，它们将散点图分为四个象限：位于第一象限的地区为高新技术产业化和科技促进经济发展均高于全市水平的地区；位于第二象限的地区为高新技术产业化低于全市水平，但科技促进经济发展高于全市水平的地区；位于第三象限的地区为高新技术产业化和科技促进经济发展均低于全市水平的地区；位于第四象限的地区为高新技术产业化高于全市水平，但科技促进经济发展低于全市水平的地区。

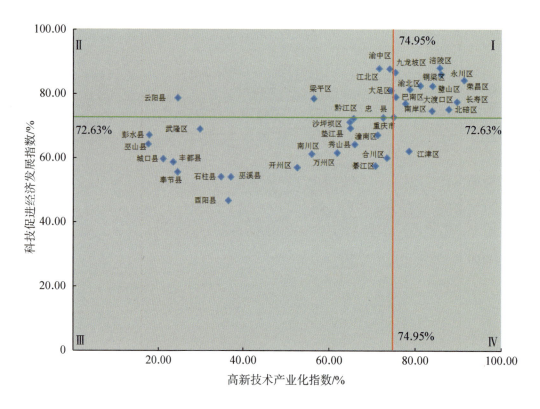

图 4-10 高新技术产业化与科技促进经济发展

附录1 《重庆科技创新指数报告》简介

　　《重庆科技创新指数报告》是重庆迄今为止持续时间最长的评价报告之一。其最早可追溯到2009年发布的《重庆区县科技进步监测报告》，2017年后更名为《重庆科技创新指数报告》，截至2023年已连续发布15年。

　　2022年，重庆生产力促进中心、重庆市科学技术情报学会与重庆工商大学联合组成了"重庆科技创新指数评价课题组"。该课题组在市科技局、市统计局等部门的指导和支持下，开展了重庆区县科技创新指标体系研究。为适应新发展阶段重庆科技创新发展特征，相对于《重庆科技创新指数报告（2021）》，课题组对原有指标体系进行了修订，原有的5个一级指标保持不变，5个一级指标各增加2个二级指标，三级指标从17个增加至34个。《重庆科技创新指数报告（2023）》指标体系与《重庆科技创新指数报告2022》保持一致。

一、科技创新指数评价意义

　　开展重庆科技创新指数评价工作的目的有以下三点：

　　一是把科技创新作为核心评价指标，引导全社会创新资源向产业和企业集聚。

　　二是及时、全面、客观地反映全市和各区县科技创新水平，引导和促进区县科技创新发展。

　　三是为全社会在认知、研究我市科技创新方面提供数据与信息，为全市广大科技工作者从事管理、决策和研究提供参考资料。

二、科技创新指数评价指标体系

　　重庆科技创新指数评价指标体系由科技创新环境、科技创新投入、科技创新产出、高新技术产业化和科技促进经济发展5个一级指标以及10个二级指标和34个三级指标组成，以上指标通过加权综合形成重庆科技创新水平指数。

　　第一，科技创新环境。科技创新环境包括基础条件和科技意识2个二级指标。基础条件包含6个三级指标，即万人R&D人员数、科学研究和技术服务业法人单位数、研发平台数、每名R&D人员研发仪器和设备支出、知识价值信用贷款每家企业贷款规模、万人累计孵化企业数，分别衡量了一个地区科技人力水平、研发基础设施建设、研发平台、知识价值信贷发展、创业孵化基础设施情况。科技意识包含2个三级指标，即开展创新活动的企业占比、有R&D活动的企业占比，分别衡量了一个地区创新主体发展、企业发展活力情况。

第二，科技创新投入。科技创新投入包括人力投入和财力投入 2 个二级指标。人力投入包含 2 个三级指标，即万人 R&D 研究人员数、规模以上工业企业 R&D 研究人员占比，分别衡量了一个地区的科技人力投入和企业研发人员投入情况。财力投入包含 5 个三级指标，即 R&D 经费支出与 GDP 比值、地方财政科技支出占财政一般预算支出的比重、规模以上工业企业创新费用支出占主营业务收入比重、规模以上工业企业 R&D 经费支出占主营业务收入比重、企业技术获取和技术改造经费支出占主营业务收入比重，分别衡量了一个地区的研发经费投入、政府科技投入、企业创新费用投入、企业研发经费投入和企业技术获取和技术改造经费投入情况。

第三，科技创新产出。科技创新产出包括知识产出和效益产出 2 个二级指标。知识产出包括 3 个三级指标，即万名 R&D 人员发表科技论文数、万人有效发明专利拥有量、万人高价值发明专利拥有量，分别衡量了一个地区的技术研发水平、知识产权保护意识、新产品构成情况。效益产出包括 4 个三级指标，即规模以上工业企业新产品销售收入占主营业务收入比重、技术合同成交额与 GDP 比值、规模以上工业企业战略性新兴产业增加值占 GDP 比重、数字经济核心产业增加值占 GDP 比重，分别衡量了一个地区的企业新产品销售、科技转化水平、战略性新兴产业、数字经济发展情况。

第四，高新技术产业化。高新技术产业化包括产业化水平和产业化效益 2 个二级指标。产业化水平包含 5 个三级指标，即每万家企业法人中高新技术企业数、万人高新技术企业从业人员数、高新技术企业营业收入占工业主营业务收入比重、高新技术产品出口额占商品出口额比重、高新技术产品销售收入占主营业务收入比重，分别衡量了一个地区优质创新主体相对拥有量、高新技术产业吸纳就业能力、高新技术产业价值创造能力、企业新产品开发成效、高新技术产业国际竞争力情况。产业化效益包含 2 个三级指标，即高新技术企业劳动生产率、高新技术企业利润率，分别衡量了一个地区的高新技术企业劳动生产率、利润创造情况。

第五，科技促进经济发展。科技促进经济发展包括发展方式转变和环境改善 2 个二级指标。发展方式转变包含 2 个三级指标，即人均 GDP、工业企业全员劳动生产率，分别衡量了一个地区的经济发展水平、工业企业全员劳动生产率情况。环境改善包含 3 个三级指标，即万元主营业务收入能耗、万元地区生产总值用水量、环境空气质量指数，分别衡量了一个地区的能耗水平、水耗水平、可持续发展能力情况。

34 个三级指标在综合成各区县科技创新水平指数时，通过专家打分法和熵值法得到各三级指标的组合权重，10 个二级指标和 5 个一级指标的权重分别由各子项指标权重加总得到，具体见附录2。

三、科技创新指数监测原则

科技创新指数体系主要遵循了以下原则：

1. 导向性原则

指标体系的建立必须突出科技创新的导向作用，突出重庆创新发展的特色，强调科技投入、成果转化和创新环境的建立，通过指数体系的建立，激励、引导各级政府及工业企业的科技创新活动，提高经济增长中的科技创新含量，加快科技创新的步伐。

2. 科学性原则

在设计指标体系时，必须考虑理论上的完备性、科学性和正确性，即指标概念必须明确，并且具有一定的科学内涵。科学性原则要求权重系数的确定以及数据的选取、计算与合成等要以公认的科学理论为依托，同时要避免指标间的重叠和简单罗列。

3. 可操作性原则

在设计科技创新指数体系时，各指标数据要均能从公开的统计数据中得到，以保证评价的可操作性和透明性，并保证评价结果的可信度。

4. 可比性原则

本指标体系最直接的作用是对重庆各区县的科技创新状况进行评价，因此必须充分考虑各区县在经济结构、自然环境方面的差异，在具体指标的选择上尽量选取具有共性的综合指标，以保证指标的可比性和评价的公平性。

5. 持续性原则

科技创新监测是一项长期工作。为实施持续性的科技创新监测，需保证各项指标数据均能从各年连续获得。

6. 整体性与层次性原则

指标体系作为一个整体，应比较全面地反映科技创新综合实力的发展状况，即既要有反映各区县科技创新环境、科技创新投入、科技创新产出、科技促进经济发展等各子系统发展的主要特征和状态的指标，又要有反映以上各子系统相互协调的动态变化和发展趋势的指标。选择的指标还应具有层次性，即高层次的指标包含描述低层次不同方面的指标。高层次指标是低一层次指标的综合，并指导低一层次指标的建设；低层次指标是高一层次指标的分解，是高一层次指标建立的基础。

7. 绝对指标和相对指标相结合的原则

绝对指标是反映社会经济发展总规模、总水平的综合指标。通过绝对指标分析，可反映总量、规模等因素。相对指标是两个相互联系的现象数量的比率，用以反映现象的发展程度、结构、强度、普遍程度或比例关系，揭示事物内部联系和现象间的对比关系。把绝对指标与相对指标结合起来，可以更准确地反映科技创新状况。

四、科技创新指数统计方法

科技创新指数系统的框架和指标体系确定后，综合评价的实施由以下几个步骤组成：

1. 各评价指标无量纲化处理

科技创新指数体系的各个评价指标之间，由于量纲、经济意义、表现形式以及对提高科技创新综合实力这个总目标的作用趋向不同，不具有可比性，必须对其进行无量纲化处理，消除指标量纲影响，使其彼此具有可比性后计算综合评价结果。实践中常用的无量纲化方法主要有标准化处理、相对化处理和函数化处理。本报告采用相对化处理的方法来对各指标进行无量纲化处理。

2. 指标权重的确定

用指标体系反映科技创新能够使技术创新在某一方面的作用具体化，但各个指标在科技创新中所起的作用和重要性是不同的，因此对于指标体系中的各指标都应赋予相应的权重。权重确定的合理与否对综合评价结果的好坏和评价工作质量的高低有着决定性的影响。本指标体系的权重采用了熵值法和专家意见法。

熵值法是一种客观赋权的方法，利用信息熵的工具根据各项指标值的变异程度来确定各分类指标的权重。一般来说，若某个指标的信息熵 E_j 越小，则表明指标值的变异程度越大，提供的信息量越多，在综合评价中所能起到的作用也越大，其权重也就越大；相反，若某个指标的信息熵 E_j 越大，则表明指标值的变异程度越小，提供的信息量越少，在综合评价中所能起到的作用也越小，其权重也就越小。熵值法赋权步骤如下：

第一，数据标准化处理。

假设给定 n 个样本，m 个评价指标，可构成数据矩阵 $X = (X_{ij})_{n \times m}$，按照极值标准化法对数据进行标准化处理。同时，为了避免求熵值时对数的无意义，还需要进行数据平移：

$$X'_{ij} = \frac{X_{ij} - \min X_j}{\max X_j - \min X_j} + 1, \quad (i = 1, 2, \cdots, n; j = 1, 2, \cdots, m)$$

记非负化处理后的数据为 X'_{ij}。

第二，确定各指标的信息熵。

根据信息论中信息熵的定义，一组数据的信息熵为，

$$E_j = -\frac{1}{\ln n} \sum_{i=1}^{n} p_{ij} \ln p_{ij}, \quad (j = 1, 2, \cdots, m)$$

其中，$p_{ij} = X'_{ij} \Big/ \sum_{i=1}^{n} X'_{ij}$，如果 $p_{ij} = 0$，则定义 $\lim_{p_{ij} \to 0} p_{ij} \ln p_{ij} = 0$。

第三，确定各指标权重。

根据信息熵计算公式，计算出各指标的信息熵为 $E_1, E_2, \cdots, E_m$，通过信息熵计算各指标的权重：

$$w_j = \frac{1 - E_j}{m - \sum_{j=1}^{m} E_j}, \quad (j = 1, 2, \cdots, m)$$

专家意见法是根据决策者主观信息进行赋权的一类方法，即通过一定方法综合各位专家对各指标给出的权重进行的赋权。本报告通过专家打分的形式得到各级指标分值，然后基于指标体系层级关系和各级指标总分值进行平权，得到一级、二级、三级指标的权重。

在计算出熵权和专家权重后，通过算术平均得到本报告指标体系的组合权重。

3. 采用统计综合方法进行评价

各级监测值均可称为"指数"，计算方法如下：

三级指标监测值（三级指数）由各三级指标除以相应的监测标准得到，即 $d_{ijk} = \dfrac{x_{ijk}}{x_k^*} \times 100\%$。其中，$x_{ijk}$ 为第 i 个一级指标下设的第 j 个二级指标下设的第 k 个三级指标；x_k^* 为第 k 个三级指标相应的标准值；当 $d_{ijk} \geqslant 100$ 时，取 100 为其上限值。

二级指标监测值（二级指数）由各二级指标下子指标的监测值加权综合得到，即 $d_{ij} = \sum\limits_{k=1}^{n_j} w_{ijk} d_{ijk}$。其中，$w_{ijk}$ 为各三级指标监测值相应的权数；n_j 为第 j 个二级指标下设的三级指标的个数。

一级指标监测值（一级指数）由二级指标监测值加权综合得到，即 $d_j = \sum\limits_{i=1}^{n_j} w_{ij} d_{ij}$。其中，$w_{ij}$ 为各二级指标监测值相应的权数；n_j 为第 j 个一级指标下设的二级指标个数。

总监测值（总指数）由一级指标的监测值加权综合得到，即 $d = \sum\limits_{i=1}^{n} w_i d_i$。其中，$w_i$ 为各一级指标监测值相应的权数；n 为一级指标个数。

五、科技创新指数监测标准

根据目前我国科技创新的总体水平和先进地区的发展水平，参照发达国家人均国内生产总值达到 10 000 美元（按名义汇率计算）左右时科技与经济协调发展的状况，以及全国科技创新指数标准、重庆市统计年鉴、重庆市各区县科技发展与经济增长等方面综合考虑，经反复测算最终确定了一套较为系统的"科技创新评价标准"，该标准主要参考《重庆市国民经济和社会发展第十四个五年规划和二〇三五年远景目标纲要》。通过各区县地区科技创新水平与这一"评价标准"的比较，可反映出各地区达到标准的程度。指数标准见附录2。

附录2 重庆科技创新指数评价指标体系

一级指标	二级指标	序号	三级指标	单位	标准值
科技创新环境	基础条件	1	万人 R&D 人员数	人年	50
		2	科学研究和技术服务业法人单位数	家	1 000
		3	研发平台数	家	100
		4	每名 R&D 人员研发仪器和设备支出	万元	6
		5	知识价值信用贷款每家企业贷款规模	万元	500
		6	万人累计孵化企业数	家	1
	科技意识	7	开展创新活动的企业占比	%	100
		8	有 R&D 活动的企业占比	%	100
科技创新投入	人力投入	9	万人 R&D 研究人员数	人年	40
		10	规模以上工业企业 R&D 研究人员占比	%	70
	财力投入	11	R&D 经费支出与 GDP 比值	%	2.6
		12	地方财政科技支出占财政一般预算支出的比重	%	5
		13	规模以上工业企业创新费用支出占主营业务收入比重	%	3
		14	规模以上工业企业 R&D 经费支出占主营业务收入比重	%	2.5
		15	企业技术获取和技术改造经费支出占主营业务收入比重	%	2.5
科技创新产出	知识产出	16	万名 R&D 人员发表科技论文数	篇	3 500
		17	万人有效发明专利拥有量	件	15
		18	万人高价值发明专利拥有量	件	12
	效益产出	19	规模以上工业企业新产品销售收入占主营业务收入比重	%	40
		20	技术合同成交额与 GDP 比值	%	2.5
		21	战略性新兴产业增加值占 GDP 比重	%	6.3
		22	数字经济核心产业增加值占 GDP 比重	%	10
高新技术产业化	产业化水平	23	每万家企业法人中高新技术企业数	家	140
		24	万人高新技术企业从业人员数	人	400
		25	高新技术企业营业收入占工业主营业务收入比重	%	30
		26	高新技术产品出口额占商品出口额比重	%	80
		27	高新技术产品销售收入占主营业务收入比重	%	90
	产业化效益	28	高新技术企业劳动生产率	万元/人	120
		29	高新技术企业利润率	%	15
科技促进经济发展	发展方式转变	30	人均 GDP	万元	12
		31	工业企业全员劳动生产率	元/人年	1 000 000
	环境改善	32	万元主营业务收入能耗	吨标准煤	0.085
		33	万元地区生产总值用水量	立方米	25
		34	环境空气质量指数	%	60

附录 3　指标解释

1. 万人 R&D 人员数

"R&D 人员"是指直接从事 R&D 活动的人员，以及直接为 R&D 活动提供服务的管理人员、行政人员和办事人员。我国 R&D 人员统计包括人员数和全时工作两个指标。由于一个人并非是全部时间投入 R&D 活动，采用全时当量把非全时人数按工作量折算为全时人员数。"R&D 人员全时当量"指全社会全时 R&D 人员工作量与非全时 R&D 人员工作量之和。万人 R&D 人员数可以衡量一个地区的科技人力投入情况。

其计算公式为：万人 R&D 人员数＝R&D 人员全时当量/常住人口（单位：人年）

以《重庆科技统计年鉴（2023）》为准。

2. 科学研究和技术服务业法人单位数

该指标是指从事科学研究和技术服务业的法人单位个数，包括研究和试验发展、专业技术服务业，以及科技推广和应用服务业，而科技推广和应用服务业又包括技术推广服务、知识产权服务、科技中介服务、创新空间服务等。

以《重庆统计年鉴（2023）》为准。

3. 研发平台数

该指标是指企业作为项目法人承担建设的由国家、省、市、县等有关部门归口管理且已经获得批复的科技类、研究开发类平台数，包括规模以上工业企业、建筑业、服务业企业研发机构数、科研院所和高等学校办研发机构数。

以《重庆科技统计年鉴（2023）》为准。

4. 每名 R&D 人员研发仪器和设备支出

用于研究与发展活动的科研仪器设备是科技活动重要的物质技术基础。该指标是指研究与开发机构、工业企业、高等学校 R&D 经费内部支出中的仪器和设备支出之和与 R&D 活动人员数的比率。

其计算公式为：每名 R&D 人员研发仪器和设备支出＝R&D 经费内部支出中的仪器和设备支出之和/R&D 活动人员数（单位：万元）

以《重庆科技统计年鉴（2023）》为准。

5. 知识价值信用贷款每家企业贷款规模

知识价值信用贷款每家企业贷款规模是指合作银行根据科技型企业的知识价值信用评价结果，在知识价值信用评价授信额度以内，按照中国人民银行公布、当月执行的贷款市场报价利率（LPR）向科技型企业发放为期一年（含）以内的信用贷款。该指标反映了对科技成果转化和产业化的投融资支持力度。

其计算公式为：知识价值信用贷款每家企业贷款规模=科技型企业知识价值信用贷款/科技型企业知识价值信用贷款支持企业数量（单位：万元）

以《重庆科技统计年鉴（2023）》为准。

6. 万人累计孵化企业数

科技企业孵化器是以促进科技成果转化、培养高新技术企业和企业家为宗旨的科技创业服务载体，万人累计孵化企业数是科技创新环境的重要体现。

其计算公式为：万人累计孵化企业数=累计孵化企业数/地区常住人口（单位：家）

以《重庆科技统计年鉴（2023）》为准。

7. 开展创新活动的企业占比

该指标是指全部规模以上工业企业中开展创新活动的企业占比。

其计算公式为：开展创新活动的企业占比=开展创新活动的企业数/全部企业数×100%

以《重庆科技统计年鉴（2023）》为准。

8. 有 R&D 活动的企业占比

企业是创新的主要场所，是新技术应用的主要用户，有 R&D 活动的企业占比可以反映一个地区技术创新活动的活跃程度。

其计算公式为：有 R&D 活动的企业占比=有 R&D 活动的规模以上工业企业数/全社会的规模以上工业企业数×100%

以《重庆科技统计年鉴（2023）》为准。

9. 万人 R&D 研究人员数

R&D 研究人员是指从事新知识、新产品、新工艺、新方法、新系统的构想或创造的专业人员及 R&D 项目（课题）主要负责人员和 R&D 机构的高级管理人员。研究人员一般应具备中级及以上职称或博士学位。从事 R&D 活动的博士研究生应被视作研究人员。

其计算公式为：万人 R&D 研究人员数= R&D 研究人员全时当量/常住人口（单位：人年）

以《重庆科技统计年鉴（2023）》为准。

10. 规模以上工业企业 R&D 研究人员占比

该指标是指规模以上工业企业 R&D 研究人员数与全社会 R&D 研究人员数的比率。企业是科技创新的主体。该指标是衡量 R&D 活动人力投入比例关系的重要指标。

其计算公式为：规模以上工业企业 R&D 研究人员占比＝规模以上工业企业 R&D 研究人员数/全社会 R&D 研究人员数×100%

以《重庆科技统计年鉴（2023）》为准。

11. R&D 经费支出与 GDP 比值

该指标是衡量国家或地区研发经费投入强度最为重要、最为综合的指标。其根据我国现阶段 R&D 经费投入趋势及发达国家在人均 GDP 达到 3 000～4 000 美元时这一比例所达到的水平作为衡量标准。

其计算公式为：R&D 经费支出与 GDP 比值＝R&D 经费支出/地区生产总值×100%

以《重庆科技统计年鉴（2023）》为准。

12. 地方财政科技支出占财政一般预算支出的比重

一般财政预算支出是国家对集中预算收入有计划地分配和使用而安排的支出，其中的科技支出占比可以衡量一个地区的政府科技投入力度。

其计算公式为：地方财政科技支出占财政一般预算支出的比重＝地方财政科技支出/地方财政一般预算支出×100%

以《重庆科技统计年鉴（2023）》为准。

13. 规模以上工业企业创新费用支出占主营业务收入比重

该指标指规模以上工业企业创新费用支出与企业主营业务收入的比率。

其计算公式为：规模以上工业企业创新费用支出占主营业务收入比重＝规模以上工业企业创新费用支出/规模以上工业企业主营业务收入×100%

以《重庆科技统计年鉴（2023）》为准。

14. 规模以上工业企业 R&D 经费支出占主营业务收入比重

该指标是指规模以上工业企业投入的 R&D 经费占企业经营主要业务所取得的收入总额（主营业务收入）的比重。该指标可以衡量企业的研发经费投入强度。

其计算公式为：规模以上工业企业 R&D 经费支出占主营业务收入比重＝规模以上工业企业 R&D 经费内部支出/规模以上工业企业主营业务收入×100%

以《重庆科技统计年鉴（2023）》为准。

15. 企业技术获取和技术改造经费支出占主营业务收入比重

该指标是指企业用于技术获取和技术改造方面的支出与当年主营业务收入的比率。企业技术获取和技术改造经费支出包括引进技术经费支出、消化吸收经费支出、技术改造经费支出和购买境内技术经费支出。该指标也是衡量企业创新能力和创新投入水平的重要指标。

其计算公式为：企业技术获取和技术改造经费支出占主营业务收入比重=企业技术获取和技术改造经费支出/企业主营业务收入×100%

以《重庆科技统计年鉴（2023）》为准。

16. 万名 R&D 人员发表科技论文数

万名 R&D 人员发表科技论文数是对国外主要检索工具 SCI 收录的我国科技论文数和中国科学技术信息研究所从国家期刊管理部门批准正式出版、公开发行的刊物中选作统计源的期刊刊载的学术论文进行统计而得出的加权平均数。科技论文是创新活动中间产出的重要成果形式之一。该指标反映研发活动的产出水平和效率。

其计算公式为：万名 R&D 人员发表科技论文数=科技论文数/R&D 人员数（单位：篇）

以《重庆科技统计年鉴（2023）》为准。

17. 万人有效发明专利拥有量

该指标是指每万人拥有经国内外知识产权行政部门授权且在有效期内的发明专利件数。该指标可以衡量一个地区科研产出质量和市场应用水平。

其计算公式为：万人有效发明专利拥有量=有效发明专利拥有量/常住人口（单位：件）

以《重庆科技统计年鉴（2023）》为准。

18. 万人高价值发明专利拥有量

该指标是指每万人拥有经国内外知识产权行政部门授权且在有效期内的发明专利件数。该指标可以衡量一个地区科研产出质量和市场应用水平。高价值发明专利包括：①战略性新兴产业的有效发明专利；②在海外有同族专利权的有效发明专利；③维持年限超过 10 年的有效发明专利；④实现较高质押融资金额的有效发明专利；⑤获得国家科学技术奖或中国专利奖的有效发明专利。设置该指标，有利于真实反映专利资源的技术含量和市场价值，客观测度科技产出绩效，引导发明专利从追求数量向追求质量转变。

其计算公式为：万人高价值发明专利拥有量=高价值发明专利拥有量/常住人口（单位：件）

以《重庆科技统计年鉴（2023）》为准。

19. 规模以上工业企业新产品销售收入占主营业务收入比重

该指标是指报告期规模以上工业企业新产品销售收入与主营业务收入的比重。该指标可以反映新产品在整个产品中的构成情况。

其计算公式为：规模以上工业企业新产品销售收入占主营业务收入比重=规模以上工业企业新产品销售收入/主营业务收入×100%

以《重庆科技统计年鉴（2023）》为准。

20. 技术合同成交额与 GDP 比值

该指标是指技术合同成交额与地区生产总值的比率。技术合同成交额是指只针对技术开发、技术转让、技术咨询和技术服务类合同的成交额。该指标可反映科技成果转化水平和地区科技创新活跃程度。

其计算公式为：技术合同成交额与 GDP 比值＝技术合同成交额/地区生产总值×100%

以《重庆科技统计年鉴（2023）》为准。

21. 规模以上工业企业战略性新兴产业增加值占 GDP 比重

该指标是指规模以上工业企业战略性新兴产业增加值与地区生产总值的比率。战略性新兴产业是指建立在重大前沿科技突破基础上，代表未来科技和产业发展新方向，体现当今世界知识经济、循环经济、低碳经济发展潮流，尚处于成长初期、未来发展潜力巨大，对经济社会具有全局带动作用和重大引领作用的产业。

其计算公式为：规模以上工业企业战略性新兴产业增加值占 GDP 比重＝规模以上工业企业战略性新兴产业增加值/地区生产总值×100%

以《重庆科技统计年鉴（2023）》为准。

22. 数字经济核心产业增加值占 GDP 比重

该指标是指报告期内以货币表现的数字经济核心产业生产活动的最终成果与地区生产总值的比率。该指标是反映数字经济核心产业发展规模和数字经济核心产业对 GDP 增长贡献的重要指标。

其计算公式为：数字经济核心产业增加值占 GDP 比重＝数字经济核心产业增加值/地区生产总值×100%

以《重庆科技统计年鉴（2023）》为准。

23. 每万家企业法人中高新技术企业数

高新技术企业指依据《高新技术企业认定管理办法》，由高新技术企业认定管理机构认定的高新技术企业。每万家企业法人中高新技术企业数可以衡量一个地区的优质创新主体相对拥有量。

其计算公式为：每万家企业法人中高新技术企业数＝高新技术企业数/企业法人单位数（单位：家）

以《重庆统计年鉴（2023）》和《重庆科技统计年鉴（2023）》为准。

24. 万人高新技术企业从业人员数

该指标是指每万人常住人口中，在高新技术企业工作并取得劳动报酬的全部人员数。该指标可以衡量高新技术产业吸纳就业的能力。

其计算公式为：万人高新技术企业从业人员数=高新技术企业年末从业人员数/常住人口（单位：人）

以《重庆科技统计年鉴（2023）》为准。

25. 高新技术企业营业收入占工业主营业务收入比重

该指标是指高新技术企业营业收入与工业主营业务收入的比率，该指标反映了科技创新对产业结构的优化程度。

其计算公式为：高新技术企业营业收入占工业主营业务收入比重=高新技术企业营业收入/工业主营业务收入×100%

以《重庆科技统计年鉴（2023）》为准。

26. 高新技术产品出口额占商品出口额比重

高新技术产品是指符合国家和省高新技术重点范围、技术领域和产品参考目录的全新型产品，或省内首次生产的换代型产品，或国内首次生产的改进型产品，或属创新产品等。其具有较高的技术含量、良好的经济效益（利税率应高于20%）和广阔的市场前景。高新技术产品出口额是指报告期内向国外出口的高新技术产品的价值。高新技术产品出口额占商品出口额比重可以衡量高新技术产品的国际竞争力。其统计口径为全市的高新技术企业。

其计算公式为：高新技术产品出口额占商品出口额比重=高新技术产品出口额/商品出口额×100%

以《重庆科技统计年鉴（2023）》为准。

27. 高新技术产品销售收入占主营业务收入比重

高新技术产品销售收入是指企业通过技术创新、开展研发活动所形成的符合《国家重点支持的高新技术领域》要求的产品（服务）所获得的收入与企业技术性收入的总和。高新技术产品销售收入占主营业务收入比重可以衡量企业的新产品开发成效。其统计口径为全市的高新技术企业。

其计算公式为：高新技术产品销售收入占主营业务收入比重=高新技术产品销售收入/主营业务收入×100%

以《重庆科技统计年鉴（2023）》为准。

28. 高新技术企业劳动生产率

该指标是指根据高新技术企业产品的价值量指标计算的平均每一个高新技术企业从业人员在单位时间内的产品生产量。

其计算公式为：高新技术企业劳动生产率=高新技术企业营业收入/从业人员平均人数（单位：万元/人）

以《重庆科技统计年鉴（2023）》为准。

29. 高新技术企业利润率

该指标是指高新技术企业利润总额与高新技术企业营业收入的比率，它是衡量高新技术企业经营效率的指标，反映了在不考虑非营业成本的情况下，高新技术企业管理者通过经营获取利润的能力。

其计算公式为：高新技术企业利润率＝高新技术企业利润总额/高新技术企业营业收入×100%

以《重庆科技统计年鉴（2023）》为准。

30. 人均GDP

人均GDP是指一个地区在核算期内（通常是一年）实现的生产总值与此地区的常住人口的比值。该地区常住人口指该地区全年经常在家或在家居住6个月以上，而且经济和生活与本户连成一体的人口。该指标可以衡量一个地区的经济发展水平。

其计算公式为：人均GDP＝地区生产总值/常住人口（单位：万元）

以《重庆统计年鉴（2023）》为准。

31. 工业企业全员劳动生产率

该指标是指根据工业产品的价值量指标计算的平均每一个工业企业从业人员在单位时间内的产品生产量。该指标是考核企业经济活动的重要指标，是企业生产技术水平、经营管理水平、职工技术熟练程度和劳动积极性的综合表现。

其计算公式为：工业企业全员劳动生产率＝工业企业的工业增加值/工业企业从业人员平均人数（单位：元/人年）

以《重庆统计年鉴（2023）》为准。

32. 万元主营业务收入能耗

万元主营业务收入能耗是相对工业企业来说的，指规模以上工业企业报告期内企业能源消费总量与主营业务收入的比例。一般主营业务收入以万元为单位，工业能源消耗总量以吨标准煤为单位。该指标可以衡量一个地区的能耗水平和可持续发展能力。

其计算公式为：万元主营业务收入能耗＝规模以上工业能源消耗总量/规模以上工业企业主营业务收入（单位：吨标准煤）

以《重庆统计年鉴（2023）》为准。

33. 万元地区生产总值用水量

该指标是指报告期内地区水资源消费总量与地区生产总值的比率。一般地区生产总值以万元为单位，水能源消耗总量以立方米为单位。该指标可以衡量一个地区的水资源消耗水平和可持续发展能力。

其计算公式为：万元地区生产总值用水量＝地区用水总量/地区生产总值（单位：立方米）

以《重庆市水资源公报 2022》为准。

34．环境空气质量指数

该指标是空气优良天数占比和空气综合质量指数倒数的加权平均数。其中，空气综合质量指数是定量描述空气质量状况的无量纲指数。其数值越大、级别和类别越高、表征颜色越深，说明空气污染状况越严重，对人体的健康危害也就越大。参与空气质量评价的主要污染物为细颗粒物、可吸入颗粒物、二氧化硫、二氧化氮、臭氧、一氧化碳六类。

其计算公式为：环境空气质量指数＝空气质量优良天数占比×0.5＋1/空气综合质量指数×0.5

以《2022 重庆市生态环境状况公报》为准。